保险的独立性及其与资本市场的融合
——以日本为例

〔日〕久保英也/著

王　美/译

科学出版社

北京

图字：01-2015-6209

内 容 简 介

从诸如传统保险市场所承担的风险被逐渐转移到资本市场等现象可以看出，保险市场与资本市场相融合的趋势在国际范围内有所呈现。另外，在经济学、经营学的研究中，把对保险及风险管理的研究融入金融学的研究领域的步伐也在加速。两个市场今后是走向融合，还是作为固有市场继续保持其各自的独立性？本书主要目的在于通过对两个市场之间的风险转移机制的实证性分析，进而提示出此问题今后的方向性。

本书不仅适合保险学的研究者、对风险管理有兴趣的金融学领域的研究者阅读，而且适合保险公司和各大企业的企划部门或财务部门的实务管理者使用和参考。

©2009 久保英也，Printed in Japan

图书在版编目（CIP）数据

保险的独立性及其与资本市场的融合：以日本为例 /（日）久保英也著；王美译.—北京：科学出版社，2016
ISBN 978-7-03-048386-7

I. ①保… II. ①久… ②王… III. ①保险市场—关系—资本市场—研究—日本 IV. ①F843.13 ②833.135

中国版本图书馆 CIP 数据核字（2016）第 115083 号

责任编辑：马 跃 王丹妮 / 责任校对：葛小双
责任印制：霍 兵 / 封面设计：无极书装

科学出版社 出版
北京东黄城根北街 16 号
邮政编码：100717
http://www.sciencep.com
北京通州皇家印刷厂 印刷
科学出版社发行 各地新华书店经销
*
2016 年 6 月第 一 版 开本：720×1000 1/16
2016 年 6 月第一次印刷 印张：15
字数：302 000
定价：96.00 元
（如有印装质量问题，我社负责调换）

作 者 简 介

个人简历：

1953 年　日本兵库县出生

1977 年　日本神户大学　经济系本科毕业、就职于日本生命保险相互公司

1987 年　The Conference Board（美国纽约总部）　研究员

1993 年　日本生命保险相互公司　综合企划部　副部长

1998 年　日本生命基础研究所　首席经济学家

2001 年　社团法人　生命保险协会　调查部　部长

2003 年　日本神户大学研究生院　管理系　副教授

2005 年　获得日本神户大学研究生院 管理系商学博士学位

2007 年　日本滋贺大学研究生院　经济系　教授

2009 年　日本滋贺大学风险研究中心　所长

2015 年　日本滋贺大学研究生院　经济系　教授至今

专业领域：

保险论、风险管理论、环境风险金融论

主要论著：

『中国における医療保障改革』（編著）　ミネルバ書房 2014 年

『中国の公的医療保険など保険制度にかかわる計量分析』（編著）
　サンライズ出版 2014 年

『保険の独立性と資本市場との融合』（単著）　千倉書房 2009 年

『新・保険学』（共著）　有斐閣アルマ 2006 年

『生命保険の新潮流と将来像』（単著）　千倉書房 2005 年

『生命保険ダイナミクス』（単著）　財形詳報社 2003 年

『政策危機と日本経済』（共著）　日本評論社 2001 年

『マクロ経済政策の課題と争点』（共著）　東洋経済新報社 2000 年

中文版序言

耕耘时光，携手并进。

2005 年，我作为东北财经大学经济与社会发展院院长与日本滋贺大学风险研究中心签订了两校合作研究框架协议。之后的十年时间里，东北财经大学与滋贺大学在研究、教育等领域展开了丰富的合作与交流。2014 年，我有幸与滋贺大学风险研究中心主任久保英也教授在大连重逢，当时久保教授与东北财经大学开展合作研究已长达 5 年。久保教授送我了两本书，这两本书收录了 20 篇东北财经大学与滋贺大学学者的共同研究成果，内容涉及中国的公共医疗保险等领域。尽管这两本书是日文版，但也令人赞叹不已，这是两校学者呕心沥血之作。

《保险的独立性及其与资本市场的融合——以日本为例》一书囊括了久保教授的 13 篇受到日本保险学界高度评价的学术论文，将给中国保险和融资领域的研究人员带来很大的启发。例如，第五章"个别人寿保险公司破产预测指标的提案"中提到能在事前感知保险公司经营破产的指标，这对于人寿保险普及率急速上升、保险公司破产将会对经济产生重大影响的中国社会而言，提供了在事前找到规避保险公司破产方法的启示。此外，第九章"从寿险保单贴现市场来看保险与资本市场的融合"中提到，对于根据经济价值进行交易的资本市场来说，保险公司与个别投保方缔结的一对一的人寿保险合约是划时代的变革，今后在中国也有可能诞生新的市场。

该书不仅包含了大量将对未来中国保险市场带来重要启示的内容，大部分章节还使用计量模型分析数据，易于读者对内容的理解。并且，从个别论题中找出一个研究方向也是该书的魅力之一。换言之，在急速变化的国际保险市场中，传统保险领域将会继续独立存在吗？其继续独立存在的理由是什么？反之，保险领域和资本市场融合的速度将会越来越快，融合的条件又是什么？该书针对这些问题给出了结论。

现在，中国保险业的增长率已超越了全国其他行业的增长率，正处于高速扩张时期。在快速成长的过程中，保险行业面临的相关课题也会越来越多，矛盾将越来越大。这本书对于未来中日双方研究成果的交流、共同解决难题将起到非常重要的借鉴作用。

吕炜

东北财经大学副校长

2016 年 1 月 11 日

前　　言

纵观世界保险市场，每个国家都各具特色，在不同的经济、社会、保险规制与监管下，保险市场呈现出多种发展模式。但是，如果深入观察，可以发现各个保险市场间有三种超越国界的联动性。

第一是在微观上的联动性。国际性保险集团登场，在20世纪90年代的世界范围的规制缓和的背景下，有效利用资本不断进行并购，进入了还没有桥头堡（桥头堡是指在进入他国市场前在该国设置的分支机构）的国家的保险市场。在欧洲、美洲、亚洲的各个地区，展开了包括人寿保险、财产保险、资产管理等多样的业务。对于本国销售额只占总销售额两成的这些公司来说，国境壁垒已不存在。

第二是宏观上的联动性。由于国家的不同而性质各异的保险市场，虽然在期间上存在着时间的滞后，但通过观察可以逐渐发现它们在构造上有共通之处。随着经济发展阶段与金融环境的变化，各国的人寿保险市场在基础构造上产生的变化存在着共通性。因此，可以以发达国家为参考，根据其市场构造来对发展中国家未来的保险市场进行预测，并且，通过把先进国家保险公司破产时的市场构造与发展中国家的市场构造进行比较，也会有助于发展中国家对保险公司健全性的监管。

第三是保险与资本市场的联动性。风险转移的手段有很多种。在保险公司用保险合同把投保人的风险进行转移的同时，也存在着同样具有风险转移能力的资本市场。两者之间在很长一段时间里保持着独立性，但是通过新型风险转移（alternative risk transfer，ART）与人寿保险的贴现，两者之间开始出现联动性。如果满足一定的条件，资本市场可以展现出其具有承担巨大的多种风险的能力，保险市场与资本市场之间的联动及较高的互补性对于国民经济也是非常有益的。

本书基于上文提到的保险市场从根本上发生的急速变化，对今后保险市场的独立性是否能继续维持下去，如果能继续维持的话其必要条件是什么？相反，保险与资本市场的融合在今后是否会加速进行，且这种情况会在什么条件下发生等问题进行多方面的分析。本书的各章针对这个疑问，从现实的市场出发通过对多个角度进行分析和说明，对这一疑问进行全面的解答。并且，由于从不同的角度来看各章的内容也是相对独立的，因此读者根据自己的兴趣阅读相应的章节也是没有问题的。

本书的总体行文如下所述。首先，通过对保险公司的效率性分析来阐明20世纪90年代后半期的规制缓和之后日本保险市场的承保能力没有提高这个事实。其次，对代表着保险与资本市场相融合的ART领域及人寿保险贴现制度进行详细的分析，对其今后发展的方向性与两市场相融合的条件进行提炼。并且，如果两市场间的融合不断加强的话，基于保险风险与资本市场风险间的交换基本发生在信用风险市场这一认识，提出建立长期信用风险评价模型。

从各章内容来看，第一章到第四章，从约一个世纪的日本保险业的规制缓和是否提高了保险公司的效率这个视角来进行考察。研究对象是人寿保险业、财产保险业与实质上兼营寿险与财险的保险集团。在分析中，为了进行多方面的比较及效率性的绝对值化而利用了概率性前沿（frontier）生产函数。分析结果表明，规制缓和之后，虽然可以看到人寿保险业效率的缓慢提高，但财产保险业的效率性并无明显加强。与此相对，财产保险业加速进行的大规模经营一体化增强了其效率性。并且，与兼营寿险、财险以及其他金融服务的国际性保险集团的效率性的不断增强相比，日本保险集团效率的提高并不显著。

第五章到第九章，在分析保险市场宏观的国际联动性和 ART 市场的现状及今后发展的同时，对保险与资本市场相融合的条件进行了探讨。

第五章，虽然保险公司的破产在世界范围内都发生过，但是预测哪家公司将要破产是极其困难的。于是，在这里借鉴常常运用于宏观景气循环分析的指数，提出以掌握保险公司的健全性为目标的早期警戒指标。

第六章，说明如果从"宏观保障倍率"这个尺度来看的话，可以明确的是世界的保险市场在基本构造上有共通之处，并且各国的保险市场构造存在时滞性，且具有联动性。

第七章与第八章，在以 2007 年次级债为发端的国际金融危机使资本市场（特别是证券化市场）受到很大影响的历史背景下，对处于资本市场与保险市场中间位置的 ART 的最新动向进行分析。对于不同的风险对象、利用者以及利用目的，ART 都能灵活地应对，并且不断发展进化。由于其需求非常稳定，相信金融危机后其需求也不会发生重大的变化。

第九章，对作为人寿保险领域与资本市场的接点的、今后将飞速发展的生命保险贴现制度进行了分析。先行的美国的生命保险贴现市场尽管也存在许多问题，但依然茁壮地成长起来，使保险公司所无法应对的保险需求得到了确实的解决。本章以在日本如何建立完善的保险和资本市场的理论相交错的人寿保险贴现市场为前提，计算出合理的贴现价格。合理的贴现价格，基于必要责任准备金比率这一概率论的责任准备金概念，利用蒙特卡洛模拟方法来计算。其结果，以市场价格进行交易时，贴现公司会得到很大的超额利润，这种情况表明，贴现价格构造的透明化与贴现公司的资本强化是非常重要的。

第十章，针对备受瞩目的环境问题与保险及资本市场的关系进行分析。从二氧化碳排放权交易等来看，环境和金融有着密切的联系，尤其是涉及土壤污染领域的环境保险，能圆滑地处理造成环境污染的公司所肩负的原状复原义务以及损害赔偿责任风险。保险在该领域发挥自身机能的同时，对个别性较强的保险对象进行统合，通过发行保险连接型证券，在与资本市场相融合的过程中使环境问题得到解决，继而提高未利用的土地资源的巨大价值。并且，在此基础上提出如何使对国民经济具有重大意义的环境保险得到普及的方案。

第十一章到第十三章，保险与资本市场相融合时，会发生保险风险与资本市场风险间的交换，本部分对作为其核心问题的长期信用风险进行了分析。在评价以证券化框架为基础的"长期"信用风险时，合理地反映景气循环的影响是非常困难的，并且以股票为基础的期权模型也有较大的波动，存在着安全性的问题。所以在这种情况下，本部分基于长期现金流预测模型与信用盈利评价模型，建立对长期信用风险进行评价的模型。

像这样各章在从不同角度进行分析的基础上，把保险的独立性同其与资本市场应融合的领域进行区分，在这里先归纳一下所得到的结论。

首先，把承担同样风险的保险市场与资本市场从商品特性角度进行区分。例如，资本市场的天气金融衍生工具与保险公司的异常气象保险具有同样的机能，即填补由于预想外气候的变化而给企业带来的损失。一般来说，保险适用于：①基于大数法则由保险公司内部承保才更有效的风险；②固有事件性高的风险；③基于地域的特殊性的风险；④因果关系明确的风险等。另外，保险衍生产品适用于以下几方面：①高效的推进不具流动性的商品面向市场；②基于风险价格换算进行的不同风险间的交换（如地震风险与价格变动风险的交换）；③利用不同风险的相关系数来进行风险管理等。

与此相对，关于边车（第六章）的部分有助于理解保险的独立性。边车是指保险公司所持有的保险合同组合的一部分收益与风险，由投资家与保险公司来分担的交易，即投资家可以认购与承保的种类或风险相对应的由保险公司发行的债券或股票，而保险公司也可以筹措到资金。在此，由于保险（包括再保险）的管理业务仍然由保险公司进行，与其说保险的机能被转移到了资本市场（投资家），还不如说只是投资家收购了依然具有保险机能的保险公司的一部分业务（因为保险合同的维持管理和过去一样仍由保险公司负责）。资本市场并没有介入保险机能本身，只是涉及保险公司的金融相关部分。评价风险、确保对将来的保险事故进行补偿这一保险本质并没有改变。

在资本市场，需要分析在交易时所面临的所有风险，并将其反映在交易价格上。而保险，在保险公司与保险消费者逐一签订保险合同的过程中，为了让消费者能够更容易地购买保险商品，无偿地给予消费者许多选择权。例如，在人寿保险中，合同期内保险费用不变（已设定了长期预定利率），允许自由解约，解约返还金按账面价值支付（一部分合同规定要收取罚金，基本上利率变动风险由保险公司承担）等。这些选择权的价格如果用金融理论来个别评价其价格是极高的。

保险公司没有把这个风险在资本市场进行套期保值，而是原封不动地保有着。保险，在某一时点的风险量与风险对价不一定是等价的，但其本质在于可以进行风险交换。保险公司，其在某一时点保有着在风险对价上并不平衡的风险，是以大数法则、风险的时间分散及长期积累的内部资金（资本、各种准备金、账外收益等）为基础来进行担保的一种商业模型。这种能把在某一时点不能进行评价的，或者是两者间无法平衡的风险作为对象而接受的这一保险独有的机能，对社会有着巨大的贡献。

反之，把风险与风险对价一对一相对应的领域交给资本市场，无论是从成本来看还是从保险公司健全性来看都是合理的。例如，在第九章讲到的人寿保险贴现制度就是从许多合同组成的保险团体中取出一个死亡率高的合同，评价其取得死亡保险金的可能性，只把这个部分拿到资本市场进行交易。这个过程的意义在于其使风险与风险对价之间等价（手续费另外计算）。

可进行一对一评价的风险是可以被转移到资本市场的，这样就形成了保险市场与资本市场相融合的领域。在此顺便需要提及的是，在某一时点分析风险与风险对价的思考方式，也存在于采用资产负债法的国际会计准则的方法中。保险，并非其对象，用这种方法来评价存在着不合理性，世界上的多数保险公司对这种会计准则并不是完全接受的。

对于一般的经济主体而言，"把某一时点上一对一对应的风险转移到资本市场，非对应的则转移到保险市场"这一选择可以被广泛地运用是非常重要的。并且，对于保险公司来说，在维持保险机能的情况下将风险转移到资本市场，使保险公司与资本市场进行风险共享是非常重要的。特别是在日本保险公司的效率性没有得到显著改善，且在保险的承保机能停滞的背景下，与资本市场共享风险尤为重要。

像这样，不管资本市场是否存在或是其成长如何，保险都有着其独自的机能。另外，通过 ART 或人寿保险贴现制度，资本市场承受保险风险的能力提高了，今后保险与资本市场的融合也会不断加强。把不能进行一对一交换的风险放在保险市场，可进行一对一交换的放在资本市场，像这样进行高效的风险管理的状况可以称之为均衡点。最合理的保险与资本市场相融合的领域是保险机能保持不变，资本市场提升保险公司承保能力这一领域。

本书是在日本出版的「保険の独立性と資本市場との融合」（千仓书房）的基础上，充实了新的内容后，为了让中国的学者广泛地了解日本的保险研究翻译而成的。本书得以出版发行，承蒙多方人士的鼎力相助，特别是得到了东北财经大学的吕炜副校长、东北财经大学金融学院刑天才院长对本书出版工作的全面支持。

并且，与出版相关的诸多筹备工作得到了东北财经大学国际经济贸易学院施锦芳副教授、毕业于日本滋贺大学、现就职于北京致同会计师事务所的董姝宏的协助。此外，本书能够出版最为重要的是得益于毕业于日本滋贺大学研究生院经济学研究科、现就职于三井住友海上保险股份有限公司的王美博士，对本书包含的大量难解的专业用语及数理部分的内容进行细致的翻译。再者，翻译的编辑工作得到了东北财经大学金融学院陈大为讲师、东北财经大学国际汉语文化学院张思瑶副教授、日本住友生命保险公司史新秀的协助，借此谨表深深的感谢。另外，本书的出版还承蒙原伊藤忠商社的丹羽宇一郎会长的丹羽基金，以及滋贺大学经济系附属风险研究中心的大力支持与援助，在此也深表谢意。

2016 年 5 月，于熏风微拂的琵琶湖畔。

久保英也

目　　录

第一章　日本保险业的规制缓和 ………………………………………………… 1

第二章　人寿保险业的效率性评价 ……………………………………………… 6

 第一节　市场集中度的两极分化与平均生产性 ……………………………… 6

 第二节　先前研究与生产物的选择 ………………………………………… 10

 第三节　利用柯布-道格拉斯生产函数分析寿险业的生产性 …………… 15

 第四节　使用随机前沿生产函数测算各寿险公司的经营效率性………… 19

 第五节　结论 ………………………………………………………………… 25

第三章　财产保险业的效率性评价——对经营一体化效果的测算 ……… 26

 第一节　保费全面自由化带来的市场变化 ……………………………… 26

 第二节　使用随机前沿生产函数进行效率性分析 ……………………… 29

 第三节　财险公司的经营效率的变化 …………………………………… 36

 第四节　个别保险公司的效率性与经营一体化的效果 ………………… 37

 第五节　结论 ………………………………………………………………… 40

第四章　日本寿险财险兼营保险集团的效率性评价 ……………………… 41

 第一节　世界各国保险公司关于规制缓和的对应 ……………………… 41

 第二节　日本保险公司关于规制缓和的对应 …………………………… 46

 第三节　生产函数的测算准备和测算结果 ……………………………… 52

 第四节　保险集团的生产性评价 ………………………………………… 54

 第五节　销售渠道的效率性 ……………………………………………… 59

 第六节　结论 ………………………………………………………………… 60

第五章　个别人寿保险公司破产预测指标的提案 ………………………… 62

 第一节　引言 ………………………………………………………………… 63

 第二节　长期平均利益偏离假说 ………………………………………… 65

 第三节　基于基础利润的偏离幅度对个别企业进行的破产预测 ……… 69

 第四节　偿付能力 DI 指数的开发 ……………………………………… 72

 第五节　偿付能力 CI 指数的开发 ……………………………………… 76

 第六节　结论 ………………………………………………………………… 81

第六章　通过宏观保障倍率对国际保险市场和风险管理的考察 ………… 83

 第一节　从宏观保障倍率来看世界保险市场 …………………………… 83

 第二节　宏观保障倍率的分解 …………………………………………… 86

 第三节　养老保险市场增长所带来的销售渠道的变化 ………………… 89

第四节　宏观保障倍率的理论值与实际值的偏离幅度 ················ 92

第五节　利率变动与寿险偏好 ························· 95

第六节　宏观保障倍率的国际联动性 ····················· 98

第七节　使用宏观保障倍率进行风险管理 ·················· 100

第八节　在美国寿险业中的应用 ······················ 102

第九节　结论 ····························· 105

第七章　从 ART 的角度来分析保险市场与资本市场的融合 ··········· 106

第一节　企业和保险公司的风险管理行为与资本政策的变化 ········· 106

第二节　保险与 ART 的异质性与互补性 ·················· 108

第三节　ART 的分类与作用 ······················· 110

第四节　正在扩大的保险连接证券市场 ··················· 116

第五节　结论 ····························· 120

第八章　次贷危机后的 ART 市场 ····················· 121

第一节　混乱的资本市场与巨灾债券市场 ·················· 121

第二节　次债危机后的 CAT 债券市场 ·················· 123

第三节　CAT 债券市场的发展前景 ··················· 124

第九章　从寿险保单贴现市场来看保险与资本市场的融合 ··········· 128

第一节　引言 ····························· 128

第二节　寿险保单贴现市场的现状 ····················· 129

第三节　关于寿险贴现制度的课题与规制 ·················· 131

第四节　先前研究 ··························· 135

第五节　两种保单贴现制度 ······················· 135

第六节　人寿保单贴现的风险评价 ····················· 142

第七节　保单贴现价格的结构与合理的价格评估——资本市场与保险
市场的风险交换 ······················· 149

第八节　结论 ····························· 154

第十章　环境保险与资本市场 ······················ 155

第一节　环境保险尚未普及的原因 ····················· 155

第二节　与环境保险普及相关的法律制度的完善 ·············· 157

第三节　迫切需要改善的环境基准 ····················· 162

第四节　促进环境保险普及的配套措施的完善 ··············· 163

第五节　促进环境保险普及的建议 ····················· 169

第十一章　长期信用风险评价 ······················ 172

第一节　融资市场的现状与寿险公司的动向 ················ 172

第二节　机构投资者运用的两个计量模型 ················· 176

第三节　景气循环的圆滑导入 ·· 177

第四节　利用期权模型计算破产概率 ·································· 178

第十二章　长期现金流预测模型的提案 ······························· 181

第一节　信用风险评价的精确化要求 ································ 181

第二节　长期现金流预测的重要性 ···································· 182

第三节　过去业绩的简单延长带来的评价风险的增加 ······ 185

第四节　长期现金流预测模型的概要 ································ 186

第五节　全部行业的长期现金流预测模型 ························ 188

第六节　钢铁行业的现金流预测模型 ································ 190

第七节　电力产业的现金流预测模型 ································ 194

第八节　重机产业的现金流预测模型与压力测试 ············ 197

第九节　结论 ·· 200

第十三章　信用风险价差评价模型的提案 ······························· 201

第一节　对金融机构加强风险管理的要求 ························ 201

第二节　对提高贷款盈利的要求："贷款价格"的定价 ······ 203

第三节　计算 JGB 价差时的两大障碍 ···························· 203

第四节　信用风险价差评价模型的类型与该模型的基本构造 ······ 204

第五节　营业利润变动情形的设定 ···································· 207

第六节　信用风险价差的计算 ·· 211

第七节　信用风险价差模型的启示 ···································· 213

第八节　结论 ·· 215

参考文献 ·· 216

第一章　日本保险业的规制缓和

【摘　要】　在本章，主要关注对象是打破了历来保险业独立性铁壁的日本1995 年对保险业的规制缓和，并通过与因欧洲一体化而进行大规模规制缓和的欧洲保险市场的比较，对其进行综合的分析评价。由本章导出的规制缓和的效果及相关课题，如自由化对竞争的促进以及保险业的效率化、健全性的维持等，将在以后各章中进行更为细致深入的实证分析。

【关键词】　规制缓和　偿付能力　金融集团

日本保险业的自由化、规制缓和是从 1995 年《保险业法》的修订以及 1996年此法的实施才真正开始的。《保险业法》的修订目的在于实现 1992 年的保险审议会报告中提出的自由化、规制缓和的方针。即，"保险事业，不管从保险消费者的立场、国民经济的立场，还是国际化等角度来看都是非常强调效率的。从保险消费者的立场、国民经济的立场出发就是使经济资源得到有效利用，提高效率性、收益性从而把其成果确实地回馈给保险消费者；从国际化视角来看，就是建立与国际接轨的制度并确保保险事业的健全性"。此外，为了确保可以让保险消费者信赖的公正的事业运营，重点强调了"完善企业信息纰漏以及保险公司自律性经营检查的必要性"，即在以下三个方针下推进规制缓和：①通过规制缓和，自由化促进了竞争并提高了经营效率；②健全性的维持；③公正的事业经营的确保。

保险公司的规制大体上由以下两者构成：①把事先避免保险公司经营破产的偿付能力边际的维持作为目标的规制（健全性规制）；②价格、销售、跨业经营等与保险市场相关的规制（更大意义上的效率性规制）。前者主要包括偿付能力边际规制、自有资本规制、资产运用规制、保险会计规制等。后者主要包括保险费率与保险合同规制、保险承保规制、销售行为规制等。

首先，关于健全性规制。1996 年偿付能力边际规制被导入，经过一部分风险系数的修正呈现出现在的状态。但是随后，即便是偿付能力边际超过了作为健全性标志 200% 的人寿保险（简称寿险）公司也相继发生了破产，动摇了这个指标的信赖性。现在在关注欧盟的动向及国际会计准则的发展方向的同时对这个指数也在进行重新评估。

　　另外，关于保险市场的规制缓和。首先，财产保险（简称财险）业在以下方面取得了进展：①包括主要险种的费率的全面自由化；②作为主力的代理店销售渠道的销售成本的重新评估；③直接通过邮件或网络形式的销售的增加；④寿险子公司的寿险商品的交叉销售；⑤对应费率自由化的大型经营一体化等。其次，寿险业在以下方面价格、商品的自由化有所进展：①费率细分化保险的普及；②一部分商品从许可制到登记制的变更等。但是，因为寿险商品具有特殊性（长期性、开放性），自由化的速度要比财险业进行得缓慢。

　　关于销售渠道，值得关注的寿险公司及财险公司的子公司的销售成绩都没能大幅上升，它们中的大多数都在母公司间的兼并或战略合作下被清理。可以明确看出，提高承保机能，在同一贩卖渠道进行寿险与财险商品的交叉销售是非常困难的。

　　另外，新出现的没有承保机能、只能进行销售的银行窗口渠道（银保渠道），在个人年金等一部分商品的销售中占有很大比重。但是，由于过于重视银保渠道，存在在变额年金的年金额最低保障方面保险公司承担了过多风险的事例。因此，保险公司和银行一直在不断摸索如何解决风险分担与成本妥协点等问题。

　　此外，从作为修订《保险业法》理念之一的"保险消费者的视角"来看，分红规制从许可制到登记制的变更也是很重要的。能够根据各公司的经营实力与经营战略实施分红政策，无论是从保户利益观点还是从保险公司健全性观点来看都是具有很大意义的。

　　接下来，如果从与国际制度的协调和健全性的确保这一角度来考量规制缓和的话，首先是健全性规制巨浪的到来。日本的健全性规制，由以下四部分组成：①标准责任准备金制度；②偿付能力边际比率；③早期纠正措施（对于偿付能力边际比率的监控）；④由保险经理人进行的健全性确认。用一定的风险系数乘以对象资产、负债来计算风险量的风险因子方式以及负债锁定方式是日本现在普遍采用的方式，它与现在以欧盟为中心正在研究探讨的被称为偿付能力Ⅱ的方式有很大的不同。

　　金融机关的风险评价手法得到高度化发展，同时也要求其与国际会计准则保持整合性。国际保险监督官协会（International Association of Insurance Supervisors，IAIS）所主张的保险负债的时价评价体系被导入的可能性也很高。日本金融厅在2007年4月发表的《关于偿付能力边际比率等的计算基准》，并没有只限于对旧偿付能力基准比率等的修改，对利用金融手法根据以经济价值为基础对资产负债进行评价的新基准也进行了考察，并且，也开始考虑在将来将其应用到保险公司的内部健全性管理模型。国际会计准则的导入，不仅局限于对日本的保险会计，对标准责任准备金制度与各公司的商品政策也将带来巨大的影响。

　　根据规制缓和的进展状况及保险市场的变化，从国际的角度来确认日本保险业的规制缓和进行得是否充分。欧美的规制缓和，以欧盟一体化为契机，席卷欧美整个金融业，并得到了强有力的推进。其结果是使超越保险、银行、证券框架的兼并进展飞速，包含银行业务、其他金融业务与保险业务的大规模金融集团登上了历史舞台。1998 年，银行业的花旗集团与主营保险业、证券业（旗下拥有所罗门美邦公司）的旅行者集团合并，新花旗集团诞生了。2001 年，德国最大的保险公司安联集团收购大型商业银行德累斯顿银行，通过强大的银行网点资源推进了其自身的保险销售。此外，应用金融工程学，用同一基准来评价保险风险与金融风险的保险商品也大量登场，通过证券化市场，尝试着把保险风险转移到资本市场。这些无论是从规模上、速度上还是从质量上与日本的规制缓和都有着很大的不同，其结果就是导致保险市场的活性化出现很大的差距。差距之一在保险公司规模上有明显的体现。从《财富》杂志的世界 500 强排名的销售额（保费收入）的变化来看，在日本保险业实施规制缓和前的 1995 年，世界保费收入排名第一的是日本生命保险相互公司，此外日本的寿险公司独占前五名。但是，2007 年寿险业的世界首位是荷兰的 ING 集团，保费收入高达 15.8 兆（1 兆=1×10^{12}）日元。第二名的法国安盛集团也达到了 14.0 兆日元，规模都相当于日本生命保险相互公司的 5.6 兆日元的 3 倍左右。在财险领域，相对于日本的东京海上日动集团的 3.6 兆日元的保费收入，德国安联集团的 12.5 兆日元与美国国际集团（AIG）的 11.3 兆日元相当于其 3 倍左右。虽然欧美的大型金融集团与跨国保险公司的一部分由于 2008 年金融危机的影响遭受了很大的打击，但它们在规制缓和后的成长力是远远凌驾于日本保险公司之上的。

　　包含保险在内的金融集团公司在 2002 年以后进入了下一个发展阶段，呈现出与过去潮流相反的保险与银行、证券分离的现象。花旗集团在 2002 年将财险部门的旅行者财险分离出去，在 2005 年将除了旅行者寿险及在墨西哥之外的世界其他全部的寿险部门都卖给了大型寿险公司大都会人寿保险公司。花旗集团从一体化开始之时就没有考虑将财险业务作为集团的核心业务，比起"银行与保险"花旗集团更重视"银行与证券"的交叉销售。并且考虑即使不是花旗集团旗下的商品，也希望在自己的银行渠道销售市场上最有吸引力的商品。

　　以次级债问题为契机，安联集团也于 2008 年 8 月 31 日将德盛银行卖给德国商业银行，这家银行把资源集中在了商业银行业务上。另外，安联集团保有这家银行 30% 的股份，这就能使其确保在银行窗口销售自家的保险商品。此外，2008 年 10 月比利时的金融集团——富通把旗下的保险公司卖给了法国的金融集团——法国巴黎银行。虽然 2007 年的金融危机是由过度的市场主义造成的，但是幸存下来的保险公司与保险集团应对金融危机的行动是迅速而有力的。

　　然而，日本从 1997 年到 2001 年间的金融系统风险非常高，虽然在这个时期的保险业，以 AIG 为代表展开的破产集团的收购等导致外资开始进入国内，但是寿险业的势力范围从根本上没有发生改变。日本市场有同被隔离的、在特定地域的、固有物种得以残存的加拉帕戈斯群岛现象相似的特殊性，因此虽然从规制缓和中是否获利还不明确，不能否定的是日本保险业的规制缓和、自由化的爆发力与欧美相比要小得多。

　　虽然日本《保险业法》修订时并没有预想到金融集团等超越行业障碍的兼并是由保险公司为主导而进行的，但是预想像法国安盛集团那样在世界保险业进行反复并购，实现跨国经营的日本保险公司也可能会出现。

　　安盛集团，是以汇集了众多法国地方保险公司而形成的联合保险为起源，于 1982 年收购德鲁奥集团后诞生，当时的销售额（保费收入）为 140 亿欧元。其后，在日本推进规制缓和的 20 世纪 90 年代后半期实施大胆的跨国并购战略，迅速发展成了大型国际保险集团。如表 1-1 所示，2007 年安盛集团的销售额为 936 亿欧元（约 14 兆日元），与 2001 年相比大约增长了 25%。经营领域包括保险、资产管理、银行等，其中保险业务比重为 94%，占集团业务的绝大部分。保险经营领域由寿险、财险及再保险构成，最近 7 年（2001~2007 年）中财险所占比重在不断提高。该集团在各国的寿险业务中，母国法国与美国所占份额较大，各为 16%左右。从 2001 年到 2007 年间的变化来看，日本与英国所占份额逐渐下降，以欧盟一体化为背景展开的规制缓和使欧洲大陆各国的业务比重大幅增加。伴随着销售额的不断增长，净利润也在 2007 年达到 57 亿美元，7 年间增加了约 10 倍，销售额的净利润率为 6%，其经营效率也有所提高。无论哪个国家如果都将提高效率作为规制缓和最重要的目标的话，那么安盛集团已经实现了这个目标。

　　此外，从安盛集团 2014 年的业绩来看，经历了雷曼兄弟破产事件引发的金融危机后，虽然其销售额净利润率下降到 5%左右，但资产管理领域的占比得以维持，证明其将金融危机的影响控制在了最小范围内。另外，安盛集团仍在持续进行着从寿险到财险业务的转移等强有力的经营模式。

　　然而，相对于欧盟一体化那样的超越国界和金融业原有框架而进行的大型规制缓和，日本的规制缓和主要是在国内寿险与财险，即保险业间进行。尽管如此，修订《保险业法》及其后的保险费率自由化的实施，在财险业掀起了以大型保险公司为中心大规模的经营一体化，从这一点来看至少形式上体现了规制缓和的成果。

表 1-1　安盛集团的销售额变化

分领域（分国家）	2001 年		2007 年		2014 年	
	销售额/百万欧元	占比/%	销售额/百万欧元	占比/%	销售额/百万欧元	占比/%
保险业务	69 973	94	88 429	94	86 594	94
寿险领域	48 399	65	59 845	64	55 345	60
法国	—	15	—	16	15 121	16
美国	—	16	—	17	15 121	16
英国	—	12	—	5	639	1
日本	—	13	—	6	3 801	4
德国	—	4	—	6	6 640	7
比利时	—	2	—	3	1 813	2
财险领域	15 896	21	25 016	27	29 460	32
法国	—	6	—	6	6 034	7
德国	—	4	—	4	3 779	4
英国	—	3	—	5	4 034	4
比利时	—	2	—	2	2 026	2
再保险等国际保险	5 678	8	3 568	4	3 292	4
资产管理业务	3 730	5	4 863	5	3 326	4
银行及其他业务	1 128	2	341	0	564	1
其他合计	74 831	100	93 633	100	91 988	100
净利润	520	0.7	5 666	6.1	5 024	5.5

注：1980 年时的安盛集团（les Mutuelles Unies）是法国市场占有率为 100%的寿险公司

资料来源：参考安盛集团网页（http://annualreport.allianz.com/ar07 /en/pdf/az_group_e_2007，2014.pdf；http://www. axa. com/en/ publications）数据由作者完成

不过问题是，以保险自由化为本的规制缓和是否使保险公司在提高效率的基础上切实地把利益回馈给国民了呢？前面所述的《财富》全球 500 强中所出现的日本保险公司，利润的绝对额非常低。2007 年的利润额，相比荷兰国际集团（ING）的 9 600 亿元、安盛集团的 6 400 亿元，日本生命保险与东京海上日动分别只有 2 600 亿元与 800 亿元（《财富》对于利润的定义可能因国家而有所不同）。这些数据显示了日本保险公司的效率化及承保能力有着停滞不前的可能性。

在这章以后，运用测算的方法，以寿险公司、财险公司和寿险财险兼营保险集团为对象，对规制缓和的主要目标——效率性进行分析。

第二章　人寿保险业的效率性评价

【摘　要】　本章的目的是通过测算日本寿险公司的效率性，来对《保险业法》的修订等保险规制缓和的效果进行评价。具体来说，用生产函数和随机前沿生产函数来追踪观测规制缓和之前的 1990 年前后到现在为止，经历了泡沫经济清算等严峻环境变化的日本寿险公司的经营效率性变化。同时，明确提出在推导不同于一般产业的具有其自身特殊性的保险业生产函数时需要解决的问题。

在推导经营效率性时，无论利用何种函数形态（柯布-道格拉斯、超越对数模型等）或推导方式（参数、非参数），生产物的选择在很大程度上决定了效率性测量结果。在推导生产函数时，要选择符合保险公司行动原理的生产物并对测量结果给予慎重解释。并且，在寿险公司的生产物中，以基础利润为中心的利益概念尤为重要。

【关键词】　基础利润　生产函数　随机前沿生产函数

第一节　市场集中度的两极分化与平均生产性

第二次世界大战之后，日本持续壮大的寿险业在 20 世纪 90 年代后期的泡沫经济清算过程中，同时面临着对巨大的死亡保险市场的调整、由利率低下导致的投资回报率低于预定利率逆差价，以及由于修订《保险业法》的实施而带来的规制缓和这三大难题。

正如第一章中所提及的，于 1996 年 4 月起修订的《保险业法》，在金融自由化、国际化的急速发展中，以确保保险公司的健全性，促进保险的规制缓和，确保公正的事业运营等为目标进行了根本性的修正。一般情况下，规制缓和会吸引能够提供新的资金及服务的企业加入市场，另一方面则会降低已有企业的市场份额。1996 年后，由于作为承接方接受日本财险公司的寿险子公司及接手经营破产公司的外国大型保险公司进入日本保险市场，日本国内寿险公司的数量由 1995 年的 31 家增加到 2000 年的 49 家，达到顶峰。另外，由于日本寿险公司的海外销售额比重较低，经营的同质性很强，因此日本国内市场的销售力对市场集中度等市场构造造成了很大影响。

　　首先，为了掌握寿险市场的特性，利用赫芬达尔指数（Herfindahl index，HD 指数），对寿险业的市场集中度进行计量。图 2-1 表示 1975~2006 年 32 年间的保有保单金额、保费收入、经常利润三个指标的 HD 指数变化。首先，保有保单金额的 HD 指数，以 0.12 为起点，在上下不超过 0.01 的范围内小幅度变动。1975 年为 0.120 0，1996 年实施修订《保险业法》时为 0.122 9，而在 2006 年为 0.118 9，变化趋势几近水平。

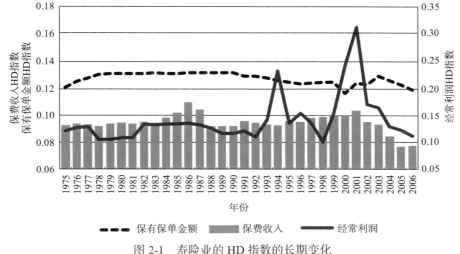

图 2-1　寿险业的 HD 指数的长期变化
资料来源：参考寿险版保险统计号及各公司财务数据等由作者计算得出

　　其次，相当于一般企业销售额的保费收入 HD 指数（柱状图）在很长一段时间都保持在 0.9 左右没有明显变化。但在 1996 年修订《保险业法》实施后，由 1996 年的 0.094 9 变化到 2006 年的 0.076 9，下降了 0.018。尽管 2004 年大型保险公司明治生命与中型保险公司安田生命的合并等在理论上存在使市场集中度上升的因素，但实际市场集中度却出现了下降趋势。这主要是因为与传统大型寿险公司在经营、销售等方面有所不同的新型保险公司进入市场。这些新型保险公司选用了与以往死亡保障市场不同的医疗、年金等"符合长寿需求的保险市场"为经营对象，并采用与"专业营销员销售渠道"不同的"新的销售渠道"进入保险市场。具体来说，主要有外资寿险公司的医疗保险（没有特约的单独保险），变额个人年金的商品特殊化，财险公司代理店销售渠道与银行销售渠道等新渠道的出现。作为规制缓和的效果，商品及销售渠道的多样化明显地降低了市场集中度。

　　然而，关于利润（即损益表上的经常利润）的 HD 指数，在进入 20 世纪 90 年代后开始有了大幅度的变化。这一指标在寿险公司连续发生破产事件的 2000 年与 2001 年大幅度上升，在 2001 年达到 0.310 9，这时营业收入的集中度非常高。但从 1985 年开始到 1995 年的 11 年间该 HD 指数的平均值降低至 0.135 7，而规制缓和后的 1996 年到 2006 年平均值为 0.162 2，上升了 0.026 5。虽然新进入寿险市场的保险公司数目有所增加，但是结果却是传统大型保险公司在利润方面的市场占比上升了。即比起保费收入，增加保有保单才是这些大型保险公司最为重视的经营目标，商品投资组合的差别直接影响到收益力之差。

与其他国家相比，日本寿险市场的保障性商品比例较高，商品的高收益力造成了销售额的集中度低下与利润的集中度上升共存的结构。

下面，通过简单的指标来概览对市场集中度产生较大影响的寿险公司效率性。寿险公司的人力和物力等费用都被集约在被称为"事业费"的项目中进行统计。这个项目再加上折旧费就得到了保险公司所支付的"总成本"。这个总成本的单位生产额就是最简化的效率性尺度。图 2-2 表示的是 1960~2006 年 47 年间 1 单位总成本所对应的八点：①个人保险的保有保单金额（由实线表示）；②保费收入（相当于一般企业的营业额，由虚线表示）；③经常利润（由柱状图表示）。总的来看，可以发现虽然保有保单金额与保费收入等关于营业额的效率性在逐年上升，但利润的效率性却长期处于非常低的水平。此外，图 2-2 中显示 1996 年修订《保险业法》实施后一直处于上升趋势的保有保单金额的效率性也开始呈现下降趋势，同时保费收入的效率性也在达到顶点后开始下降。如果把 1989 年的数值当做 100 的话，1 单位总成本所对应的保有保单金额在 1998 年为 148.8，达到了顶点。在泡沫经济达到顶点的十年后销售额效率性再次达到最高值，是因为寿险是具有长期性的商品。正因为这种特殊性，其每年的新保单与因解约、期满而减少的保单之间差额即纯增涨部分每年都在累积。虽然 2006 年处于 110.2 这个低水平，但依旧是 1989 年泡沫经济顶点时期的 1.1 倍以上。

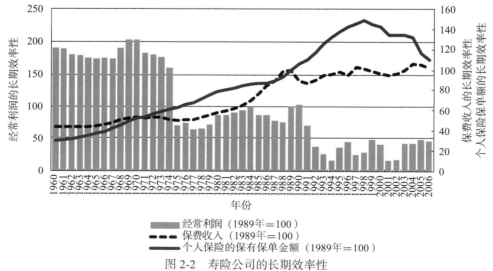

图 2-2　寿险公司的长期效率性

资料来源：基于保险统计号的原始数据经作者计算完成

另外，从 1 单位总成本所对应的经常利润（柱状图，1989 年=100）中可以看到两个比较大的落差。首先是第 1 次石油危机时期。起初 19 世纪 60 年代开始到 70 年代初期大多处在 150~200 的范围内，但在 1975 年之后降低到之前的三分之一左右即 50~150 的低水平范围。其次是泡沫经济的调整与金融恐慌时期。19 世纪 90 年代后半期，受银行、证券公司、寿险公司发生的连锁经营破产的影响，1 单位总成本所对应的经常利润水准范围瞬间跌落到 0~50 的低水平。2006 年仅为 46.8，这相当于泡沫经济顶点时期的一半左右。此时日本的寿险业，正面临着销售效率走下坡路和利润效率十分低下等前所未有的困境。但这些简单的指标只是效率性分析的冰山一角，很难从中分离出资产负债表的调整及规制缓和的影响。

一般来说，企业的销售效率与盈利效率是联动的。而日本保险公司的保费收入和保有保单金额等的销售效率与盈利效率出现偏离可以归结为以下两点原因。首先，保险公司的收益不仅仅包含相当于一般企业主营业务与保险的销售、承保相关的收支（简称保险收支），其收益中还包含为将来支付保险金所准备的责任准备金等运用收益部分的收支（简称资产运用收支）。另外，保险业中现金流的收支具有不易表达期间损益的特性。

虽然资产运用收支与责任准备金在很大程度上具有联动性，但是伴随着金融市场的变化其收益率发生了很大的变化。例如，2006 年所有寿险公司的资产运用收入为 6.7 兆日元，从此扣除资产运用所发生的损失和运用成本等 1.3 兆日元的资产运用费用后，得到的资产运用收支为 5.4 兆日元。资产运用收益率下降 20%会导致全体收支减少 1.8 兆日元，此数额与经常利润的总额不相上下。

保险收支与资产运用收支都存在"期间损益"的问题。首先，关于保险收支，在保费的接收时期与保险金、给付金的支付时期，签订新保单的成本发生时期与其回收时期等都存在很大的时滞。例如，获得新保单时支付给营销员的手续费和医疗检查费等成本要耗费 10 年以上的时间逐渐回收。并且，若在销售时预测的未来平均解约率因公司的经营健全性等不安因素而导致投保人解约加速，则将发生额外的支出。2006 年全部的解约返还金额为 5.6 兆日元，这与资产运用收支几乎相等，假设解约率增加 20%，那么就会与经常利润相抵销。

在资产运用收支方面，保险公司会在风险显著化时将过去积累的未变现收益或是未分配利润一点点地提出来用以弥补损失。对于承担大量长期小型风险，并对其进行管理的寿险公司来说，这是应对风险的自然行为。但是，从期间损益这个角度来进行分析时，未变现收益产生的投资时间与其收益被实现的时间是不一致的。像这样由于保险公司损益表中的经常利润难以反映损益期间，因此就很难说这个指标可以确切地表示寿险公司的利润[1]。

　　寿险业的风险在大数法则与时间的作用下被有效的分散，因此，集中大量的保单并对其进行风险管理可以提高效益。把反映这个商业模型的利润概念作为测算保险公司效率的对象是很适合的。从 2000 年决算开始被公布的"基础利润"[2]就在一定程度上具有这种特性。但由于 2000 年之前该数据并未公布，因此若要把握其长期变动，就必须独自算出这个时间序列数据。作者从过去各家公司的损益表中提取数值，计算出了和基础利润概念相近的"修正基础利润"。修正基础利润就是将利差益、死差益、费差益这三个被称为保险公司三个利润来源的指标进行合计，表示保险主营业务在 1 年内的盈利能力。换而言之，这个利润概念和一般企业的营业利润或是银行的业务纯利润的概念相近。

　　其具体计算方法如下：

　　修正基础利润=基础收益-基础费用

　　基础收益=经常收益-（有价证券买卖收益+外汇收益+金融衍生物收益+风险准备金转回）

　　基础费用=经常费用-（有价证券买卖损失+有价证券评价损失+贷款偿付额+坏账准备金提存+外汇损失+金融衍生物费用）

　　与经常利润相比，修正基础利润的变动更加平稳，是可以反映保险公司的长期收益结构的利润概念，从而使利用宏观的各个变量进行预测成为可能。此后将这个"修正基础利润"的长期时间序列改称为"基础利润"，来进行相关的分析讨论。

第二节　先前研究与生产物的选择

一、先前研究

　　现已大量存在使用生产函数对日本寿险业进行分析的先前研究（寿险领域）。

---

　　① 图 2-1 中，经常利润的 HD 指数从 1994 年到 2001 年期间上涨幅度较大是因为在严峻的收益环境下，财务实力较强的大型寿险公司可以通过持有股票的销售溢价等来调整决算，但不能进行以上调整的公司就会有较大的收益下降。

　　② 依据寿险协会的财务公开资料的说明，"基础利润是从经常利润中扣除寿险公司通过出售持有资产获得的收益等，即扣除核心业务之外的有价证券买卖损益和临时损益之后的利润，这个指标是表示保险核心业务一整年收益的利润指标"。（"生命保险协会"："虎之卷"）

井口富夫（1985）从产业组织论的观点出发，利用 1977 年的数据验证了寿险公司的规模经济性。简井善郎等（1992）利用 1976~1989 年的数据，运用柯布-道格拉斯型与超越对数型的费用函数，求出了关于规模经济性与资产运用业务、保险业务相关范围的经济性。中马宏之等（1993）利用 1990 年的数据，导入真正的计量分析手法计算了寿险公司的效率性。北坂真一（1996，2002）利用 1998~1993 年与 1996~1999 年的数据，将每种商品的保费收入作为生产物，运用费用函数进行了严谨的测算，从而得出大型寿险公司和个人保险正在丧失规模经济性的结论。茶野努（2002）利用寿险公司 1975~1996 年的长期数据，根据随机前沿生产函数与非参数的数据包络分析（data envelopment analysis，DEA）手法对效率性进行了测算。测算结果为，从泡沫经济破灭开始到 20 世纪 90 年代中期效率性呈横向变动趋势，从而得出公司间的效率性差异没有缩小这一结论。

　　虽然感觉这些分析中已经运用到了所有的手法，但对于个别寿险公司来说，仍旧找不到分析 1996 年修订《保险业法》施行后由规制缓和带来的效果和与 2000 年前后保险公司相继破产后生产性变化相关的论文。并且，现有研究是在寿险公司的财务报表公开并不充分的时期使用大量的生产物、投入值的推测值而完成的。另外，虽然其选取了经常利润、分红准备金、从保费收入中扣除保险金支付额和责任准备金，外加利息、股利收入与固定资产损益的概念来衡量寿险公司的生产物，但很难说它们是能够充分反映前文所述的寿险公司行为和期间损益的生产物。

　　本书将在考虑以下三点的基础上进行效率性的分析。第一，选择基础利润等恰当的寿险公司生产物指标。第二，在对寿险业整体的生产性进行测定的同时，进一步运用效率前沿生产函数对各个寿险公司分别进行评测。第三，利用由各年截面数据的时间序列数据所整理出的面板数据，使截面型模型中存在的问题最小化[①]。在各个推测中竭力确保了 400~600 个标本数据（由于数据限制，柯布-道格拉斯型的推测期间为 1989~2004 年的 16 年，而随机前沿生产函数的推测期间为 1991~2006 年的 16 年）及推测的稳定性。

二、寿险公司的生产物

　　如表 2-1 所示，对寿险公司具有代表性的生产物特征进行了整理，并比较了先前研究中使用的五个具有代表性指标的长短处。这五个指标分别为：①相当于

---

　　① Kumbhakar 等（2001）的说法——虽然截面数据型的效率前沿函数存在：分布假定的最优推算值的可信度不具备确定性；不能确保残差中含有的效率性值与统计误差项的独立性（有相关性）等问题点，但是这些问题可以通过面板数据来解决。

一般企业销售额的保费收入；②表示风险承受总量的死亡保险金额（保有保单金额）；③表示单年度的销售状况与保户获得数的新保单件数；④损益表上的经常利润；⑤基础利润。关于各个指标分别从以下三个角度进行了评价。

表 2-1　寿险业的生产物选择

代表性生产物	视点一复数商品生产角度	视点二中间投入的考虑	视点三期间损益的反映	长处	短处
保费收入	○	×	△	可以处理复数商品的换算	扣除筹措成本时需要分别计算各商品的成本 一次性付清保费的急剧增加，导致数值剧烈波动
保有保单金额	×	×	○	包含从获取新保单到防止解约的一系列活动	个人保险、个人年金、团体保险、团体年金等 不同商品特性的商品采用同一基准
新保有保单数	×	×	○	通过显示该公司的活动量，可以方便表现效率性，诸如随小额保单增加成本增加等	难以表示重视保有保单金额与保费收入的公司的销售额 复数商品的调整比较困难
经常利润	○	○	×	销售额中扣除中间投入的指标 处理复数商品时不需要商品间的调整	难以反映诸如特定年度时临时未实现收益的实现等期间损益 存在实际值为负值的标本
基础利润	○	○	○	反映保险公司的本源利润 处理复数商品时不需要商品间的调整	存在实际值为负值的标本

注：对于各个视点所列条件，完全满足为○，一部分满足的为△，不满足的为×

第一，复数商品生产角度。一般来说，保险公司向个人与法人销售死亡保障商品、年金商品还有医疗护理保障商品，基本上不是提供单一商品的企业。因此，原本应该分别计量各个商品的生产性，或是用同一尺度对多个生产物进行换算。

第二，中间投入的合理反映。因为虽然保费相同，但各个商品存在不同的原价率。例如，即使生产额很大但如果中间投入也很大，资本与服务的附加价值就会减小。从营业额上扣除中间投入部分得到的生产物是比较合适的。并且，在销售件数上，如果把小额保费的保单与高额保费的保单都作为一件保单来进行处理，就会发生同样的问题。

第三，期间损益的反映。如前文所述，使之前购入股票的未实现收益在本会计期间得以实现会成为利润水准临时变化的要素。为了确保长期平稳的利润水准，保险公司对于单年度规模较大的损失，通过有价证券、不动产的未实现收益或者危险准备金的结转填补等进行调整。虽然在寿险业的特殊性上来看把临时损益完全除去是非常困难的，但是如果把其主要部分去掉，还是有可能得出与期间损益相近的利润概念。

从这三个角度来看，最合适的寿险公司生产物指标，是基础利润。在生产函数与费用函数的估算中，以基础利润为中心，其他的生产物作为参考值，根据其特性对结果进行综合判断是比较合理的[1]。

并且，在进行估算时，还需留意以下几个技术点。首先，因为这次进行的估算期间，包含对日本寿险业而言经营环境最为严峻的时期，关于利润方面，生产物的绝对值为负值也是可以理解的。因为在对对数线性函数进行估算时除去了标本中的负值，因此可能会出现高估全体生产性的偏差[2]。

这就是说，为了减小这些风险，应用柯布-道格拉斯生产函数进行的估算中，可以使用以下四个指标作为寿险公司的生产物：①可以确保足够的标本数进而降低负值影响的基础利润；②假定各个商品的中间投入相同的保费收入；③对市场影响力较大的传统大型寿险公司作为销售目标的保有保单金额；④作为基础利润比较指标的经常利润。

三、资本成本与劳动成本

长久以来，寿险公司的计量分析没有得到推进的理由之一是寿险公司的财务公开不足。但 1989 年以后，寿险业对损益表的样式及信息公开进行了改革，从而使计算资本存量时必要的折旧明细和一部分成本费用明细得到了公开。因此，可以在先前研究中利用同等值和估计值等资本存量和劳动要素投入量（营销劳务费）的部分，使用各公司的决算值，从而使估算精度得到大幅度提高[3]。

在生产函数中使用的资本存量，在各公司决算公开资料中显示为折旧明细表的期末余额。并且，关于劳动投入量，将同一项事业费用中的营业活动费作为营销劳务费。由于内勤职员的劳务费没有被公开，所以使用厚生劳动省每月发表的劳动统计调查《金融、保险业的分规模薪金》[4]与人寿保险统计号里刊

---

① 在国民经济计算中，寿险业的产出量定义为"保费收入+资产运用收益-保险金支出-红利支出-资产运用费用-提存责任准备金额"。这相当于毛利的概念，与扣除成本前的经常利润相近。

② 关于负值的样本，北坂真一（2002）提出了使用 Cox-Box 变换的方法，但是这个方法不能对所有的负值进行修正。本次分析中，由于不能得到稳定的结果，因此没有采用此方法。

③ 虽然财业业在经营费用中存在内勤职员费用的记录，但在寿险业中除部分股份制公司外，绝大多数并未被公开。

④ 2004 年的实际业绩区可分为以下三个部分：500 人以上为 669 430 日元；100~499 人为 547 177 日元；30~99 人为 490 689 日元。

登的内勤人员数相乘而计算出所需数值。表 2-2 显示了日本寿险业的资本与劳动成本。另外，作为参考值，列出了在估算成本函数时使用的资本费用（资本借用成本×资本余额）以及在构造成本比重式时使用的内勤职员劳务费等一般费用与销售成本。

表 2-2　资本成本与劳动成本的推移

项目	要素	1989 年		1996 年		2004 年	
		金额/百万日元	比率/%	金额/百万日元	比率/%	金额/百万日元	比率/%
生产函数	资本存量	1 399 125	34.7	1 637 207	39.9	1 328 396	40.6
	内勤职员劳务费	716 369	17.7	788 811	18.9	561 359	17.2
	营销员劳务费	1 921 598	47.6	1 695 263	41.2	1 377 236	42.2
	合计	4 037 092	100	4 111 281	100	3 266 991	100
（参考）成本函数	资本费用	194 671	4.8	209 566	4.8	192 631	5.2
	内勤职员劳务费等一般费用	1 278 805	31.7	1 767 684	40.7	1 605 748	43.0
	销售成本	2 559 517	63.5	2 364 281	54.5	1 934 311	51.8
	合计（事业费+折旧）	4 032 993	100	4 341 521	100	3 732 690	100

从表 2-2 的寿险业资本与劳动的投入额来看，2004 年的资本存量比重为 40.6%，劳动投入量中的内勤职员劳务费为 17.2%，营销员劳务费为 42.2%，后二者相加总和为 59.4%。投入成本的 40% 为营销员劳务费，专属营销员渠道的高成本结构引人注目。以采用流量概念计算得到的资本费用来分析资本存量时可以发现，资本费用为 5.2%，销售成本为 51.8%，内勤职员劳务费等一般费用为 43.0%。从 1989 年到 2004 年的 16 年间，表示资本数值的比例有所提高。这与后面所述的财险业的资本量的变化差距甚大。

另外，资本与劳动的合计额从 1989 年的 4 兆日元到 2004 年的 3.3 兆日元约下降 20%，进行调整的同时，业绩联动成本额也在下降。营销员劳务费占全体费用的比重，从 1989 年的 47.6% 下降到 2004 年的 42.2%，这暗示着伴随销售量的减少，业绩比例薪金也随之减少，同时薪金体系的效率化也有所改进。营销员劳务费部分采用的是业绩比例体系，在销售业绩低下时成本自动降低，起着与利润变动相抵消的稳定器作用。

销售劳务费加上促销费后得到的更具广义概念的"销售成本"也从 63.5% 大幅下降到 51.8%，从这点可以看出销售成本的压缩主要是以总部的销售支援费用等为中心展开的。虽然持续进行销售成本的合理化，但销售劳务费比例从 1996 年最低谷的 41.2% 反弹上升到 2004 年的 42.2%。以上表明，在维持现行销售渠道的情况下很难进一步削减成本。

第三节　利用柯布-道格拉斯生产函数分析
寿险业的生产性

毋庸置疑，生产函数也存在局限性。例如，柯布-道格拉斯型函数与常数替代弹性（constant elasticity of substitution，CES）生产函数等一般只限用于平均费用递增的情况。前者的替代弹性为 1，而后者为一定值，因此不能称之为灵活的函数。理论上，有 2 次近似项的超越对数函数更为恰当，但超越对数函数的解释变量较多，很难解决其多重共线性的问题。本书研究中，优先考虑分析对象即寿险公司的事业规模大的这一特性与函数的稳定性，利用最为简单的柯布-道格拉斯函数来估算寿险业整体的生产性。

柯布-道格拉斯生产函数模型为

$$\log Y = \log A + \alpha \log K + \beta \log L$$

式中，Y 为生产物；K 为资本投入量；L 为劳动投入量。实际的参数推测为

$$\ln (Y_{i,\,t}) = c + \alpha \ln (K_{i,\,t}) + \beta \ln L_{i,\,t} + v$$

式中，Y 代表基础利润、保费收入、保有保单金额、经常利润等；K 表示资本投入量，为各公司资本存量的期末余额；L 表示劳动投入量，为内勤职员与营销员的劳务费总额。

估算通过对 1989~2004 年各公司截面数据的面板数据进行分析，并结合单纯的最小二乘法（ordinary least square，OLS）、固定效应模型（fixed effect model）、随机效应模型（random effect model）等进行测定，以 Hausman 检验为基础，选取最优值[①]。其次，在估算中加入约束条件 $\alpha + \beta = 1$，并对比分析其与未加入前的结果来检验稳定性。为了进一步测定修订《保险业法》实施的影响程度，将估算期间分为上文所述的整体期间、修订《保险业法》实施前（1989~1995 年）与修订《保险业法》实施后（1996~2004 年）等三部分来分别进行估算。

对于有退出、兼并、整合经历的公司来说，若在其退出、兼并与整合前后，公司的实际状况并未发生变化，即使公司名称有所变更，仍假定为同一公司进行估算。若发生破产等导致公司有实质性变化时，将其视为新公司进行处理。估算结果如表 2-3 所示，其中各变数的 t 值均有意义，证明函数具有较高的说服力。

---

① 关于面板分析，不是所有经济主体（保险公司）都具有同样的斜率与常数项（都相同的情况，通常使用 OLS 模型进行推定），经济主体多具有各自的特性。因此，通过 Hausman 检验对经济主体进行特定化，在随机效应模型中使用普通最小二乘估计，在固定效应模型中则使用 Within 估计量。

表 2-3　生产函数的推算结果（Ⅰ）全部公司、分期间

产出物	标本数	项目	全部期间			前半期 1989~1995 年			后半期 1996~2004 年		
			系数	t 值	有制约 ΔK	系数	t 值	有制约 ΔK	系数	t 值	有制约 ΔK
① 修正基础利润	393 Random	调整后 R^2	0.760 64			0.811 257			0.732 54		
		资本分配率	0.301 978	4.939 565***	0.300 561	0.266 522	2.803 87**	0.305 464	0.313 783	3.915 04***	0.323 234
		劳动分配率	0.689 901	8.136 94***	0.699 439	1.067 9	7.537 37***	0.694 536	0.566 347	5.001 45***	0.676 766
		定数	0.054 809	0.093 054	（4.897 44***）	-3.414 86	-3.801 75***	（3.092 76***）	1.143 44	1.520 29	（4.024 10***）
② 保费收入	558 Random	调整后 R^2	0.941 255			0.958 257			0.930 664		
		资本分配率	0.132 606	6.809 4***	0.138 989	0.114 018	5.599 47***	0.106 453	0.118 781	4.532 25***	0.131 285
		劳动分配率	0.856 418	42.164 6***	0.861 011	0.942 509	32.631 9***	0.893 547	0.858 492	32.919 6***	0.868 715
		定数	2.957 13	17.424 2***	（7.864 1***）	2.142 62	8.828 55***	（5.294 84***）	3.070 39	14.089 4***	（5.603 54*）
③ 保有保单金额	549 Random	调整后 R^2	0.909 726			0.961 601			0.892 779		
		资本分配率	0.916 278	8.493 25***	0.233 832	0.135 383	5.631 83***	0.117 153	0.191 074	6.246 89***	0.235 407
		劳动分配率	0.725 345	30.381 2***	0.766 168	0.948 576	27.609 0***	0.882 847	0.734 778	25.271 6***	0.764 593
		定数	7.067 66	30.680 9***	（11.291 6***）	5.280 36	17.822 1***	（4.716 99***）	7.130 95	24.121 1***	（8.920 67***）
④ 经常利润	418 Random	调整后 R^2	0.679 302			0.781 37			0.628 647		
		资本分配率	0.143 327	2.054 09**	0.139 725	0.322 342	3.284 52***	0.333 376	0.168 599	1.907 08	0.193 28
		劳动分配率	0.855 122	9.396 19***	0.860 275	0.992 198	7.100 99***	0.666 624	0.715 144	6.292 78***	0.806 71
		定数	-0.635 629	-0.985 929	（2.002 74**）	-3.593 67	-4.140 79***	（3.153 37***）	0.346 079	0.437 292	（2.184 93**）

***表示在 1%的条件下为有效值，**表示在 5%的条件下为有效值

注：有制约 ΔK 栏目的（　）中的数字为有效值 t 值

首先，所有期间内基础利润的资本分配率为 0.302 0，劳动分配率为 0.689 9，这与其他行业并无明显差别。其次，加入 $\Delta K + \Delta L = 1$ 的约束条件后，参数的绝对值也并无显著变化（表 2-3 中具有约束条件的 ΔK 栏），代表其具有稳定性。保费收入与保有保单金额的劳动分配率分别为 0.856 4 和 0.725 3，这比修正基础利润的同一数值要大很多。由于两者均是保险的销售指标，从而可以看出表示销售渠道成本的劳动依存度有所增加。

在修订《保险业法》实施前（前半部分），由于其中包含泡沫经济时期的业绩，基础利润的劳动分配率偏高（1.067 9），保费收入与保有保单金额值也比全期估算时的数值要高。然而实行规制缓和后，修正基础利润的劳动分配率降低到 0.566 3，而资本分配率却上升到 0.313 8。这表明相比之下规制缓和对于资本收益的影响较大。

另外，将经常利润作为生产物的估算结果中，虽然前半部分的各个说明变数的说服力较高，但在后半部分中，由于考虑未实现收益的实现与准备金的拨回等对资产负债表的修正会降低资本的说服力，因此可以说其结果的稳定性较差。

其次，如表 2-4 所示，根据不同的销售渠道分别对生产函数进行推算时，虽然与之前的结果相比推算精度较低，但以营销员销售渠道为主的公司在基础利润产出的劳动弹性比全部公司推算得到的数值要高，保费收入的弹性则比全部公司推算得到的数值低。由此可见，该类公司着重销售收益率较高的保障型商品。相反，代理店销售渠道为主的公司在以保费收入作为生产物时劳动弹性较高，这表明这些公司将保费收入作为销售目标。

表 2-4 生产函数的推算结果（Ⅱ）分销渠道

产出物	项目	营销员销售渠道 标本数	系数	t值	有制约 ΔK	代理店销售渠道 标本数	系数	t值	有制约 ΔK
① 修正基础利润	调整后 R^2	195	0.828 71	Fixed		84	0.777 448	Fixed	
	资本分配率		0.249 006	1.796 53	0.192 75		0.094 163	0.754 08	0.110 382
	劳动分配率		0.974 717	5.043 78***	0.807 25		0.822 633	3.793 33***	0.889 618
	定数		—	—	(−1.480 97)		—	—	(−0.951 195)
② 保费收入	调整后 R^2	216	0.989 699	Fixed		163	0.919 896	Fixed	
	资本分配率		0.284 88	13.481 3***	0.283 196		0.066 757	1.247 65	0.114 094
	劳动分配率		0.722 57	25.103 5***	0.716 804		0.855 473	18.995 3***	0.885 906
	定数		—	—	(14.002 1***)		—	—	(3.000 40***)
③ 保有保单金额	调整后 R^2	216	0.986 103	Fixed		154	0.876 315	Fixed	
	资本分配率		0.361 394	12.632 9***	0.399 169		0.098 805	1.754 27	0.180 244
	劳动分配率		0.471 443	12.098 6***	0.600 831		0.760 104	15.379 5***	0.189 756
	定数		—	—	(13.840 5***)		—	—	(4.456 85***)
④ 经常利润	调整后 R^2	201	0.826 354	Fixed		95	0.818 993	Fixed	
	资本分配率		−0.197 156	−1.171 12	−0.251 04		0.057 724	0.491 665	0.083 295
	劳动分配率		1.367 42	5.922 07***	1.251 04		0.845 624	4.963 29***	0.916 705
	定数		—	—	(−1.713 64)		—	—	(−0.779 625)

***表示在 1%的条件下为有效值

注：渠道区分由营销员数、代理店数是否占总数的 80%以上来判断

第四节 使用随机前沿生产函数测算
各寿险公司的经营效率性

一、测算方法

以下，不针对寿险业全体的生产性，而是利用随机前沿函数对各别保险公司的经营效率性进行推算。随机前沿函数主要分为生产函数与费用函数两种，而其推算方法则主要分为 DEA 与参数法，其中参数法又分为决定论的函数与概率论的函数。本章主要采用参数法的概率论函数，也就是概率性随机前沿生产函数。此生产函数将个别公司的效率性包含在生产函数的残差项中，对伴随残差项的推算误差（统计的误差项）与表示效率性的部分分别进行推算。换而言之，随机前沿生产函数模型的参数形式可以表示为以下形式。

若随机前沿生产函数为

$$y_i = x_i \beta + v_i - u_i \quad (i = 1, 2, \cdots, n)$$

式中，v（统计的误差项）$\to N\left(0, \sigma_u^2\right)$；$u$（效率性）$\to N_+\left(0, \sigma_u^2\right)$。

这时 y_i 的概率密度函数为

$$f(y_i) = \frac{2}{\sigma} \phi\left(\frac{y_i - x_i\beta}{\sigma}\right) \Phi\left[-\frac{\lambda(y_i - x_i\beta)}{\sigma}\right] \tag{2-1}$$

$$\sigma = \sqrt{\sigma_v^2 + \sigma_u^2}, \quad \lambda = \frac{\sigma_u}{\sigma_v} \tag{2-2}$$

这时，ϕ 为标准正规分布的密度函数；Φ 为标准正规分布的累积分布函数。

假设，$\varepsilon_i = y_i - x_i\beta$，式（2-1）可以表示为

$$f(y_i) = \frac{2}{\sigma} \phi\left(\frac{\varepsilon_i}{\sigma}\right) \Phi\left(-\frac{\lambda \varepsilon_i}{\sigma}\right)$$

两边取对数，变形为

$$\log f(y_i) = \log 2 - \log \sigma + \log \phi\left(\frac{\varepsilon_i}{\sigma}\right) + \log \Phi\left(-\frac{\lambda \varepsilon_i}{\sigma}\right)$$

可以得到对数似然函数

$$\log f(y) = \sum_{i=1}^{n} \left[\log 2 - \log \sigma + \log \phi\left(\frac{\varepsilon_i}{\sigma}\right) + \log \Phi\left(-\frac{\lambda \varepsilon_i}{\sigma}\right)\right]$$

这时可以通过最优似然函数法求出参数 β, σ, λ，然后通过这些参数求得

σ_v^2 和 σ_u^2 。

针对第 i 主体的效率性，Battese 和 Coelli（1988），提出以下推算方法。

$$TE = E\left\langle \exp\left(-u_i \middle| v_i - u_i\right) \right\rangle = \frac{1 - \Phi\left(\sigma_* - \dfrac{u_{*i}}{\sigma_*}\right)}{1 - \Phi\left(-\dfrac{u_{*i}}{\sigma_*}\right)} \exp\left(-u_{*i} + \frac{1}{2}\sigma_*^2\right)$$

式中，$u_{*i} = -\dfrac{\varepsilon_i \sigma_u^2}{\sigma^2}$ ；$\sigma_*^2 = \dfrac{\sigma_u^2 \sigma_v^2}{\sigma^2}$ 。

如果把参数最优推定值设为 $\hat{\beta}, \hat{\sigma}, \hat{\lambda}$ ，则

$$\hat{TE}_i = \frac{1 - \Phi\left(\hat{\sigma}_* - \dfrac{\hat{u}_{*i}}{\hat{\sigma}_*}\right)}{1 - \Phi\left(-\dfrac{\hat{u}_{*i}}{\hat{\sigma}_*}\right)} \exp\left(-\hat{u}_{*i} + \frac{1}{2}\hat{\sigma}_*^2\right)$$

式中，$\hat{u}_{*i} = -\dfrac{\varepsilon_i \hat{\sigma}_u^2}{\hat{\sigma}_2}$ ；$\hat{\sigma}_*^2 = \dfrac{\hat{\sigma}_u^2 \sigma_v^2}{\overline{\sigma}^2}$ ；$\varepsilon_i = y_i - x_i \hat{\beta}$ 。

$$\log(Y) = \alpha_0 + \alpha_1^* \log(K) + \alpha_2^* \log(L) + v - u$$

式中，Y 为生产物；K 为资本；L 为劳动；$v \rightarrow N(0, \sigma_v^2)$ ；$u \rightarrow N_+(0, \sigma_u^2)$ 。

下面利用最优法解对数似然函数，推算出参数 α_0 ，α_1 ，α_2 ，α_3 ，σ ，λ 。

$$\log f(y) = \sum \left[\log 2 - \log \sigma + \log \phi\left(\frac{\varepsilon_i}{\sigma}\right) + \log \Phi\left(-\frac{\lambda \varepsilon_i}{\sigma}\right) \right]$$

随后求出 σ_v^2, σ_u^2 的推算值。

虽然概率性随机前沿生产函数是由最有效的资本与劳动组合而成的特定函数，但对这个函数的妥当性和本次假定的半正规分布的残差形状的设想仍存在分歧。但是，何种分析手法都有它的优缺点，在充分认识到分析手法的局限与问题点的情况下，尝试有稳定性的推算也是极其重要的。由于本次的分析对象均具有类似的收益结构，因此不仅利用面板分析增加了样本数，而且为确保稳定性还投入了大量信息。不仅如此，还可以通过用实际的业绩对推算结果进行验证，来提高推算的精度。

二、分析对象与推算结果

在此分析合并公司时与上述对行业整体进行分析时有所不同，即使有公司整合或兼并的情况发生，也将其存在的年度作为同一个对象进行分析。假设1991 年成立的某公司在 2000 年进行经营一体化，1991 年至 1999 年期间对原

来的公司进行效率性测定（即 2000 年至 2006 年这家公司不是推算对象），2000年开始则以经营一体化后的公司作为测算对象测算其效率性。因此，1991 年到2006 年的 16 年累计存在 68 家公司。另外，由于分析对象为商品、销售渠道均不同的各家公司，因此对生产物进行分析时以利润概念指标为主，即以下四项：①在综合平衡方面具有优势的基础利润；②在基础利润上加上折旧费的现金流；③用以检测基础利润的经常利润（法定利润）；④相当于一般企业销售额的保费收入。

推算结果如表 2-5 所示。从中可以看出作为解释变量的资本投入量和劳动投入量的 t 值都很高，各参数水准均为合理数值。

表 2-5　日本寿险公司的随机前沿生产函数的参数

生产物	保费收入			经常利润		
	参数	t 值	标准误差	参数	t 值	标准误差
定数项	1.238 19	6.792 98	0.182 28	0.810 57	1.916 39	0.422 70
资本	0.049 95	3.088 32	0.016 18	0.355 55	8.466 73	0.041 99
劳动	1.080 39	44.583 30	0.024 23	0.620 80	10.106 00	0.061 43
σ	1.276 98	37.253 80	0.034 28	0.513 03	22.205 30	0.023 10
λ	1.837 33	16.363 30	0.034 28	2.897 64	7.052 76	0.410 85
标本数，LI	10，−498.750			441，−717.311		
生产物	修正基础利润			现金流		
	参数	t 值	标准误差	参数	t 值	标准误差
定数项	0.903 58	2.234 10	0.404 45	0.359 83	0.898 49	0.400 48
资本	0.460 34	10.579 90	0.043 51	0.459 44	10.939 80	0.042 00
劳动	0.541 77	9.023 81	0.060 04	0.588 41	10.074 60	0.584 06
σ	0.621 50	24.971 60	0.024 89	0.668 43	25.137 50	0.026 59
λ	2.288 92	7.717 86	0.296 58	1.974 93	7.689 52	0.256 83
标本数，LI	14，−615.213			433，−628.108		

注：推算期间为 1991~2006 年；LI 为 log likehood 的略称

三、利用随机前沿生产函数推算销售额的效率性与利润的效率性

如图 2-3 所示，在利用随机前沿生产函数推算得到的参数基础上，乘上产业整体的投入额与产出额计算出寿险业整体的生产性推移状况。

（一）销售额的效率性

由于寿险公司进行商业运营时以保单数等存量为主，因此其受景气循环的影响

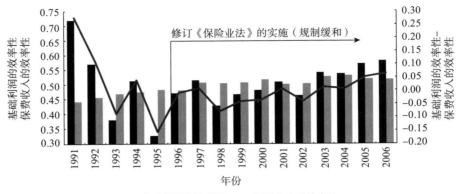

图 2-3　寿险业的生产性变化

此处的生产性变化是通过效率性数据来判断的

资料来源：作者根据前沿生产函数计算得出

较一般企业相对滞后。在 1991 年泡沫经济调整开始时寿险业并未遭到太大影响。然而在修订《保险业法》实施前的 20 世纪 90 年代中期，由于严重的景气恶化诱发了金融系统的恐慌，寿险公司的经营环境在短期内变得十分严峻。为应对这种环境，各公司在大力缩减经营费用的同时通过从供给过剩的保障型市场向医疗、年金商品市场的转移来调整商品与销售渠道战略。以保费收入为指标所衡量的销售效率性在这一期间有了连贯性的上升，从 1991 年的 0.443 4 上升到 1995 年的 0.482 8，并在 2006 年进而达到 0.515 9。

在观察 2006 年各家公司销售额的效率性时可以发现，规模最大的日本生命保险公司效率性为 0.590 4，排名第二的第一生命保险公司效率性为 0.561 6，虽然超过了业界平均水平，但并没有显示其效率性的绝对优势。而以短期养老保险为主力商品的太阳生命保险公司的效率性为 0.684 1，而专门经营年金商品发展的财险系的东京海上 Financial 生命保险公司其效率性则高达 0.770 4。日本生命保险公司在业界拥有最大的营销员销售渠道，并以保障性商品为主，针对顾客需求提供咨询服务，其销售目标主要放在确保持有保单数上。当保费相同时，比起储蓄占比较多、保险金额较小的年金保险和养老保险，偏好于保险金额较大的终身保险或在保单中加入定期保险特约的终身保险。这家公司的销售渠道和营销员的薪金规定中未将保费收入作为最大目标，而是将高保障额的商品、高附加价值、时间投入型高效率销售渠道与高销售成本相组合，将商品策略与渠道策略，以及销售基础设施的建设进行一体化设计，共同运营。

在生产函数的推算中如果不将保险公司经营的追求对象作为生产物，很难计算出正确的生产性，即对追求保有保单金额最大化的公司采用保费作为生产物或对追求保费增收的保险公司用保有保单金额作为生产物的生产函数都是不恰当的。如果要采用同一个随机前沿生产函数来推算不同销售目标的保险公司的效率性时，需要导入一个利润概念作为生产物。

（二）利润的效率性

本部分将基础利润视为生产物对盈利效率性进行测算。1991 年到 2006 年期间生产性的变化与保费收入的变化截然不同。在泡沫经济开始调整时的 1991 年，整体公司的利润效率性高达 0.720 7，但伴随泡沫经济调整的日益进行，该效率性急速下降，甚至在规制缓和前的 1995 年下滑至 0.326 5。随后各家寿险公司纷纷开始简化其费用结构，其生产性才得以逐步提高，并于 2006 年恢复至 0.580 7。另外，修正基础利润的生产性剔除保费收入的差额部分从 1995 年的最低值–0.156 3 上升到 2006 年的 0.064 8。即修订《保险业法》实施后，利润效率以超过销售额效率的改善速度持续好转。由此可见，伴随着寿险公司的体制改善，实际上其效率性也逐步提升。

此外，个别企业的利润效率性如图 2-4 所示，是代表 1991 年到 2006 年的 16 年间修正基础利润效率性的散点图。其中，纵轴为基础利润的效率性，横轴则为代表保险公司规模的保费收入实际数值。

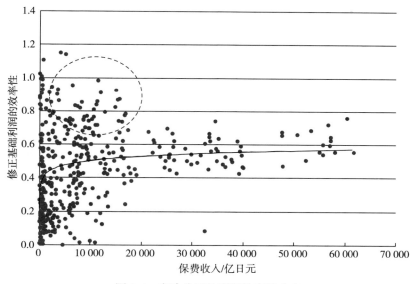

图 2-4 寿险公司的利润效率性分布

由于标本是通过系列统计各公司的截面数据组合成的面板数据，因此其随机前沿生产函数显示的效率性中包含各年经济、金融环境等"市场环境"因素。而在跨年度对各家公司进行连续比较分析中，有必要去除这个市场环境因素。于是，在这里计算出 1991 年到 2006 年全体公司的 5 个效率性的平均值，将其作为基础平减指数。然后以推算出的各公司、各年度效率性（即名义值）除以这个平减指数的方式除去市场环境差异的影响，算出生产性的实际值。这与在计算国民经济时使用的以 GDP 的名义值除以平减指数来计算实际 GDP 的"实际化"手法相同。

图 2-4 为各公司、各年度的实际利润效率性与作为销售额的保费收入的分布图。虽然基本上随着销售规模增加，基础利润的效率性也随之上升，但偏离标本近似线的点较多。一般而言，虽然个人年金和储蓄性较强的个人保险易于销售，但其利润率相对较低。相反，虽然保障功能较强的个人保险较难销售，但具备利润率较高的商品特性。即在同一图中，主要销售个人年金与储蓄性较强的保险商品的财险系寿险公司与主要销售医疗保险的小规模外资寿险公司主要集中在左侧区域；而主要销售保障型商品的大型传统寿险公司则主要集中在右侧区域。

值得注意的是，偏离近似线的（即图 2-4 中用虚线圈起来的）部分表示存在相对规模效率性水平比较高的保险公司群。位于这个区域的保险公司主要以销售保障型商品为主，因此保费收入的规模不是特别大，但却是效率性非常高的中型规模的保险公司群。这个主要销售保障型商品的中型规模保险公司群的效率性，甚至在一些年度超过位于近似线左侧同样主要以销售保障型商品为主的大规模保险公司。

大规模保险公司并不存在绝对优势的原因是因为大规模保险公司在开展个人保险服务的同时大量销售面向企业的年金保险。而这些面向企业的保险利润率较低，主要因为利润率较低的团体定期保险与团体年金保险所占比重较大。因此，将规模作为尺度来评价保费收入时，将保险公司的商品组合纳入考虑范畴也是非常重要的。

在这里，将基础利润的实际额与表示企业成本规模的营业费实际额作为替代保费收入的候补指标。为测算这三个指标的特性，把实际利润效率性的对数值作为被解释变量，其余三个指标分别作为解释变量利用最小二乘法进行推算。

结果如表 2-6 所示，将保费收入作为解释变量时 t 值为 7.248，这个值虽然有意义，但是自由度调整后的决定系数为 0.112，如图 2-4 所示，标本是相当分散的。

表 2-6　寿险公司的规模与利润

表示规模的解释变量		估计值		进行自由度调整后决定系数
		解释变量	定数	
① 保费收入	参数	0.164 767	−1.351 39	0.112
	t 值	7.248 000	−10.594 00	
② 修正基础利润	参数	0.245 028	−1.476 80	0.464
	t 值	18.874 000	−26.027 00	
③ 营业费	参数	1.319 150	−2.050 73	0.749
	t 值	34.974 000	−11.272 00	

注：被解释变量为 log（修正基础利润）；解释变量为 log（①~③）；标本数为 412

将基础利润的实际额作为解释变量时 t 值为 18.874，和前面相比决定系数改善到 0.464。再将营业费的实际额作为解释变量时 t 值为 34.974，并且决定系数为 0.749，显示其有非常高的解释效果，且此时规模性与效率性的分散较小。在这种情况下，营业费的参数（规模的弹性值）为 1.319，表示投入 1% 的营业费会提高 1.3% 的生产性。

第五节　结　论

本章，概率性随机前沿生产函数所表示的利润效率性（把基础利润的效率性进行了实质化）表明了在修订《保险业法》实施以后保险公司的利润效率得到了持续改善。可以确认规制缓和提高了寿险公司的效率性。但大型保险公司的效率性不一定更高，要想与欧美的保险公司为伍，就要进一步改善效率性。作为今后保险公司改善效率性的重要手段，应该把财险业展开的大型经营重组作为候选加以考虑。

在技术方面，由于生产函数中选择的生产物的不同，寿险公司的效率性评价结果也会大相径庭。例如，即使属于同一个行业，当个别企业所追求的经营目标有所不同时，有必要对于生产物的选择进行充分的推敲。

另外，表示保险公司核心业务的基础利润虽然作为生产物容易被接受，但是由于破产公司的这个指标为负值，可能会导致整体的生产性向上方移动。因此，在这个问题点上仍需进一步优化。

今后，会有更多不同国家、不同商业模式的保险公司进入日本的寿险市场，无论从利润回馈角度来看还是从确认保险公司的健全性角度来看，利润效率性的推算都非常重要。因此，今后将继续探求精度水平更高的生产函数。

第三章　财产保险业的效率性评价
——对经营一体化效果的测算

【摘　要】　本章主要对 1998 年 7 月开始实施的日本财险保费费率全面自由化给财险公司经营效率带来的影响进行测算，以评价规制缓和的效果。

第二次世界大战之后，采用财险费率算定会的行业统一费率（纯费率）的做法，对保证稳健型的财险公司的收益，以及确保其健全性做出了贡献。即使在 20 世纪 90 年代后期的银行、证券、寿险各行业相继发生经营破产的情况下，在财险业也只有 1 家公司倒闭（除去因飞机事故再保险交易造成破产的公司以外）。另外，在日本金融业扮演着重要角色的财险业是否已是一个有充分竞争的行业并不明确。

因此，本书使用随机前沿生产函数，对行业全体和个别公司的经营效率进行测算，以分析研究保费费率自由化的效果。财险业界的规制缓和所产生的效果（国民利益），虽然不能说使利润的效率性得到了充分的提高，但可以肯定的是，大型保险公司的经营一体化提高了其效率性。

【关键词】　随机前沿生产函数　基础利润　经营一体化效果

第一节　保费全面自由化带来的市场变化

日本的财险业，在 1948 年设立的财险费率算定会的制度下成功地回避了价格竞争，实现了稳定成长。即使在 20 世纪 90 年代的泡沫经济清算过程中，比起承担逆价差（投资收益率比预定利率低的情况）重负的寿险业，财险业凭借保险商品（机动车、火灾保险等）的保险期间大都较短（储蓄型保险除外），以及资产规模只有约为寿险业五分之一的小规模的优势，其受到的不良债务问题的影响极为轻微。另外，尽管以确保保险公司的健全性、促进保险规制缓和、确保事业运营的公正性这三点为目的，而从根本上进行了《保险业法》（1996 年 4 月起实施）与《财产保险费率算定团体相关法律》（简称《料团法》）的修订，都对促进规制缓和起到了作用，但是起初保费费率的自由化的范围还是比较小的。

然而，伴随桥本内阁自 1996 年 11 月开始推进的日本版的金融大爆炸，曾经一度进展困难的日美保险会议通过政治手段得以解决。因决定废止基于《料团法》的财险费率算定会保险费率的使用义务，情况发生了根本的转变。

提供规制费率的财险费率算定会，于 1948 年根据《料团法》而设立，最初是向大规模的母集团提供参考费率。但是，由于 1951 年的法律修订，参考费率转变为了带有使用义务的费率，并规定在之后 45 年持续使用规制费率。1996 年 12 月，日美保险协议决定废止算定会保险费率的使用义务[①]并维持对第三领域保险的规制，加上 1998 年 6 月的《金融系统改革法》及同年 7 月的《料团法》的再次修订，保险费率终于实现了自由化。

象征日本金融自由化的利率自由化从 20 世纪 70 年代开始，到 1994 年的活期存款的利率自由化用了大约 20 年的时间。与此相比，财险保费费率自由化，从 1995 年《料团法》修订后免除申报范围费率制度以及火灾保险中工厂物品咨询费率的导入开始，仅用 3 年的时间就实现了主力产品（火灾保险、伤害保险、机动车保险）的费率全面自由化。

算定会费率被认为预定损害率（纯保费部分）的设定过低，附加费率部分（附加保费部分）的设定过高，而自由化加速了过高的附加费率部分的下调步伐。

一般来说，价格的自由化等规制缓和会导致提供新的商品或服务的新兴公司增加，并降低原有企业的市场份额。1996 年以后，寿险公司的财险子公司和来自其他产业的企业相继进入保险市场，日本国内的财险公司在 1993 年仅有 23 家，而高峰期的 2000 年达到了 34 家。但是，新兴公司无法跟上费率自由化的步伐，终究会在以原有财险公司为主的经营一体化过程中被吞噬。

短时间内实现的主力产品的自由化，给日本财险市场也带来了很大的影响。图 3-1 显示了 1981~2007 年这近 30 年内日本财险市场的长期变化，可以将其大概分为三个阶段。第一阶段是规制下的稳定成长和泡沫经济形成期（20 世纪 80 年代）；第二阶段为伴随泡沫经济清算进入的低成长期（20 世纪 90 年代）；第三阶段为 1999 年以后实现了保费全面自由化的规制缓和期。

---

① 2002 年 7 月 1 日之后，该费率算定会更名为"财险费率算出机构"，主要工作为通过高精度的保险统计分析来算出适当的参考纯率、基础费率提交给金融厅负责人。参考纯率主要针对火灾保险、伤害保险、机动车保险、护理费用保险算出，基础费率主要针对强制险、地震保险算出。此机构主要发挥保险费率算出功能与业界的数据银行功能。

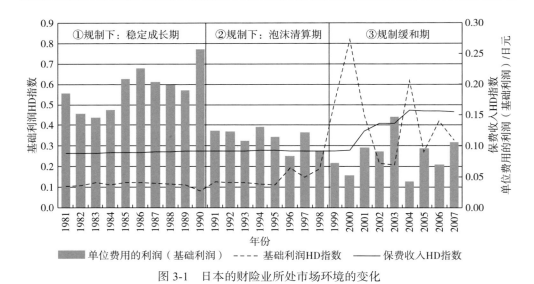

图 3-1　日本的财险业所处市场环境的变化

首先，从市场集中度（用 HD 指数来推测）的观点来看市场的变化。测算对象为相当于一般企业的销售额的保费收入与基础利润。基础利润如前节所述，是从损益表的经常利润里除去具有较强临时性的资产的买卖损益、评价损益、外汇差损益之后，加上异常风险准备金的转入转出而得到的收益概念。换言之，即显示了财险公司的根本利润。

两个 HD 指数的结果均明确地显示出到费率自由化之前的 1998 年为止，市场构造风平浪静没有变化，体现了规制产业特有的市场份额变动较小的情况。保费收入的 HD 指数（图 3-1 中实线图）在 0.09 前后，即使在集中度低下的泡沫经济顶峰期（1989~1990 年保费收入年费率增长 8%），保费收入的 HD 指数也没有明显变化。到了第二阶段，保费收入的 HD 指数虽然没有变化，但是基础利润的 HD 指数（图 3-1 中点线图）开始缓慢上升，企业间的收益力差距有所增大。图 3-1 中柱状图显示的财险公司的劳务费、物品费、营业费等每单位事业费的基础利润额由 0.2 日元左右减半到 0.1 日元左右。财险业在没有根本解决收益低下问题的情况下，迎来了 1998 年的费率全面自由化。

到了第三阶段两种 HD 指数开始有了大的变化。并且，每单位事业费的利润额的变动也变得激烈，可以窥视到市场构造面临着巨大的变化。的确，虽然存在较多特殊原因：①由于 2001 年的食物中毒 O157 事件引起的支付准备金的增加（使行业全体经常利润减少了 1 289 亿日元）；②由于 2002 年机动车损伤赔偿责任保险的政府再保险的废止造成的保费收入（转移收入）的增加（增幅 7.0%）；③2004 年连续遭受的台风灾害的影响（台风 16 号、17 号、23 号，支付保险金 2003 年同比上升了 16.1%）；等等。可以说这些对市场集中度的影响是中立的。HD 指数上升的理由主要可以从以下两点来考虑。首先，是消费者的安全投资转移（fly-to-quality）的动向。对于 2000 年 5 月第一火灾海上保险股份公司的业务停止命令与 2001 年 11 月大成火灾海上保险股份公司的申请更生手续，消费者均有敏感的反应。其次，是费率自由化引起的竞争激烈化以及原有保险公司的经营一体化。大型的经营一体化得以推进的背景之一在于财险公司的特殊性。一般来说，规制缓和会促进新兴企业进入市场导致 HD 指数下降，但是由于财险公司具有初期投资较大、实现盈利历时较长等行业特性，阻碍了新兴保险公司的参入。并且，在商品服务方面难以发挥其独特性的财险业，销售力处于劣势的公司由于主力险种的保费自由化，不得不面对比一般行业更多地压缩固定费用的窘况。

再加上长年以来形成的同行企业互相看齐的状态，大部分的公司一致选择走上经营一体化之路。日本国内的财险公司转瞬间集约成了 6 个保险集团，保费收入的 HD 指数也从 1998 年的 0.09 上升到 2004 年的 0.15 以上。并且，销售额的市场集中度的加速与利润的市场集中度的大幅度变动，暗示了经营一体化效果的迥异。

第二节　使用随机前沿生产函数进行效率性分析

一、先前研究

针对日本财险公司效率性的先前研究主要有：井口富夫（1993）从产业组织论的观点，使用 1991 年的数据，推算出柯布-道格拉斯型与超越对数型的费用函数，证明财险业存在规模经济性；吉野直行等（1994）用 1970~1990 年中每隔 5 年的数据，证明保费收入与代理店的数量之间存在规模效益；另外，柳濑典由和石坂元一（2005）修正了 Regan（1999）的模型，对日本财险公司销售渠道的费用效率性进行了分析，证明了专属销售渠道比独立销售渠道费用效率低这一在美国通用的论说在日本无法得到支持；柳濑典由等（2007）运用 DEA 模型，研究证实了不能确定日本财险业规制缓和的影响会使效率性差距缩小，以及经营一体化等使效率性大幅上升这一说法。

从采用的研究手法来看，有利用柯布-道格拉斯型与超越对数型确定的函数模型来推算生产函数、费用函数的方式，以及利用 DEA 来分析效率性的手法。另外，也存在着数种对银行、证券、寿险等其他金融市场使用概率性前沿生产函数进行效率性评估的方式。中马宏之等（1993）利用 1990 年的数据显示了各家寿险公司的效率差距，藤野次雄（2004）推算了 1994 年到 2000 年金融机构的分行业、分地区的效率性。并且，松浦克己（1997）把证券业的效率性分为泡沫经济期与其之后的两个阶段进行推算，证明了 25 家上市公司间的差距在扩大。尽管有如上利用广泛的分析手法，但仍没有发现以日本财险业各家公司的效率性作为绝对水准来推算的论文。

二、作为保险公司效率性指标的概率性前沿生产函数

可以说在日本财险业发生的大规模的重组给各家公司的效率性都带来了很大的影响。但是，关于用经常利润的增长率或销售额营业利润率等传统的财务指标来对财险公司的效率性进行推算是否妥当这点，需要进行慎重的考察。例如，大规模的行业重组时发生的营业用不动产的整理与计算机系统的淘汰与整合，虽然通过缩减折旧费提高了收益，但是从现金流的角度来看没有大的变化。并且在一般企业，由于并购而产生的工厂设备的淘汰与整合或者出售自用不动产等，因会提高总资产收益率（rate of return on assets，ROA）或净资产收益率（rate of return on common stockholder's equity，ROE=ROA×杠杆作用）故多受推崇。但是对于保险公司来说，资产的大部分都是作为将来支付保险金的财源的责任准备金的运用资产。另外，由于销售的险种有所不同，责任准备金的积累方法和保险公司承保的风险度亦不同，利用ROA 进行评价是欠妥的。并且，由于保险公司比一般企业更重视公司的健全性，所以说并不能认定由于低杠杆而导致 ROE 水准较低的保险公司一定就是低效率的。

因此，需要从另外的角度来推算保险公司的效率性。一般来说，企业是利用资本、技术、人才、原材料等进行生产活动的经济主体。产出量由投入物的种类、数量，以及企业的效率性来决定。这个把产出量与投入物的关系单纯化的就是生产函数，我们把这个生产函数应用在财险公司的效率性测定中来。生产函数，表现为以下的函数形式：

产出物=f（投入物 a <如资本>，投入物 b <劳动>，投入物 c <各种费用>，…）

但是，由于在现实的竞争市场中，大多数的企业存在非效率性，如把最有效率的企业的生产函数表示为 F，则其他的企业的生产函数，表示为

生产物=F（投入物 a，投入物 b，投入物 c，…）+非效率性

另外，由于实际进行推算时，存在推算误差，所以生产函数可以表示为

生产物=F（投入物 a，投入物 b，投入物 c，…）+非效率性+误差项

利用前沿生产函数推导出的效率性通过其与能最有效地推算出生产物所需的资本和劳动的投入量的最优组合所形成的集合线的偏离程度来表示，这个数值越高预示其效率性越高。

函数 F 可以有多种假设，与前一节相同，在这里采用最简单的参数稳定性较

高的柯布-道格拉斯型生产函数。另外，非效率性部分假定为半正规分布，把正规分布的假定放在误差项里。并且，使用最优法推算表示非效率性的参数。这种效率性的推算手法，就像前一节详细说明过的一样，被称为概率性前沿生产函数[①]。这个函数的算法在第二章第四节[②]有所说明。

三、生产物的选择

在推算生产函数时，最重要的是对生产函数中所使用的生产物的选择。对于财险公司的生产物，可以考虑作为销售目标的销售额以及作为企业活动最终目标的附加价值或利润等。在这里需要关注一下日本财险公司的利润变动。虽然财务表里的经常利润与表示财险核心业务收益情况的基础利润至20世纪90年代为止几乎是联动的，但2000年以后它们的背离情况开始变得越发明显。如果取1991年到2007年17年间的标准差来看，相对于经常利润的1 553亿日元，基础利润达到了2 103亿日元，约为其1.4倍。由于基础利润是从经常利润中减去资产运用的资本金损益后的利润概念，所以，当保险公司通过有价证券的买卖收益等来调节决算时，两者就会出现较大的背离。

由此可见对生产物的选择必须慎重，一般情况下可以考虑把以下六项作为财险公司有代表性的生产物的候补：①表示单年度销售趋势以及代表新获得顾客数的新保单件数；②相当于一般企业销售额的保费收入；③与一般企业相同在损益表上的经常利润；④从经常利润里对资本损益等临时性的损益及异常风险准备金进行了增减调整得到的基础利润；⑤基础利润加上折旧费得到的现金流；⑥在与一般企业的毛利概念相近的基础利润上加上项目成本得到的附加价值。

选择生产物时主要从以下三个角度进行考虑。

首先是多种商品的换算视点。日本财险公司所提供的商品，除去主要商品的机动车保险、火灾保险，还有储蓄型伤害保险与年金保险等，范围广泛，且向企业与个人双方提供。理所当然，大部分不是提供单一商品的企业，必须分商品进行生产性的测算，或能把多个生产物的生产额通过同一指标进行换算。

其次是考虑中途投入的视点。因为即使是保费相同的商品其原价率也是有差异的。例如，即使生产总额很大但是中途投入也很大的商品其附加价值就会比较小，不能只凭生产总额来判断企业的生产性。理想的生产物是具有从销售额中扣除这些中途投入部分的概念的生产物。由于新保单件数是不论低额保费的保单还

① 前沿函数的分析主要分为生产函数与费用函数，推算方法主要分为线性规划法的DEA与参数法。并且，参数法分为决定论函数与概率论函数。本书采用参数法的概率论的函数，也就是随机前沿生产函数。

② 久保英也《需要进行再建的日本的人寿财产兼营集团战略》中有详细说明。

是高额保费的保单都按一件来处理，所以是存在问题的。

最后是反映期间损益的视点。这主要是需要留意通过处理有价证券未实现收益而获得的临时利润的问题。财险公司比起其规模，持有较多的有价证券、不动产的未实现收益或准备金等，可以在风险增大时用其填补损失，以稳定单年度的收支。虽然这是经营中有必要采取的行动，但是从期间损益的角度来看，扣除这些临时损益更为合适。

表 3-1 对选择生产物时重要的判断角度以及各个生产物的特性与局限性等进行了比较。虽然没有能够同时满足以上三个判断角度的指标，但是以"○印"较多的基础利润为核心生产物比较适合用于财险公司。但是，有可能由于推算期间里包含了对财险公司来说经营环境比较严峻的费率自由化时期，所以生产物的数值会成为负值。由于要除去用对数线性函数进行推算时为负值的样本，所以可能会提高全体生产性的偏差。为了弥补这点不足，需要同步进行以现金流作为生产物的函数的推算来作综合评价。另外，由于保费收入不仅直接表示期间损益而且是测定销售效率的重要的生产物，所以也同时采用此生产物。

表 3-1　财险公司生产物的选择

生产物的候补	①复数财的换算		②对中间投入的考虑		③反映期间损益及其他
①销售件数	×	由于每个商品的件均单价不同，不能把多种商品用同一指标来评价；生产物与件数有所偏离（假定件均保费相同）	×	不能反映各个商品成本的不同	×	销售部门的目标
②保费收入	○	火灾、机动车、储物伤害等多种保险商品的保费用同一个标准来评价	×	不能反映各个商品的成本不同（假定中间投入比例一定）	○	反映期间损益
③经常利润	○	通过不同商品的利润，把复数商品用同一标准评价；此利润为公司的经营上追求的目标	○	不能反映各个商品成本的不同	×	临时的损益也全部计入，较难反映期间损益
④基础利润（经常利润+资本损益+异常危险准备金的增减）	○	通过不同商品的利润，把复数商品用同一标准评价；此利润为公司的经营上追求的目标	○	不能反映各个商品成本的不同	△	可以反映期间损益。但是，有变为负值的可能性、对 log 函数来说样本数减少
⑤现金流（基础利润+折旧）	○	通过不同商品的利润，把复数商品用同一标准评价；此利润为公司的经营上追求的目标	○	不能反映各个商品成本的不同	△	可以反映期间损益。但是有变为负值的可能性、对 log 函数来说样本数减少

续表

生产物的候补	①复数财的换算		②对中间投入的考虑		③反映期间损益及其他	
⑥附加价值 （基础利润+ 营业费用）	○	通过不同商品的利润，把复数商品用同一标准评价；此利润为公司的经营上追求的目标	○	不能反映各个商品成本的不同	△	相当于一般企业的毛利概念。可以排除负值，不能明确表示效率性

注：满足条件的为○，满足部分条件的为△，不满足条件的为×；除了上述候补，虽然有其他研究采用了支付保险金或投保人剩余金，但由于只能代表财险公司经营活动的一部分，不符合此次分析目的，故予以省略

这就是说，这次推算中采用的作为生产函数的生产物主要有以下四个指标：①相当于一般企业的销售额的保费收入；②损益表中的经常利润；③从经常利润中扣除了属于临时收益的资本损益，并反映了异常准备金的增减的"基础利润"；④在基础利润中加上折旧的"现金流"。

四、随机前沿生产函数的推测

生产函数的说明变量为资本存量与劳动投入量，对它们的定义如下：资本存量为，各公司的决算公开资料中的折旧明细表中的年末余额。对于没有公开这个明细表的公司，采用把成本明细表中的折旧额按行业平均折旧率计算得到的数值。

对于劳动投入量，主要考虑以下两项：①销售劳务费与内勤职员劳务费的合计额；②在其基础上加上除劳务费以外的事业费得到的数额。销售劳务费，为代理店手续费与保险中介手续费以及直销费（直营的销售手续费）的合计额。内勤职员劳务费，主要为事业费明细表中的劳务费。并且，分析对象为日本国内的原有财险公司，不包括再保险公司或外国财险公司的东京分公司。数据来源于保险统计号与各公司的决算资料。

从在全部投入量中资本存量与劳动投入量（销售劳务费+内勤职员劳务费：上述①的情形）所占有的比重来看，2007 年的资本存量为 20.5%，劳动投入量为79.5%。其明细为，销售劳务费为48.2%，内勤职员劳务费为31.3%。如果在劳动投入量中也包含劳务费以外的事业费（上述②的情形）时，资本存量占全部投入量的比重为 15.7%，劳动投入量同为 84.3%（其中，销售劳务费为 37.0%）。无论哪种情况，销售渠道费用都占了投入成本的 4~5 成，由此可以窥见专属代理店销售渠道的运营费耗资巨大这一成本构造。

图 3-2 显示了 1991~2007 年的 17 年中各个投入成本占全部投入量的比例的推移。1998 年费率完全自由化以后，投入成本的占比发生了急速的变化。其中销售劳务费占总投入量的比例尤为特殊。此指标在 2007 年为 48.2%，比 1991 年的

39.1%上升了 9.1 百分点。上升的原因主要有如下两点：第一，如果销售低迷时采用的是销售额比例薪金的话，就可以减少支付给代理店的手续费，但实际上采用的销售手续费体系不会使其手续费与业绩降低的程度等同。相当于销售劳务费每 1 日元的保费收入，从 1991 年的 6.5 日元下降到 2007 年的 5.9 日元。第二，经营一体化带来的资本的压缩。全部投入量中资本存量所占比重，从保费自由化之前的 28.0%（1998 年）到 2007 年的 20.5%下降了 12.4 百分点，这表明由于大型的经营一体化使自家公司的营业用不动产等的规模有了急剧的缩减。也就是说，财险公司的战略为用资本生产性的上升来弥补劳动生产性的低下。还要提及的是，由于寿险业的资本占比大概为 4 成，可以说日本的财险业，相比寿险业是更加劳动密集型的产业。

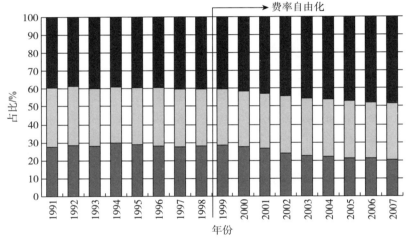

图 3-2　资本成本与劳动成本的占比

　　在慎重选择生产物、投入物后，利用随机前沿生产函数进行了测算。在测算中，为了确保函数的平稳性，选用的是把保险公司的年度截面数据按照时序列进行排列形成的面板数据。推算期间为 17 年（1991～2007 年）。其结果，在 1 次推算中最多可以确保 458 个标本的使用。而为了做成一个标本，需要使用从各公司财务报表中抽取的 55 个数据进行加工计算。

　　各生产函数的推算结果反映在表 3-2 中。作为解释变量的资本存量，劳动投入量的 t 值较高（其水准为 1%是有意义的），资本、劳动的参数也为可信数值，可以得到稳定的推算式。

表 3-2 财产保险公司的概率性前沿生产函数的参数

生产物	现金流			基础利润		
	参数	t 值	标准误差	参数	t 值	标准误差
资本	0.223 22	6.989 10	0.031 94	0.175 69	4.763 24	0.036 89
劳动	0.570 34	13.510 20	0.042 22	0.611 40	12.545 00	0.048 74
常数项	1.895 98	6.579 18	0.288 18	1.748 11	5.326 94	0.328 16
σ	0.682 47	22.324 60	0.030 57	0.656 35	18.690 00	0.035 11
λ	2.891 93	5.808 70	0.030 57	2.636 51	5.209 40	0.506 11
歪度	−1.271 72			−0.957 44		
样本数，LI	316，−423.170			302，−422.618		
生产物	保费收入			经常利润		
	参数	t 值	标准误差	参数	t 值	标准误差
资本	0.049 47	3.168 31	0.015 61	0.229 87	6.814 19	0.033 73
劳动	0.947 91	36.478 30	0.025 99	0.596 60	12.630 60	0.047 24
常数项	1.679 14	8.628 41	0.194 61	1.078 88	3.167 98	0.340 56
σ	1.426 04	60.099 90	0.023 73	0.726 81	20.871 50	0.034 82
λ	2.436 33	10.829 80	0.224 91	1.998 84	5.388 79	0.370 93
歪度	−5.350 47			−1.007 41		
样本数，LI	414，−615.213			433，−628.108		

注：推算期间为 1991~2007 年；LI 为 log likelihood 的略称

另外，由于推算期间较长，这期间可能发生构造的变化。于是，把推算期间分为 1991~1998 年的规制缓和前和 1999~2007 年的规制缓和后这两个期间进行推算。如表 3-3 所示，参数的水准没有太大的变化，而且它们的 t 值也比较高，由此可以明确推算式的稳定性是比较高的。

表 3-3 规制缓和前后的概率性前沿生产函数的稳定性

生产物		1991~2007 年		1991~1998 年规制缓和前		1999~2007 年规制缓和后	
		参数	t 值	参数	t 值	参数	t 值
现金流	资本	0.223 221	6.989 10	0.273 213	6.505 18	0.218 195	4.553 50
	劳动	0.570 344	13.510 20	0.577 386	9.760 50	0.526 078	9.017 66
	常数项	1.895 980	6.579 18	1.041 400	2.995 30	2.763 180	7.582 16
	样本数，LI	316，−423.17		165，−179.749		151，−217.691	
基础利润	资本	0.175 693	4.763 24	0.264 216	6.117 19	0.177 823	3.122 55
	劳动	0.611 403	12.545 00	0.569 496	9.547 45	0.553 147	8.102 64
	常数项	1.748 110	5.326 94	0.989 085	2.606 61	2.789 580	7.017 26
	样本数，LI	302，−422.618		159，−180.247		143，−216.534	

注：LI 为 log likelihood 的略称；数值为年度数据

第三节　财险公司的经营效率的变化

利用概率性前沿生产函数，来分析规制缓和给日本财险业的效率性带来的影响。图 3-3 显示的是利用这个生产函数算出的 1991~2007 年关于现金流（基础利润+折旧费）与经常利润，以及保费收入的全行业效率性推移。可以看出，效率性在规制缓和前后（1991~1998 年与 1999~2007 年）有比较大的变化。

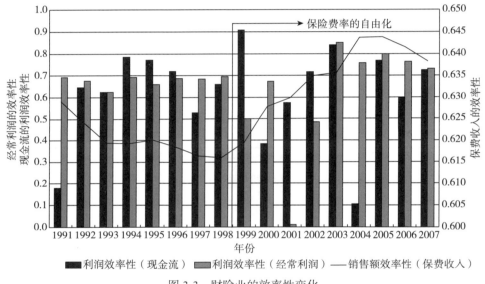

图 3-3　财险业的效率性变化

在 20 世纪 90 年代的经济、金融环境下企业物价指数年平均只上升了 0.9%，日本产业界承受着严峻的通货紧缩压力，财险业的保费收入效率性（图 3-3 中折线图）也从 0.629 持续下降到 0.616。与此相比，关于利润的两个效率性指标均保持在 0.7 左右，但之所以出现此结果，比起企业自身的努力，更应该说是规制保费确保了各公司的利润。

但是在 1999 年规制缓和之后，收益的效率性突然有了很大的变动。并且，现金流的效率性与经常利润的效率性之间开始出现较大偏离也是此期间的一个特征。经常利润如前所述，是将营业损益发生的较大变动或资产运用造成的损失，以出售持有资产所得等临时收益来填补后得到的利润指标。因此，如果保险公司有足够的实力的话，把经常利润的变动控制在较小的范围是有可能的。例如，2004 年的现金流实际额与经常利润额之差约有 3 500 亿日元，这个差额主要是由如下两个财源来填补的。首先是为预备大规模灾害的发生而储备的异常风险准备金的拨回。从 2004 年的异常风险准备金的余额变化对当年的拨回额进行估算而得到的结果表明，全行业高达 1 540 亿日元（各公司拨回额的总和）。其次是有价证券买卖收益的实现。尽管 2004 年的买卖损失与评估损失的合计值比 2005 年多 140 亿日元，但是有价证券的买卖收益增加了约 1 200 亿日元，它们之间大约 1 000 亿日元的差额被认为用在了确保经常利润的平稳化。从 1999 年以后的经常利润的效率性变化可以看出保险公司的收益环境愈发严峻，通过决算调整来实现经常利润平稳化的能力在逐渐减弱。

为应对这种情况，2001 年以后全面展开的经营一体化，为保费收入效率性（图 3-3 中折线图）的提高做出了很大的贡献。其结果如图 3-3 中深灰色柱状图所示，曾因价格竞争而一度低迷的现金流的效率性有所好转。在此，伴随经营一体化各公司努力进行的费用的缩减，以及资本成本的缩减做出了较大的贡献。可是，其效果在 2005 年以后再度受挫。

第四节　个别保险公司的效率性与经营一体化的效果

再来对个别企业的收益的效率性进行分析。把现金流作为生产物，各公司的效率性的点状图如图 3-4 所示。对于 1991~2007 年的现金流取正值的所有保险公司（316 个标本），用纵轴表示现金流的效率性，用横轴表示规模（均为对数换算值）。一般的，现金流的规模越大现金流的效率性就相应有所提高。其分布的近似线（实线图）用 log（现金流的效率）=0.259 2 × log（现金流的规模）−1.41 来表示，计算出的同规模的同效率的弹性值为 0.259 2。由此可以观测财险业中的"规模的利益"。再者，全部的分布，主要分为收益规模在 log3 左右的中小财险公司与位于 log5 左右的大型财险公司。图 3-4 中用虚线来表示各公司集合的平均值的分布线。中小财险公司的近似线（虚线①）的斜率，比大型财险公司的近似线（虚线②）的斜率要大，这表明中小财险公司通过扩大规模较容易提高其收益的效率性。从而可以认为，比起大型财险公司，经营一体化对中小财险公司来说更加是提高收益效率的有力手段。

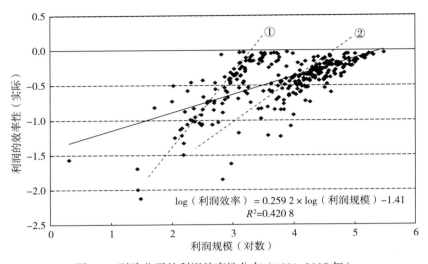

图 3-4　财险公司的利润效率性分布（1991~2007 年）

利润的效率性为现金流（基础利润+折旧额）的效率性（名义值）用后面所述的平减物
价指数进行调整后所得到的实际值

　　下面把这个经营一体化带来的效率性的变化进行进一步详细的推算。进行了大型经营一体化的 15 家公司，在经营一体化之后合并为 6 家。东京海上日动火灾保险有限公司（东京海上+日动）于 2004 年 10 月，三井住友海上火灾保险有限公司（三井+住友+三井生命，三井生命于 2003 年进行了保单的全部转让）于 2001年 10 月，日本损保有限公司（安田+日产，大成在 2002 年 12 月被合并）于 2002年 7 月，进行了经营一体化。并且，在中等级别的财险公司中，日本兴亚财险有限公司（日本+兴亚+太阳，太阳于 2002 年 4 月进行了保单的全部转让）、爱和谊财险有限公司（大东京+千代田）、日生同和财险有限公司（同和+日生）均于 2001年 4 月进行了经营一体化。

　　通过随机前沿生产函数算出的效率性，由于采用的是把保险公司的年度截面数据按照时序列进行排列形成的面板数据，掺杂了各个年度的"市场环境差异"。如果要对经营一体化后的保险公司与之前的各公司的效率性进行连续性的比较、分析，就必须剔除这个市场环境的差异。因此，与上一节相同，假设存在 1 家具有财险业全体规模的公司，求其前述的 5 个生产物的效率性，做出以这个值1991~2007 年的平均值为基准的平减指数。并且，通过用各公司、各年度的效率性除以这个平减指数来剔除市场环境的差异，算出实际的效率性。表 3-4 记载了1991~2007 年这 17 年，构成集团公司的经营一体化之前的企业从 1991 年到经营一体化之前年度的现金流的效率性的平均值，以及经营一体化之后的企业从经营统合那一年到 2007 年的现金流的效率性的平均值。在经营一体化之后财险公司的平均值中，经营一体化前之的收益效率性为 0.418，在经营一体化之后被提高到

0.525 3，可以明确地确定经营一体化有提高效率性的效果。在这里，即使加上寿险公司中的进行了经营一体化的明治生命与安田生命（2004 年 1 月合并）的例子，寿险、财险经营一体化之前的平均效率性 0.438 7 上升到了一体化之后的 0.540 9，这表明对于保险公司来说，经营一体化是提高收益效率性的有力手段。

表 3-4　保险公司经营一体化之后的效率性（现金流）变化

集团	经营一体化之前的公司 1	经营一体化之前的公司 2	经营一体化之前的公司 3	经营一体化之后的公司
财险①	0.573 3	0.703 4		0.927 7
财险②	0.457 6	0.656 2	0.053 1	0.653 5
财险③	0.495 1	0.409 2	0.301 1	0.504 6
财险④	0.483 5	0.384 1	0.330 4	0.269 0
财险⑤	0.662 5	0.304 2		0.520 3
财险⑥	0.451 4	0.010 0		0.276 6
财险单纯合计	0.418 4			0.525 3
寿险①	0.516 3	0.667 3	—	0.634 5
寿险财险单纯合计	0.438 7			0.540 9

注：效率为把现金流作为对象，数值为年度的业绩变动用平减指数折算后的实际值；数值为从 1991 年开始到 2007 年（寿险到 2006 年）的各年度的实际单纯平均值

并且，从每个公司集团来看，集团①经营一体化之前企业的效率性分别为 0.573 3 与 0.703 4，而这两家企业在经营一体化之后，其效率性为 0.927 7，明显有了较大的上升。同样的，集团②、集团③在经营一体化之后的效率性也都比其之前的效率性有了提高。与此相对，集团④~⑥在经营一体化之后效率性有了大幅度下降。这表明了根据经营一体化的具体实施方法的不同，对其后的效率性会产生较大影响。此外，集团①~③为大型公司的一体化，集团④~⑥为中型规模公司的一体化，由此可知，在进行经营一体化时的诸多要素中，"规模"是一个非常重要的要素。

从图 3-4 中可知，为了从中小型保险公司扩大规模到中型保险公司而提高其效率性，在中小型保险公司之间进行经营一体化是非常有效的。但表 3-4 也显示了，若要使中型公司通过扩大规模来进行效率化，除非是与大型保险公司进行的一体化等大型的经营一体化，否则很难收到效果。2009 年 1 月公布了三井住友海上集团与爱和谊损保、日生同和损保合并为新的金融集团的消息。主要的各公司对这个经营一体化计划持有的合理性可以通过这个分析数值表示出来。

第五节　结　　论

　　从 1951 年开始持续了约半个世纪的日本财险业的规制价格，在自由化开始后仅仅 3 年之内就被画上了终止符。以保险费率的全面自由化为主的规制缓和其效果很大，可以明确表示市场构造变化的市场集中度这个指标出现了急剧的变化。并且，作为提高竞争力的王牌被亮出的相继的大规模的经营一体化，至少在 2006 年以前对提高保险公司的收益效率性都是有效地发挥了作用的。

　　但是，围绕主力商品的价格竞争，导致了超出预想的严峻的经营环境，以致经营一体化的效果也出现了差异。可以推测，在商品、服务上较难进行差别化的财险业，今后也会加速推进有效地扩大规模的经营一体化改革。

　　像这样，在验证长期的市场构造的变化与经营战略的可行性时，通过随机前沿生产函数进行的效率性分析是有效的。今后，期待进一步对这个函数进行改良，在各公司的风险评价以及金融厅的健全性监督中提出建议。

第四章　日本寿险财险兼营保险集团的效率性评价

【摘　要】　1995 年《保险业法》修正后诞生的日本保险集团，多是类似"羊群效应"的产物，没有有效地利用规制缓和的效果。寿险公司没有选择通过寿险财险兼营来获得协同效应的经营方式，而是选择了通过强化核心业务来缩小规模实现均衡，而财险公司则选择了向个人年金业务转移等重视销售效率的经营方式，但是从利用随机前沿生产函数测算得到的结果来看，日本保险集团的收益率一直处于停滞状态并没有得到改善。

与此同时，由于欧盟一体化等原因，与日本相比面临着更加严峻的规制缓和以及国际竞争的欧洲保险公司，虽然在从 2008 年开始愈演愈烈的全球金融危机中经历了重重苦难，但是通过贯彻其自身的集团战略确保了其成长性。幸运的是，日本保险公司仍然拥有竞争实力，虽然落后了大约 10 年，以欧美的保险集团的经营战略为参考，日本保险公司迎来了新的保险集团战略的再建期。

【关键词】　集团战略　随机前沿生产函数　利润效率性

第一节　世界各国保险公司关于规制缓和的对应

最近十年经历了最大规模的规制缓和以及与国际化接轨的欧洲保险公司基本上采取了两个战略。第一个是超越保险领域及国家的局限，把银行、证券、资产管理等多种金融业务结合起来，追求协同效应的"综合金融集团"；第二个是为了在保险业中获得最大效益，进行寿险财险的经营领域调整与国别调整的"保险业务的国际重组"。

首先，关于前者，以 ING、安盛集团、安联集团这三家公司为例加以说明（表 4-1）。虽然它们都是欧洲具有代表性的保险公司，但是它们在本国的保险业务比重都非常小。例如，ING（2007 年总销售额 1 583 亿美元，《财富》世界 500 强排行第 13 名）保险业务的利润占总体的 49%。从地域来看，ING 的荷兰本土市场所占份额较小是理所当然的，从欧洲市场整体来看也仅占 23%，在美国的保险业务占 20%，在包括日本在内的亚洲的保险业务占 6%。与此相比，银行业务的利润，企业与个人的合计额占 44%，加上网银等直接交易业务的 7%，合计占比率为 51%。由此可见，ING 是以保险业务与银行、投资业务为核心的综合型金融集团。虽然在日本只有规模较小的 ING 寿险公司，但是 ING 在全球的保费收入，相当于日本最大的寿险公司日本生命保险相互会社的约 3 倍，员工数为 11.9 万人，为其 10 倍。

表 4-1　欧洲跨国保险公司的对美战略

集团	集团概要	对美市场战略	销售渠道
ING	母国：荷兰 销售额（2 140 亿美元，2008 年） 资产规模（18 530 亿美元，2008 年） 员工数 12 万名 欧洲 23%，美国、加拿大 20%，亚洲 6%， 个人银行业务 19%，法人银行业务 25% 日本（寿险） 受金融危机的影响较小	收购了大量的中小型寿险公司 ①保费收入在美国排名第 4 位， 个人年金排名第 13 位 ②员工数 9 100 名 ③卖掉荷兰 AEGON 的股票确保资金	重视独立销售渠道 自家理财规划师 1 万名 独立代理店 20 万家 独家代理店 450 万家
安盛集团	母国：法国 销售额（1 570 亿美元，2008 年） 资产规模（9 370 亿美元，2008 年） 员工数 11 万名 日本（寿险、财险） 受金融危机的影响较大	收购知名度高的大型寿险公司 ①保费收入在美国排名第 8 位 个人年金排名第 16 位 ②员工数 11 800 名 ③在法国筹集资金	独家代理店 6 000 家 原公平寿险 4 800 家 原 MONY 1 200 家 银行、独立代理店
安联集团	母国：德国 销售额（1 270 亿美元，2008 年） 资产规模（13 290 亿美元，2008 年） 员工数 18 万名 日本（寿险、财险） 受金融危机的影响较大	收购销售公司、拓展业务合作 ①保费收入在美国排名第 12 位 个人年金排名第 16 位（定额年金第 2 位、股票指数年金第 1 位、变额年金第 13 位） ②员工数 2 400 名	收购 14 家销售公司 与 200 家公司进行业务合作 拥有 15.5 万家独立代理店

资料来源：根据各公司年报、Forbes 杂志（2008 年/7 号）等由作者整理完成

安盛集团（2007 年总销售额为 1 397 亿美元，《财富》世界 500 强排行第 15 名）是以保险业务为核心同时提供资产运用服务的集团公司。2007 年的销售额占比为，寿险业务占 64%，财险业务占 27%，国际保险业务占 4%，资产运用服务业务占 5%。其核心的保险业务跨国展开，其本土法国的保费收入只占全体的 27%，德国-卢森堡占 16%，英国占 12%，意大利-西班牙占 7%，包含日本在内的亚洲及其他地区占 14%，这些占比体现了其实现了地域均衡。

　　安联集团（2007 年总销售额为 1 253 亿美元，《财富》世界 500 强排行第 19 名）也经营多种金融业务。其 2006 年的营业利润比率为：财险业务占 60%，寿险业务占 25%（但是从销售额来看寿险财险所占比率大致相同），银行业务占 14%，资产运用服务业务占 12%，其他业务▲11%[①]。

　　这三家公司在欧洲以外地区拓展保险业务的方法尤为引人注目。从对美战略来看 ING 利用卖掉荷兰 AEGON（寿险公司）得到的资金，收购美国多家中小型寿险公司，在全美的保费收入位居第 4 名。这些公司都没有自己的销售渠道，通过重视以 20 万家独立代理店为中心，本公司拥有 1 万人的财务规划师的独立销售渠道来展开其销售战略。

　　与此相比，安盛集团采取了通过收购美国国内知名度较高的大规模寿险公司而一举提高其品牌知名度的战略。其后又相继收购了因不良资产的摊销陷入资金不足困境的变额年金的大型企业公平寿险（Equitable Life Assurance），以及投资高收益债券失败了的 1843 年创建的老字号寿险公司美国纽约相互寿险公司（Mutual Life Insurance Company of New York，MONY）（1998 年转型为股份有限公司）。它们都拥有自己的专属代理店。通过收购，安盛集团获得了公平寿险 4 800 人、MONY 1 200 人，合计 6 000 人的专属销售员工。其在美国的员工数扩大到了 11 800 人，相当于员工数最多的大都会人寿 36 000 人的三分之一。而安联集团，没有以收购直接保险公司为主，而是相继收购了 14 家保险销售公司。安盛集团旗下拥有员工数为 15.5 万人的独立代理店。

　　2006 年全美寿险保费收入的排行中，安盛集团排名第 11 位，ING 排名第 16 位，而在养老保险保费收入的排行中，ING 排名第 3 位，安盛集团排名第 7 位，安联集团排名第 10 位，均榜上有名。像这样通过明确的战略与大胆的并购，它们在原本没有市场份额的美国市场，经过约 15 年的时间确立了坚实的桥头堡地位。

　　其次，"保险业务的国际重组"的动向，从英国大型寿险公司的战略中体现出来（表 4-2）。2005 年英国共有 282 家寿险公司（保费收入为 1 996 亿美元），其中，本国公司有 155 家，是日本 38 家（保费收入为 3 760 亿美元）的约 4 倍，由于竞争激烈，各个公司都有其独自的差别化经营战略。英国也受到了由于欧盟一体化而带来的规制缓和的影响，为了和大陆系大型寿险公司竞争而采取了大胆的战略。

---

　　① ▲代表赤字。因为前述业务总和为 111%，需要调整总和为 100%，在日本此种为常见表达。

表 4-2　英国大型寿险公司的经营战略

寿险公司	战略	其他
保诚集团 （2004 年在 英国总资产 排名第 1 名）	重视母国市场收益，通过海外有发展潜力的市场扩大规模 ①在各国位居前 5 名 ②在亚洲地区处于竞争优势 ③在有发展潜力的市场注重与其他公司的差别化，采用多渠道经营战略 ·亚洲保户数 15 万人→550 万人 ·员工数 4 900 人→136 900 人（1994 年→2004 年）	1986 年收购杰克逊人寿保险公司（美国） 1995 年印度尼西亚、泰国 1998 年印度（与大型银行 ICIC 合并） 2000 年中国（在 11 个城市取得营业许可） 2001 年日本（收购奥利考生命）、韩国
AVIVA （第 2 名）	注重业务平衡的英国最大的保险公司 ①在各国位居前 5 名 ②英国 4 成，欧洲大陆 4 成，美国 1 成，亚洲 1 成，重视地域分布上的平衡（地理分散）与寿险（49%）财险（51%）的业务上的平衡（商品分散） ③把西班牙、意大利的银行保险转移到法国、印度与中国	·3 家公司合并 在欧洲大陆较强的寿险财险平衡型公司 CU+加拿大、北美财险较强的公司 GA+在英国基础稳固的寿险公司 NU ·员工数 58 000 名、35 500 万名保户
标准人寿保险 （第 3 名）	原为欧洲最大的互助公司，应市场需求转型为股份制公司 ·财务体制的恶化与分红财源的确保（2006 年 7 月）	·从有分红产品转为变额产品 （占有率为 2 成）
法通保险 （第 4 名）	在国内市场集中资源（海外保费收入占 13%） ①不动产经纪人等的独立销售渠道 ②通过 IFA（经纪人）销售渠道与银行渠道合作 ③从不盈利的海外市场撤退	·巴克莱银行、Alliance&Resta ·退出南非、澳大利亚、黎巴嫩等市场 ·员工数 8 800 名、560 万名保户

注：IFA（independent financial advisor），即独立理财顾问
资料来源：根据各家公司年报等由作者整理完成

　　资产额居首位的英国保诚保险有限公司（The Prudential Assurance Company Limited）在经营战略中提到"重视英国国内市场的收益性，扩大海外有发展潜力的保险市场的规模"，在各个市场采取与其相适合的多种销售渠道战略。把在各国市场进入前 5 名作为目标，尤其加速扩大在成长性较高的亚洲市场的规模。其在亚洲的客户数，由 1994 年的 15 万人增加到 2004 年的 550 万人。

　　与此相比，资产额排名第 2 位的英杰华集团（AVIVA），是由在欧洲大陆较强的寿险财险平衡型公司 Commercial Union（CU）与在加拿大、北美财险较强的 General Accident（GA）以及在英国寿险较强的 Norwich Union（NU）合并而成立的公司。其采用的是顾及地理分散与寿险财险平衡的合并战略。2007 年的保费收入占比为，英国 42%、欧洲大陆 40%、北美及其他地区 10%、亚太地区 8%，其中寿险与财险的保费收入几乎各占一半。集团战略方面，在英国主要是确保市场领导者地位及强化资本，在欧洲大陆主要是注重成长与规模，在美国主要是拓展销售产品，以进入美国前 5 名为目标，而在亚洲主要是明确区域战略。

　　另外，排名第 3 位的标准人寿，原本是最大的互助公司，由于财务状况恶化以及为了确保分红资金来源在 2006 年转型为股份有限公司。产品体系也从保障功能较强的分红产品转变为投资功能较强的变额产品。

　　而排名第 4 位的法通保险公司，从规模上来看虽然有能力强化海外部门，但是反而从澳大利亚及南非市场退出，把经营资源集中在英国国内。此外，通过把房地产经纪人培养成为其独特的销售渠道，以及有效利用银行保险等方式发挥了其国内销售渠道战略的独特性。

　　像这样，英国的大型保险公司树立了明确的经营战略并大胆地展开了国际保险的重建。

　　这些日本与欧洲在经营环境与经营战略上的差距，导致了日欧保险公司成本效率的迥异。在以欧盟一体化为契机形成了统一市场的环境下，要想在跨国竞争迅速发展的欧洲得以生存，就必须提高效率性。比日本大约提前了 15 年从 20 世纪 80 年代开始实现金融自由化的英国，保险公司大力推进了成本效率的改善。从 1995 年起大概经历 10 年的时间，英国寿险公司国内业务管理费的保费收入占比从 1995 年的 12%降到 2005 年的 7%。并且，海外业务部门的管理费占比也从 11%下降到了 4%。虽然由于销售产品的构成也有变化不能一律单纯比较，可以明确的是不论国内外成本压缩都得到了大力的推广。另外，支付给销售渠道的手续费，到 2000 年为止呈下降趋势，之后由上升转为持平，要想在市场竞争中优胜，进一步加大销售成本的削减变得困难起来。

　　管理成本上加入手续费，与日本保险公司的事业费的概念相近。在此对日本保险公司及英国保险公司的成本效率进行了比较。如前文所述，把英国保险公司的管理成本上加入手续费，以及日本保险公司的事业费分别除以各自的保费收入所得的结果称为成本比率。图 4-1 显示了从 1995 年起 11 年间两国的成本比率的变化。

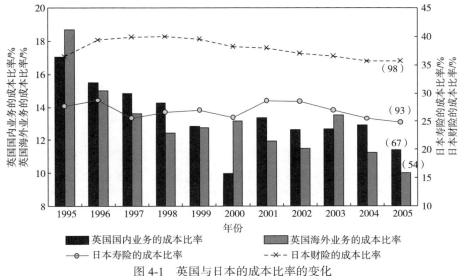

图 4-1　英国与日本的成本比率的变化

（　）中的数字为以 1995 年=100 进行换算得到的指数

资料来源：根据 Tillinghast（2004）Insurance Poket Book、保险统计号（寿险版、财险版）等数据完成

　　日本的事业费中，由于除了管理成本及手续费之外，税金、折旧费用等也包含在内，日本的成本比率高于英国。因此，比起两者的绝对水准，它们随着时间的变化更为重要。英国的成本比率由于英国国内业务以及海外业务两者都持续降低，前者从 17% 减少到 12%（1995 年=100 时为 67），后者从 19% 下降到 10%（1996年=100 时为 54）。而在这个时期正处于规制缓和与竞争加速环境下的日本寿险财险的此比率（事业费/保费收入的比率，1995 年=100），2005 年日本的寿险业为 93、财险业为 98。虽然有所降低但是与英国相比降幅很小。也就是说，以欧美为中心规制缓和急速扩大的这 10 年，日英在效率化进度上出现了较大差距。

　　成本比率的改善，可以通过增加保费收入或者减少成本（或者两方）来实现。英国从 1996 年到 2005 年的保费收入的增长率，国内与海外业务均增加 8%，相对于此，成本（管理成本+手续费）的增长率国内为 3.2%，而海外业务则控制在 -1.3%。这样的成本效率的改善，不仅仅源于不必要费用的削减，更要归功于大规模的经营战略的转变。

　　虽然不能否认日本保险公司错过了时机，但是也要考虑到日本的特殊原因。对于日本保险行业来说第二次世界大战之后最大的规制缓和的时期与泡沫经济后处理不良贷款的时期相重叠，市场整体衰退（销售额减少）可能会导致较难看到各家公司的经营上的努力。特别是与欧美保险公司不同，对于规制缓和采取相同行动的日本保险公司的战略，更容易受到宏观保险市场衰退的影响。

　　在此，关于在这个时期推进寿险财险兼营的日本保险集团，在去除由于经营环境的变化而带来的影响的前提下推算其效率性，并对真正意义上的效率性以及规制缓和的效果进行评价。

第二节　日本保险公司关于规制缓和的对应

　　1995 年《保险业法》的修正，给日本寿险业和财险业都带来了很大的影响。但是，由于修正时期与日本泡沫经济的清算时期重叠，日本寿险业在 5 年内有 7家公司倒闭。而财险业，由于日美保险会议政治上的决定，财险保费费率算定会的费率使用义务得以废除，主要保险的费率自由化得以一举实现。

　　在这样的混乱状态下，规制缓和的进一步扩大，促进了通过保险子公司实现寿险财险兼营，以及接管破产公司的外企保险公司正式进入日本市场。并且，从互助公司到股份有限公司的转型，以及大型保险公司间的经营一体化也在加速进行。寿险业的公司数从 1995 年的 31 家增加到 2000 年的 49 家，财险业的公司数也从 23 家增加到

34 家，规制缓和前后保险公司数增加了大约 1.5 倍。至少从表面上看来，在政府保护主义下几乎采取同样战略的日本保险公司开始了真正意义上的竞争。

针对急速扩大的规制缓和，日本保险公司主要采取了以下三种经营战略：①把经营资源集中在主要业务上；②通过子公司实现实质上的寿险财险兼营（《保险业法》中，禁止一家公司同时兼营寿险财险业务）；③通过经营一体化、企业并购（mergers and acquisitions，M&A）来扩大规模。寿险公司，大多采用把经营资源集中在主要业务上以及通过财险子公司等来实现寿险财险兼营的战略，而财险公司，大多采用国内企业的经营一体化以及通过寿险子公司等来实现寿险财险兼营的战略。另外，外资保险公司主要以通过对破产公司的 M&A 来扩大规模。

如第一节中所述，集团化战略在国际上也是应对规制缓和的有效经营战略，日本保险公司在这个时期采取这个战略并无不妥之处。

在日本，从本质上看经营寿险业务与财险业务的保险集团共有 15 家。如表 4-3 所示，这些保险集团基本上把日本国内市场作为主要经营目标，新领域的销售额占整体的比率平均仅停留在 10%，很难期待协同效应。此比率超过 40% 的 Millea 集团、三井住友海上集团等以财险为主的集团公司，也只是在个人养老等寿险业里有发展潜力的领域另设专门公司，从集团整体来看，很难看出其核心经营战略。

表 4-3 此次测算对象的日本的寿险财险兼营集团

保费收入排名	集团名称	下属公司数/家		保费收入/十亿日元			互相参入比率/%
		2007年3月末	1991~2006年	总体	寿险	财险	
1	日本生命集团（寿）	2	4	5 133	4 786	347	6.8
2	东京海上集团（财）	3	6	3 502	1 578	1 924	45.1
3	第一生命集团（寿）	1	2	3 243	3 243	0	0.0
4	住友生命集团（寿）	2	2	2 926	2 894	32	1.1
5	明治安田集团（寿）	2	6	2 531	2 516	15	0.6
6	三井住友海上集团（财）	4	7	2 290	917	1 373	40.1
7	AIG（外、寿）	4	6	2 042	2 042	14	0.7
8	日本财险集团（财）	3	9	1 686	265	1420	15.7
9	Aioi 集团（财）	2	6	966	83	966	8.5
10	富国生命集团（寿）	2	2	897	716	181	20.2
11	日本兴亚集团（财）	3	8	811	80	731	9.8
12	三井生命集团（寿）	2	2	802	802	0	0.0
13	安盛集团（外、寿）	4	5	764	731	24	3.1
14	索尼集团（事、寿）	2	2	654	604	50	7.7
15	富士火灾集团（财）	2	2	355	35	320	10.0
	集团合计	38	69	28 601	21 291	7 396	—
	占业界全体比率/%	60	—	81.4	77.4	96.8	10.3

注：排名以 2006 年的保费收入排名为基准；（寿）为寿险公司，（财）为财险公司，（外）为外资公司，（事）为一般公司；下属公司为 1991~2006 年数据，隶属于该集团的公司都计算在内；除了寿险和财险外，有部分公司还经营第三类保险，此部分未列入本表，所以保费收入的部分数据总和不等，数据无误

　　另外，为了能分析后面叙述的效率性的时间推移结果，分析对象中包括已经从某些领域撤退的保险集团。从业务领域方面来看，有以寿险为主的 9 家集团与以财险为主的 6 家集团。从属性上来看，有 12 家传统本国保险公司与 2 家外资保险公司、1 家业务运营保险公司。集团的数据，从 1979 年到 2006 年，只要有 1 年隶属于此保险集团的公司（包括被收购的公司），以最开始此公司就隶属于此集团为前提来计算。在此，位列前 7 名的集团的保费收入超过 2 兆日元，2006 年的集团保费收入总和占日本整体保费收入的 81.4%。

　　关于规制缓和与集团化的进展程度的评价，可以考虑"互相参入比率"（如财险集团的寿险领域占比）与"集团规模的变化"这两个指标。之所以提到集团规模，是因为经营一体化以及寿险财险的兼营一般会带来企业规模的扩大，此外，从稳定保险事故发生率的角度来看，规模也是提高利润水平的一个重要因素。

　　首先，从互相参入比率来看，财险业居首，保费收入排名第 2 的东京海上集团的此比率为 45.1%，寿险领域的保费收入约占集团整体收入的一半。排名第 6 的三井住友海上集团的此比率也达到 40.1%，与欧洲的集团公司一样实现了业务领域的多重化。

　　另外，关于集团规模的变化，通过与 20 世纪 90 年代后期经历了大规模规制缓和的世界保险公司在业务规模上进行的比较，对日本保险公司应对规制缓和的速度及规模进行分析。通过《财富》杂志世界 500 强的世界销售额排名（保险业为保费收入）的 2008 年版（2007 年结算，或者 2006 年结算）与《保险业法》实施前的 1996 年版（1995 年结算，或者 1994 年结算）的日本保险公司排名的变化，以与世界其他国家进行比较来把握日本应对规制缓和的能力。

　　在《财富》杂志世界 500 强中位于寿险公司榜首的是表 4-4 所示的以保险公司为中心的金融联合大企业 ING。其保费收入为 1 583 亿美元，是日本首位日本生命集团（566 亿美元）的约 3 倍，利润（97 亿美元）也同比为 4 倍的规模。排名第 2 位的安盛集团的销售额也同比为 2.5 倍，利润同比为 2.4 倍。而1996 年（1995 年结算），ING 的销售额为 359 亿美元，利润为 20 亿美元，分别是日本生命集团的 5 成、7 成的水平，即使考虑外汇的影响也能明显看到其成长性的差距。还要说明的是，日本生命集团在全行业中的排名为 107 名，与1996 年的第 18 名相比大幅后退，与保险之外的行业相比，相对来说地位也有所下降。

表 4-4　世界各国的保险公司

保险公司排名	公司名（寿险公司）	公司类型	世界 500 强排名	保费收入/百万美元	利润/百万美元	销售额收益率/%
1	ING	股份	13	158 274	9 651	6.10
2	安盛集团	股份	15	139 738	6 380	4.57
3	Assicurazioni Generali	股份	30	101 811	3 017	2.96
4	Aviva	股份	50	83 487	4 075	4.88
5	Prudential	股份	79	66 134	1 608	2.43
6	日本生命	互助	107	56 624	2 611	4.61
7	CNP Assurances	股份	108	55 584	1 437	2.59
8	MetLife	股份	113	53 275	6 293	11.81
9	Aegon	股份	133	45 939	3 499	7.62
10	第一生命	互助	157	40 146	1 512	3.77
11	Legal & General Group	股份	162	38 574	2 878	7.46
12	Old Mutual	股份	173	36 646	1 538	4.20
13	China Life Insurance	股份	192	33 712	174	0.52
14	Prudential Financial	股份	199	32 488	3 428	10.55
15	住友生命	互助	202	32 320	736	2.28
16	Manulife Financial	股份	219	30 137	3 499	11.61
17	明治安田生命	互助	220	29 979	2 128	7.10
18	Samsung Life Insurance	股份	229	28 639	544	1.90
19	New York Life Insurance	互助	233	28 365	1 035	3.65
20	Standard Life Assurance	股份	236	28 240	521	1.84
21	TIAA-CREF	互助	247	26 757	2 334	8.72
22	Power Corp. of Canada	股份	249	26 709	1 228	4.60
23	Massachusetts Mutual Life Insurance	互助	274	24 863	1 266	5.09
24	Sun Life Financial	股份	333	21 405	1 883	8.80
25	Northwestern Mutual	互助	339	20 726	829	4.00
26	Cathay Financial Holdings	股份	343	20 436	325	1.59
27	T&D Holdings	股份	361	19 545	332	1.70
保险公司排名	公司名（财险公司）	公司类型	世界 500 强排名	保费收入/百万美元	利润/百万美元	销售额收益率/%
1	安联集团	股份	19	125 346	8 809	7.03
2	AIG	股份	23	113 194	14 048	12.41
3	Berkshire Hathaway	股份	33	98 539	11 015	11.18
4	Zurich Financial Services	股份	85	65 000	4 527	6.96
5	State Farm Insurance Cos.	互助	93	60 528	5 316	8.78

续表

保险公司排名	公司名（财险公司）	公司类型	世界500强排名	保费收入/百万美元	利润/百万美元	销售额收益率/%
6	Munich Re Group	股份	100	58 183	4 316	7.42
7	Millea 控股（东京海上日动）	股份	177	36 067	795	2.20
8	Allstate	股份	181	35 796	4 993	13.95
9	Swiss Reinsurance	股份	206	32 118	3 637	11.32
10	Hartford Financial Services	股份	251	26 500	2 745	10.36
11	Travelers Cos.	股份	271	25 090	4 208	16.77
12	Liberty Mutual Insurance Group	股份	292	23 520	1 626	6.91
13	Groupama	互助	316	22 442	945	4.21
14	Nationwide	股份	318	22 253	2 113	9.50
16	三井住友海上保险	股份	399	18 100	520	2.87
16	Loews	股份	425	17 228	2 491	14.46
17	日本财险公司	股份	460	16 258	530	3.26

注：根据《财富》杂志世界 500 强、2008 年 1 月 23 日的数据（世界 500 强）补充修改完成

从利润率角度来看，业务规模急速扩大的 ING、安盛集团的销售额利润率（同一杂志中登载的利润除以销售额所得的数值）分别为 6.10%、4.57%，均高于日本的寿险公司。当时在 1996 年，相对于欧洲寿险公司的"小规模、高收益率"（ING 的销售额利润率为 5.5%），日本的寿险公司为"大规模、低利润率"（日本生命集团同比销售额利润率为 2.6%），而现在，在规模与收益率上日本都处于落后状态。

但是，考虑到日本的产品组合中死亡保险等保障性产品所占的比重较大这一特点，比起《财富》杂志采用的利润概念，在前面所提到的"基础利润"更适于分析。用基础利润来计算销售额利润率的话，日本生命集团高达 12.4%，与同为保障性产品比例相对较高的美国寿险公司保德信（Prudential）的 10.5%相近。日本的寿险公司，在其主打的保障性产品的销售额减少的状况下，并没有通过向其他产品的转移来维持保费收入，而是通过控制支出来维持利润，也就是采取了所谓的缩小均衡型（通过缩小规模来保持收支平衡）的经营方式。在世界寿险公司排行榜前 30 名中仍有 5 家公司在业务规模上榜上有名并维持着较高的销售额基础利润率，说明日本的寿险公司仍具有应对国际竞争的实力。

看一看 2000 年左右大胆推进经营一体化改革的日本财险业在世界上所处的地位。如表 4-4 所示，安联集团、AIG、伯克希尔·哈撒韦公司这三家位居世界前三名的财险公司的规模和寿险公司前三名的规模相比，可以看出没有必要格外考虑寿险财险间规模上的差距。日本财险业的领头羊 Millea 控股公司（东京海上日动）排名第 7 位，而在全部行业中只位列第 177 名。另外，三井住友海上保险

在全部行业中只位列第 399 名，日本财险公司（Sompo Japan）排名第 460 位，两者都不占优势。而从 1996 年的调查结果来看，东京海上火灾的保费收入排名第 201 位，安田火灾排名第 330 位，三井海上火灾排名第 494 位，相比之下，1996~2006 年这 3 家大型公司从规模上来看在世界上的排名并没有什么变化。而从销售额利润率来看，虽然 Millea 控股公司为 2.2%，三井住友海上保险为 2.87%，与 1996 年的销售额利润率 1.2%、0.9%相比有了微弱上升，但是大大低于 2007 年世界财险公司前 17 名平均 8.8%的利润率。把这个利润率换为前面所述的销售额基础利润率来计算，Millea 控股公司的 3.5%也远不及 8.8%。

在日本大胆地推进了经营一体化的日本的财险公司，无论从规模上还是利润率上都没有达到优势地位，从世界水平来看，"小规模、低利润率"的收益结构并没有得到改变。与此同时，没有采取大规模的经营一体化等大规模的战略变更的日本寿险公司在世界排名上的下降，从世界潮流来看是自然而然的。

并且，表 4-4 中的互助型保险公司的衰退也很明显，27 家寿险公司中上榜的互助公司有 8 家，17 家财险公司中互助公司仅有 2 家。在 1996 年，寿险排名前 35 家公司中有 16 家是互助公司，财险排名前 22 家公司中有 2 家是相互公司，并且，当时寿险公司的前 4 名均为互助公司。在规制缓和与国际化竞争进一步加强的情况下，世界上主要的互助公司相继转型为股份有限公司，这个优先资本伦理的环境使大型互助公司越来越难以实践其互助公司的理念。

2008 年席卷了全球的世界金融危机，给欧美的保险集团造成了巨大的影响。虽然统计基础有所不同，从《福布斯》2008 年 7 月号的企业排名中可以发现，虽然销售规模没有改变，但是 ING 出现了 10.1 亿美元的亏损，安盛集团的盈余仅为 12.8 亿美元，两家公司的收益力都有了大幅度的下降。虽然以 M&A 为核心的集团化战略可能暂时会有所调整，但是这一趋势出现倒退的可能性不大。

在世界范围内开展业务的大型保险公司，反而把日本视为战略市场之一，并向日本市场展开了攻势。财险世界排名第 2 的 AIG 及寿险排名第 2 的安盛集团，并没有采取以往的外资公司通过小众产品缓慢打入市场的战略，而是作为破产保险公司的收购企业以其雄厚的资金为背景从正面攻入市场。例如，AIG 在日本的直属公司的销售额排名第 7，如果加上参股的保险公司（持股比例在 20%以上的企业），其保费收入达到 2.5 兆日元，实际上发展为排名第 5 名的集团公司。虽然在这次金融危机中，保险以外的领域蒙受了巨大的损失，不得不放弃了日本的保险子公司，但是在经营战略上把日本市场作为亚洲战略的一部分，这一点是显而易见的。并且，其在日本实现了前面所述的欧洲大型保险公司"打入新拓展市场前 5 名"这一经营战略。

由此可以看出规制缓和激活了日本的保险业。但是，作为规制缓和的最终目标，保险公司特别是以其为主力的保险集团的效率性的上升，以及对保户的利益回馈（实际保费的降低以及服务质量的提高、健全性的改善等）是否得以实现，这一点需要仔细地加以验证。

在此，关于保户利益回馈的主要来源——保险集团的效率化的进展问题，通过概率前沿生产函数对效率性的变化进行计量分析。

第三节　生产函数的测算准备和测算结果

关于前沿生产函数，虽然以特定的函数为标准来评价效率性，但是这个特定的函数是否为最优函数比较难以判断，在这点上仍存在批判意见。但是，任何分析方法都各有利弊，在掌握模型的极限及问题点的同时，尽量采用稳定的手法进行测算是尤为重要的。在此，通过以下三点来确保分析的合理性：①在拥有多样化销售渠道及产品的企业生产物中，采用作为企业追求的共同目标——利润最大化这一概念；②考虑统计的稳定性，抽取 240 个左右的样本以确保样本数充足（根据选择的生产物会有所不同，在 204~240）；③通过各家公司的业绩数据来验证测算结果的可靠性。

测算中使用的资本存量，是折旧费明细表上（各公司的年终结算公开资料）的年末余额。劳动投入量分为营业费用与内勤费用，前者为销售活动费+营业管理费（寿险）或代理店手续费+营业管理费（财险）等合计额，后者为事业费明细表中的劳务费。但是，由于只有部分寿险公司公开了内勤职员的劳务费，采用其他的数据进行的推算[①]。数据的出处为，各年的寿险版、财险版的保险统计号及各公司的决算报告资料。通过观察财险业的资本与劳动的投入额可以看到，2006 年的资本存量的占比为 21.5%，与销售员劳务费（47.5%）及内勤职员劳务费（31.4%）合计所得到的劳动投入量为 78.9%。投入成本的约 5 成为营业费，可以看出在成本的结构中，专属代理店渠道的运营费占较大比重。与此相比，寿险业的资本存量占比约为 4 成，比财险业高 15 百分点，这也导致内勤职员劳务费的占比较低。另外，寿险业的营业费占比为 42%，比财险业低 5 百分点。

---

① 内勤职员劳务费比率=−0.396 84+1.189 63×（管理费比率）−0.213 77×（视同劳务费比率）。t 值分别为−6.091、7.935、−1.874，DW 值为 2.356。另外，管理费比率通过各公司年终决算公开值计算，视同劳务费比率使用厚生劳动省的每月劳动统计中的金融保险业按规模而统计的工资×内勤职员数计算。

这次推算的前沿生产函数，为简单柯布-道格拉斯型函数，选用了销售额（保费收入）、利润（修正基础利润）以及现金流（修正基础利润+折旧费）这3种生产物。并且，关于劳动投入量中的内勤职员劳务费，采用在前面所述的内勤职员劳务费加上其他各种事业费所得的"总成本"这种情况同时进行了测算。此外，为推测销售渠道的效率性，对仅把销售员劳务费作为劳动投入量的情况也进行了测算。

测算结果如表 4-5 所示。关于 3 个生产物，各个测算式的 t 值都较高（全部是 1%左右的有效值），资本投入量、劳动投入量的参数也均为可信的数值。

表 4-5 寿险财险兼营集团的概率性前沿生产函数的参数

生产物	现金流			基础利润		
	参数	t 值	标准误差	参数	t 值	标准误差
资本	0.544 505	7.054 92	0.077 181	0.476 673	5.910 63	0.080 647
劳动	0.381 455	3.823 93	0.099 735	0.432 210	4.196 20	0.103 000
常数项	1.671 680	1.934 34	0.864 211	1.812 320	1.828 85	0.990 958
σ	0.654 043	19.700 80	0.033 199	0.597 387	28.313 80	0.021 099
λ	6.826 810	2.961 14	2.305 470	8.363 190	2.274 79	3.676 470
歪度	−1.289 96			−1.454 93		
样本数，LI	204，−225.563 1			219，−290.087		

生产物	保费收入			保费收入（劳动只包括销售成本）		
	参数	t 值	标准误差	参数	t 值	标准误差
资本	0.188 051	10.562 9	0.017 803	0.198 70	8.973 77	0.022 143
劳动	0.717 533	26.502 7	0.027 074	0.722 61	19.966 10	0.036 192
常数项	3.705 500	11.265 2	0.328 933	3.746 06	12.756 00	0.293 670
σ	1.422 080	13.669 6	0.104 033	1.673 22	12.156 20	0.137 643
λ	10.644 000	2.923 2	3.641 170	8.829 06	2.720 07	3.245 900
歪度	−0.280 32			−0.232 13		
样本数，LI	240，−106.127			240，−70.657 2		

注：推算期间为 1991~2006 年；LI 为 log likelihood 略称

第四节   保险集团的生产性评价

一、日本寿险业与财险业的特征

首先来验证日本寿险业与财险业的效率性。用计算出的随机前沿生产函数的参数（表4-5），分别与以寿险公司为核心的保险集团［简称寿险核心集团，在表4-3中用（寿）来表示］及以财险公司为核心的保险集团［简称财险核心集团，在表4-3中用（财）来表示］的实际值的合计额相乘计算出效率性的变化。推算结果如图4-2所示。销售效率，表示以保费收入作为生产物时的生产性；利润效率，表示以基础利润作为生产物时的生产性。

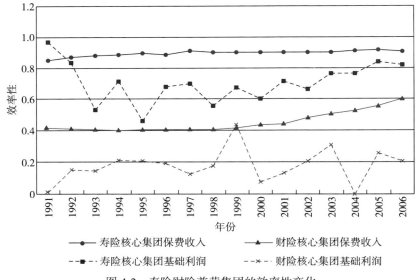

图4-2   寿险财险兼营集团的效率性变化

由图 4-2 可以发现两个特点。第一，从销售效率与利润效率来看，寿险核心集团均大大高于财险核心集团。第二，规制缓和以后［寿险核心集团为修订《保险业法》实施（1996 年）以后，财险核心集团为 1998 年费率完全自由化以后］，寿险核心集团在利润效率上升的情况下，销售效率与利润效率的差距呈缩小趋势。而财险核心集团则与此相反，两者的差距在扩大。

首先对第一点的原因进行验证。表 4-6 为寿险业、财险业以及保险集团合计投入额的变化及实际数额。此表的变化栏，表示以 1998 年=100 为基准换算出的

2006 年的数额。表示销售额的保费收入寿险业为 98，财险业以及 15 家保险集团的总额均为 100，9 年间没有发生大的变动。另外，关于投入额的指数，经历了大规模经营一体化的财险业的资本投入量为 64，与此相比寿险业为 73，可以明显看出财险业抑制了资本投入。从内勤职员劳务费来看，财险业为 83、与寿险业的 92 相差 9 百分点，说明财险业的效率化更有所进展。

表 4-6　寿险与财险业的投入、产出额的变化

项目		寿险业合计	财险业合计	保险集团合计
变化 （1998~2006 年， 1998 年=100）	资本存量	73	64	71
	销售劳务费	97	103	99
	内勤职员劳务费	92	83	88
	总成本	87	86	86
	销售额（保费收入）	98	100	100
实际额 （1999~2006 年 的平均值）	资本存量/ 百万日元 （寿险业合计=100%）	1 387 953 100%	672 856 48%	1 773 640 128%
	销售劳务费/ 百万日元 （寿险业合计=100%）	1 916 398 100%	1 231 013 64%	2 683 929 140%
	内勤职员劳务费/ 百万日元 （寿险业合计=100%）	702 556 100%	864 185 123%	1 405 941 200%
	销售额（保费收入）/ 百万日元 （寿险业合计=100%）	26 424 837 100%	7 532 760 29%	27 753 283 105%
	利润/ 百万日元 （寿险业合计=100%）	2 206 540 100%	364 143 17%	2 254 797 102%

注：销售额指保费收入；利润指修正基础利润；"变化"一栏为指数化数值

　　但是，如果不看改善幅度而是看规模，把寿险业的实际数额为指数 100 来换算，财险业的销售额为 29，利润为 17，两者都处于较低水准。而再看看投入额，财产业的资本成本为 48，营业成本为 64，而内勤职员劳务费[①]竟然高达 123，这说明财险业比寿险业更具有"高成本的收益构造"。财险业为了应对保费全面自由化，通过把 15 家公司重组为 6 个集团这样大规模的经营一体化而大大提升了效率性，但是依然留存着高成本的收益构造。由此可见只在国内财险公司范围内进行的经营一体化是有局限的。

　　其次来验证日本保险集团的规模与利润的关系。图 4-3 与图 4-4 分别显示了寿险核心集团与财险核心集团的利润效率与利润规模的关系。为了消除每年市场

---

　　① 财险业的内勤职员劳务费使用公开值，而对于寿险业中没有公开内勤职员劳务费的保险公司，利用内勤职员劳务费比率=-0.396 84+1.189 63×（管理费比率）-0.213 77×（视同劳务费比率）的方法得到的推算值。

环境的变化所带来的影响，把通过所有保险集团的合计所推算出的假定公司的效率性推移作成平减指数（2006 年=100）。而后，通过用各个集团、各个年度的效率性除以平减物价指数，来消除市场环境变化的影响。名义效率性用平减指数处理后被称为"实际效率性"。

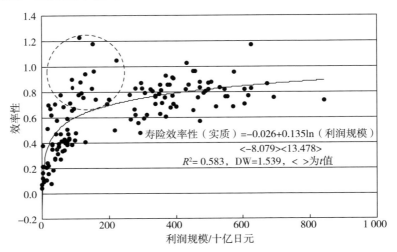

图 4-3　寿险核心集团的规模与利润效率性

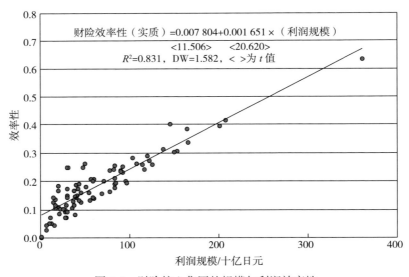

图 4-4　财险核心集团的规模与利润效率性

　　如果把两集团的实际效率性的样本分布用函数进行近似处理，虽然寿险核心集团的分散度较大，但可以得到对数近似。而财险核心集团可以回归为一次函数。由此可见，虽然两集团的效率性与利润规模是相关的，但寿险核心集团存在规模虽小但效率很高的集团（如图 4-3 中虚线圆圈部分所示）。而财险核心集团则可以明确地看出其规模与利润间存在线性关系。

二、保险集团的个别生产性

通过观察寿险核心集团的实际效率性随时间推移的变化，可以看到1992~2006 年的销售效率，各个集团均在 0.8 到 0.9 间推移，并没有发生太大的变化。而利润效率如图 4-5 所示，在 1999~2000 年降至谷底后转为上升趋势。虽然由于大规模的逆价差（资产运用收益率低于预定利率的情况）及日本经济调整的影响，寿险市场长期处于调整状态，但是各个集团通过压缩事业费等投入成本以及对寿险业务的资源集中，提高了利润效率性。

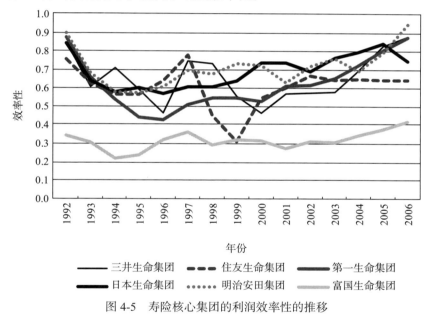

图 4-5　寿险核心集团的利润效率性的推移

但是 2006 年的销售额（保费收入）为 27.5 兆日元，同规制缓和前 1995 年的30 兆日元相比大约减少了 1 成。也就是说通过缩小规模实现均衡而恢复了效率性。

从个别集团利润效率 2002~2006 年的平均值来看，明治安田集团为 0.78、日本生命集团为 0.77、第一生命集团为 0.73、三井生命集团为 0.71，这四家集团的效率性较高。与此相比，与共荣火灾集团结成合作伙伴关系，财险领域占比为全体的 20.2% 的富国生命集团的利润效率性较低。

    财险核心集团的销售效率性在所有集团中均呈上升趋势。例如，东京海上集团的销售效率性从 1997 年的 0.393 上升到 2006 年的 0.624，增加了 0.231 个点，三井住友海上集团的销售效率性也从 0.324 上升到 0.555，同样增加了 0.231 个点。但是，如图 4-6 所示，虽然大型台风造成的损失以及机动车强制保险的民营化等影响使利润效率性的波动很大，但是几乎都在图 4-5 所示范围内推移。

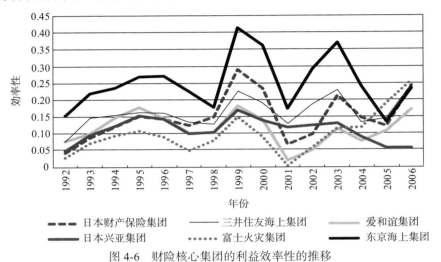

图 4-6   财险核心集团的利益效率性的推移

    为了更加明确地分析利润效率性的变化，在图 4-7 中用"追随度（利润效率-销售效率）"这个尺度来表示利润效率在何种程度上随着销售效率的变化而变化。其特征为以下两点：①2004 年以后，各个公司间的差距变大；②寿险领域的比率（如图 4-7 所示数字）较大的公司追随度降低得较快。东京海上集团与三井住友海上集团（粗实线）的追随度的下降格外大。而销售效率性从 0.294 到 0.340 仅增加了 0.046 的富士火灾集团，利润效率性的上升牵引了追随度的上升。

    寿险领域比率的急速上升，大部分是由于个人养老金保险的积极促销所致。东京海上集团与三井住友海上集团，到其核心的财险业务占比较高的 2003 年为止，利润效率性相对于销售效率性的跟随度反而较高。像这样，产品战略的差异给利润效率性带来了极大的影响。

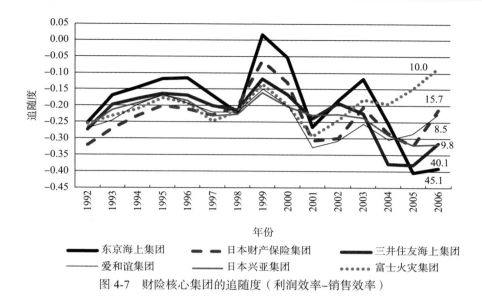

图 4-7　财险核心集团的追随度（利润效率–销售效率）

第五节　销售渠道的效率性

　　财险核心集团的追随度的下降，主要原因在于通过规制缓和而实现的银保渠道个人养老保险销售额的急速扩大。即使销售个人养老保险，如果能确保所得效益超过销售费用的增加额也是没有问题的。

　　在此，同样使用前沿生产函数来验证财险核心集团的销售渠道的效率性。在随机前沿生产函数中把劳动投入量限定为销售劳务费，把销售额（保费收入）作为生产物来推算销售渠道的效率性。资本与劳动的参数，如前面表 4-5 所示，分别为 0.477、0.432，σ 为 0.597，λ 为 8.363，各个 t 值分别为 5.91、4.20、28.31、2.27，都是稳定的推算结果。为了观察销售效率随时间变化的推移，通过平减指数消除每年保险市场的环境变化带来的影响，计算出实际数值。实际销售渠道的效率性如图 4-8 所示。6 家财险集团的销售渠道效率均有下降趋势。并且，与大型保险集团相比，个人养老金保险的销售额较少，其核心业务财险产品占比较大的爱和谊集团以及日本兴亚集团等中等规模集团的销售效率性相对来说占有优势。

　　由这些推算结果可以发现，财险核心集团中急速扩大的银保渠道个人养老保险的销售，是使销售效率降低，继而导致集团整体利润效率下降的原因之一。虽然在产品组合中向个人养老金产品的急速转移能比较容易地提高销售额，但是保持与集团整体效率的平衡也是很必要的。

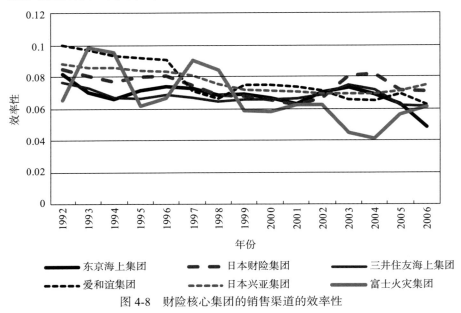

图 4-8　财险核心集团的销售渠道的效率性

第六节　结　　论

修订《保险业法》的实施以及关于财险保费算定组织的法律（《料团法》）的废止，促使日本保险业的规制缓和急速扩大。从表面上看，以财险业为中心实现了大规模的经营一体化，并诞生了实质上寿险财险兼营的保险集团，保险产品有了急速增加，销售渠道也实现了多样化。在促进市场竞争，提高企业效率性，继而实现保户利益回馈这一点上，规制缓和是有意义的，并且它对于确保保险公司的健全性也是不可或缺的。

关于保户利益回馈的前提——保险集团的效率性，虽然确认到在寿险核心集团中它有所上升，但是在财险核心集团中仍没有得到确认。虽然规制缓和促进了竞争这是事实，但是它也导致了产品的复杂化以及销售的不当竞争，同时是不支付保险金问题的间接原因。并且，作为规制缓和的象征，通过有效利用银保渠道而实现的个人养老业务规模的扩大，虽然有效地提高了销售额，但是从效率性的观点来看仍存在疑问。由于个人养老金资产的扩大速度较快，也需要留意以个人变额年金为中心的风险管理是否充分这一点。

在日本保险市场的成长性有所下降的环境下，保险公司只从国内市场角度出发来考虑企业战略，可能无法提高效率性以及实现有效的风险管理。前面所述的英国保诚保险采取的"重视本国市场收益，在海外市场实现销售量的扩大"这一战略可能对日本的保险集团来说是有效的。

作为下一阶段的集团战略，需要超越金融领域以及国家的局限，并从分散风险、提高效率的角度来制定。

第五章　个别人寿保险公司破产预测指标的提案

【摘　要】　在这一章，考虑到在偿付能力额度标准（日本现行的 Solvency margin）①等基于风险资本方法（risk-based capital，RBC）的健全性标准下，很难在事前掌握保险公司的破产迹象，提出了在事前判断个别寿险公司是否破产的新方法。虽然偿付能力额度标准的风险系数经过再三修正，但还是没能预测出 2008 年 10 月大和生命的破产，现在对该系数再度进行修改。再度修正要求加入保险人、消费者等合同当事人和股东等市场参与者平时的核对数据以及监管当局平时的监测数据等可能指标。

已被开发出的新的健全性指标，以对破产的预测精度高、浅显易懂、拥有明确的先行性和速报性为目标。与以资产负债表和风险系数为基础的 RBC 不同，新指标是以保险公司的本来利润，也就是着眼于损益表变动的健全性指标。主要包括偏离基础利润的幅度、偿付能力扩散指数（diffusion index，DI）、偿付能力综合指数（composite index，CI）。

【关键词】　长期平均利益偏离假说　基础利润　偿付能力 DI 指数　偿付能力 CI 指数

---

① 偿付能力边际基准是表示在保险公司的风险超过通常的预测的时候，公司拥有多大的支付能力的指标。偿付能力边际基准比率=边际（风险缓冲）的总额／风险总量×1/2×100，是表示保险公司健全性的指标。分子的边际由自有资本及准备金、有价证券未实现收益的一部分等计算得出，分母中包含：a）保险风险（由于传染病、巨大灾害等的发生造成的支付保险金的急增）（22%）；b）资产运用风险（金融市场的价格大幅度下降发生的损失）（77%）；c）资产负债管理（asset liability management，ALM）风险（预定利率风险，由于低利率所造成的持续运用收益率低于预定利率）（15%）等。括号里的数字表示当风险合计值为 100 时各个风险的大小（2009 年各公司合计值）。

第一节　引　言

日本的寿险业由少数的几家大型公司构成，并且处于财务省（原大藏省）强力的实质性监督之下，因此，在很长一段时期内人们都坚信寿险公司不会破产。但是，自 1997 年日产生命保险公司破产之后，在短短 4 年内，仅由 40 家公司组成的寿险业就有 7 家公司连续破产。加上 2008 年破产的大和生命保险公司，由于这 8 家公司的保有合同超过 2 000 万件，占寿险业界总合同件数的 17%，在国民中引起了巨大的混乱。作为寿险公司的健全性强化措施，通过 1996 年《保险业法》的修正，作为日本版的 RBC，偿付能力额度标准与标准责任准备金制度①导入了 1996 年的决算，并从 1999 年的决算开始导入早期修正措施。但是，偿付能力额度标准因以下原因使其可信度遭到了质疑：①在开始实施时没有被公开（那之后经过基准的修正，从 2001 年开始对偿付能力额度标准与其具体内容进行公开）；②破产的 7 家公司中的 5 家在破产前一年发表的偿付能力额度比率超过了 200% 的安全基准却仍然破产的事实。并且，修正后的指标完全没有预测到 2008 年 10 月大和生命的破产，迫使金融厅再度对该指标进行修正②。

首先回顾一下以前有关健全性指标的研究。Booth 和 Morrison（2007）等学者研究了欧洲与美国偿付能力监管规定；Keneley（2008）研究了澳大利亚有关偿付能力监管的历史；Ferguson（2006）使用与 RBC 不同的方法来进行研究。关于预测寿险业全体破产风险指标的更早研究主要有：Ruhil 和 Teske（2003）研究了 1987~1997 年美国在保险监管中投入的监督官的数量和预算与破产的关系；Thorbun（2004）提出了随着风险的全球化和多样化，保险公司的监督对国际会计基准和市场活用的重要性；等等。日本关于偿付能力额度标准的研究主要有以下学者。小藤康夫（2001）指出没有经历过小规模及经营不稳定的寿险公司的 RBC 标准的数值更优等问题。而深尾光洋（2000）认为资产的市价评价中 100% 的损益反映（收益为 90%→100%，损失为全额）、提高价格变动风险的风险系数（国内外股票的风险系数为 10%→30%，不动产的风险系数为 5%→10% 等）、将来利益与征税效果的压缩等由继续基准变为清算基准、预定

---

① 与保险公司设定的保费计算基础率不同，比起制定特殊商品的法律以及计算基础率，通过提存义务保证最低限确保的责任准备金的提存，是保险公司维持健全性的方法。

② 修正点为：a）风险系数对最近 10 年的数据进行再推算的同时，关于价格变动风险，增加安全性，从 90% 风险价值模型（value at risk，VaR）修正为 95%VaR；b）修正边际的加入项目，不加入将来利益等以及限制上税效果等。2009 年 9 月公开征求意见结束。

利率风险的修正等是有必要的。但是，即使修正使偿付能力额度标准的分子变小，分母变大，进而使基准变得严格，也不能解决以下偿付能力额度标准的本质性问题。

（1）风险系数的稳妥性。以资产的标准偏差为基准设定的风险系数，根据推算期间与采用的样本的不同而会出现差异。

（2）由于偿付能力额度标准要等到决算时才能进行计算，这会赶不上有破产可能性的公司的资产恶化速度。并且，在破产阶段基于实况监督的监督机关将在偿付能力额度标准计算之前认定破产。

（3）很难根据200%的标准进行判断。缺乏判断300%是好是坏，190%该如何处理的标准，来自市场的检查很难产生效果。

如表5-1所示，第二次世界大战之后破产的8家寿险公司的债务超过26 878亿日元，赔偿其营业转让额（承接公司承担）11 276亿日元，来自寿险投保人保护机关的资金援助额为7 590亿日元，剩下的8 012亿日元通过削减这些公司约2 000万保户的保险金额等未来需要支付的负担额来支付。为了不再出现这么大程度的损失，我们需要寻求在早期就能筛选出破产公司的健全性指标。

表 5-1　临近破产时的偿付能力边际指标的破产预知力以及破产的影响

破产公司	偿付能力边际的公布值/%			破产时间	判断的优良
	1998 年 3 月末	1999 年 3 月末	2000 年 3 月末		
N	设定指标前	—	—	1997 年 4 月 25 日	
TH	154.8	—	—	1999 年 6 月 4 日	○
D	295.0	305.0	—	2000 年 5 月 31 日	×
TA	334.5	384.6	67.7	2000 年 8 月 28 日	○
C	314.2	396.1	263.1	2000 年 10 月 9 日	×
K	300.7	343.2	210.6	2000 年 10 月 20 日	×
TO	431.6	478.7	446.7	2001 年 3 月 23 日	×
YA[1]	740.7（2006 年 3 月末）	836.2（2007 年 3 月末）	555.4（2008 年 3 月末）	2008 年 10 月 10 日	×
8 家公司债务超过额/亿日元					26 878
营业转让额（承接公司承担）/亿日元					11 276
来自寿险保单持有人保护机构的资金援助额[2]/亿日元					7 590
保单持有人承担[3]/亿日元					8 012

1）YA 公司 2008 年 9 月末数据为 26.9%，破产前偿付能力大跌

2）该资金援助额实际由具有健全性的保险公司以及这些公司的投保人承担

3）此承担包括责任准备金削减、预定利率降低 1.0%~2.75%、不能进行提前解约等

注：在公布值一栏有决算日期的记载，但是这个数值的公开是在决算发表的同年 6 月；判断优良在破产前一年公布值出现低于 200%的情况信号就为○，200%以上就为×

第二节　长期平均利益偏离假说

一般企业过度的风险偏好等经营方针的异常变化，可以从它的资产负债表或者以前的损益表中显现出征兆或者异变。虽然寿险公司也是一般企业，但要从损益表中直接读取"利润额"却不是易事。首先，在保险公司的损益计算表中确实存在"经常利润"这个指标，但却和一般企业的期间损益不是同一个概念。不能直接将损益表中的利润当做利润使用的理由主要有以下三点。

第一，保险公司存在特有的跨越多个会计年度的现金流。在签订合同时，需要支付包括医生的诊断费用以及营业人员的销售手续费等一次性支出，补偿这些成本的附加保费要在保险合同的有效期间内逐年进行回收。就保险合同而言，在签订合同的初期，将会一直处于合同经费无法完全回收的状态，未回收的经费，将临时性的使用已有保户的保费来填补。对于保险公司整体而言，新合同的大量增加将会增加支出，减少利润。

第二，资产运用收支的变化巨大。为了应对将来的保险金等的支出，将启用储备的责任准备金。这时，为了使与资产运用相关的收益和费用直接反应在损益表上，经常收支会因为金融环境的变化发生较大的波动。例如，2007 年行业全体的损益表中经常收益（收入）为 35.6 兆日元，其中资产运用收益占 5.9 兆日元。在这种情况下，利息和股价外汇将会受到严重的影响。假设资产运用收益下降 10%，将会导致约 6 000 亿日元的收支变动，相当于 1.3 兆日元经常收益的一半。包括买卖损失及评价损失的资产运用费用的变动将达到 4.9 兆日元，远超经常收益额。这与同样进行资产运用的投资顾问公司的情况有很大的不同。因为投资顾问公司的运行风险基本是由顾客承担，因此顾客在获得资产运用收益、测算费用的同时，也承担着风险。由于投资顾问公司的损益表只记录了手续费和管理成本，因此资产运用的变化所带来的数字变动较小。并且，对于保险公司利益重要性过小评价的原因还包括，资产运用收益及费用的大幅变动、能够通过丰厚收益的实现以及取出存款和储备公积金等方式来吸收。

第三，寿险公司的损益表具有特殊性。寿险公司的损益表并不是由一般的营业损益和营业外损益构成，而是由保险关系损益和资产运用损益构成。此外，编入责任准备金是寿险公司特有的计算方式，这使得保险公司的利润变得特殊。

由此认为，表示保险公司基础实力的利益指标主要是以下三个利益来源（简称三利源益）的合计额：①初始设定的预测利率与运用收益的差额带来的利差益；②初始预测的死亡率和实际死亡率的差额带来的死差益；③预算的基础费用和实际费用的差额带来的费差益。导致损益表上数字大幅变化的伴随金融市场变动的销售损益、为实现损益的影响以及危险准备金等准备金的存入及取回等都不会对该概念产生影响。寿险协会在 2000 年公布了与银行的业务纯利润概念相近的"基础利润",是和三利源益接近的概念,即从经常收益中扣除资本损益以及临时损益,表示保险公司长期固有的收益。但是,由于在保险公司相继破产 1999 年以前的数字并没有被称做"基础利润",因此,笔者将其做成近似的时间序列。在本书中,将这些数字称为"基础利润"。

本章通过修正 1960 年至 2008 年约 50 年的基础利润,并对过去的损益表进行试算。其中,对此期间的损益表进行了 3 次大的标准修订[1],对终端的测算项目以及发生变更的项目进行了调整。

基础利润是"基础收益"减去"基础费用"所得到的差值。基础收益是损益表中经常收益减去有价证券买卖收益、外汇收益、金融衍生物收益、风险准备金转回,基础费用是经常费用减去风险准备金转入、有价证券买卖损失、有价证券评估损失、贷款偿还额、坏账准备金提存、外汇损失、金融衍生物费用及营业费用。要提及的是,受金融危机影响,2008 年行业的全体基础利润额(不包括日本邮政民营化企业)为 1 兆 2 715 亿日元[2],约是 1960 年的基础利润 1 547 亿日元的 8 倍,是峰值 1991 年 4 兆 219 亿日元的 3 成左右。

基础利润是一个比较稳定的利益概念,多数保单都长期有效因此会提高利润,这体现了保险业的特性。另外,在泡沫经济时期不合理的增收保险费等经营失控现象使得收入激增的同时保险费也在增加,这促使了利润额的增加(排除责任准备金的转入)。此外,由于扣除了为造成利益较大变动的因素的销售损益与估价损益,只把利息分红作为资产运用收益进行计算,如果实施合理的 ALM 的话利润额也会是稳定的。这也就是说,尽管保险公司的经营状况会带来基础利润水平的变动,在特殊时期,与行业全体的长期平均利益构成差距较大的个别公司的基础利润实际额,暗示着其经营出现了异变。并且,保险公司长期平均利益的构成,可以通过说明基础利润的模型的估算值来表示。换言之,可以在保险公司发生健全性问题时,或者存在这种隐患时,单年度的基础利润实际值与长期平均利益构成所显示的估算值之间会出现偏离,这就是"长期平均利益偏离假说"。在这里,通过制作寿险业全体的基础利润模型,来对这个假说进行检验。

"基础利润"通过三利源益的合计额来表示。相当于收入的基础利润作为一个整体进行估算,相当于支出的基础费用则分为与纯保费部分相关的部分和营业费用,其中营业费用包括销售渠道的销售津贴及保险公司的办事处、系统等保险

---

[1] 1975 年(昭和五十年)、1989 年(平成元年)、1991 年(平成三年)3 次进行。
[2] 前述寿险协会公布的基础利润额的偏离率 8 年间平均值为 10.1%。

公司的成本部分。也就是说，基础利润模型为，"基础利润"＝"基础收益"－（"营业费用之外的费用"＋"营业费用"）。

　　为了尽可能使模型简单明了化，基础收益以及基础费用的解释变量设为个人保有保单金额 H 与换算保费 KP 代替。而由于营业费用主要由获得新保单时发生的检查费用及销售手续费、保有保单的管理费用等为主，其解释变量为相同的换算保费 KP 以及新签订保单金额 J（含保单转换纯增加额）这两个变量。另外，虽然换算保费是个人保险、个人养老金、团体保险、团体养老金的保费收入（相当于一般企业的销售额）的合计额，但是为了调整因商品而异的选择费用、事务费用以及利益率，对其进行了换算[①]。估算期间为从 1960 年到 2008 年共计 49 年。

　　加上年度模型的推算时间较长，使用最小二乘法时存在 DW 较低序列相关的可能性较高。接下来使用的模型将重回归模型与自回归模型结合起来。以赤池信息量标准（Akaike information criterion，AIC）以及每个解释变量的 t 值为标准选择估算式如下：

$$\log(R_t)\alpha_1 + \alpha_2 \log(H_t) + \alpha_3 \log(KP_t) + r_t,\ r_t = \alpha_5 r_{t-1} + u_t$$
$$\log(E_t) = \beta_1 + \beta_2 \log(H_t) + \beta_3 \log(KP_t) + r_t,\ r_t = \beta_4 r_{t-1} + u_t$$
$$\log(C_t) = \gamma_1 + \gamma_2 \log(J_t) + \gamma_3 \log(KP) + r_t,\ r_t = \gamma_5 r_{t-1} + u_t$$
$$P_t = \exp(R_t) - \left[\exp(E_t) + \exp(C_t)\right]$$

式中，R_t 为第 t 期的基础收益；E_t 为 t 第期除营业费用以外的基础费用；C_t 为第 t 期的营业费用；P_t 为第 t 期的基础利润；H_t 为第 t 期个人保险的保有保单金额；KP_t 为第 t 期的换算保费收入；J_t 为第 t 期的新保单金额＋转换纯增加额；r_t 为残差；u_t 为白噪声。如前所述，基础收益为经常收益－有价证券销售收益－外汇收益－金融衍生品收益－风险准备金转回，除去营业费用的基础费用定义为经常费用－风险准备金转入－有价证券销售收益－有价证券未实现收益－贷款偿还额－坏账准备金提存－外汇损失－金融衍生品费用-营业费用。本处数据来源于，保险生命保险统计号。

　　推算结果如表 5-2 所示。在 R_t E_t C_t 的序列相关中，由于它们的递推公式 Liung-BoxQ-Statistics 的 P 检验统计量均大于 5%的显著性水平（实际的检验进行到 16 期），假说 H_0（残差为白噪声）不能被拒绝。也就是说，残差为白噪声。

表 5-2　基础利润的构造模型

R_{tk} log（基础利润）			E_{tk} log（基础费用）			C_{tk} log（营业费用）		
Number		49	Number		49	Number		49
AIC（赤池情报量指数）		142.434	AIC（赤池情报量指数）		−100.163	AIC（赤池情报量指数）		−168.658
α_1 （定数）	Cofficient	−1.341 27	β_1 （定数）	Cofficient	−6.439 50	γ_1 （定数）	Cofficient	0.111 35
	t-statistic	−5.656		t-statistic	−22.795		t-statistic	0.440
	Std.Error	0.237		Std.Error	0.282		Std.Error	0.253
α_2 （log 保 有 S）	Cofficient	0.434 11	β_2 （log 保 有 S）	Cofficient	0.539 45	γ_2 （log 新保 单余额）	Cofficient	0.171 92
	t-statistic	4.714		t-statistic	4.317		t-statistic	5.179
	Std.Error	0.092		Std.Error	0.125		Std.Error	0.033
α_3 （log 换 算 P）	Cofficient	0.575 01	β_3 （log 换 算 P）	Cofficient	0.737 07	γ_3 （log 换 算 P）	Cofficient	0.705 42
	t-statistic	5.228		t-statistic	4.924		t-statistic	21.553
	Std.Error	0.110		Std.Error	0.150		Std.Error	0.033
ρ	Cofficient	0.650 833	ρ	Cofficient	0.521 1	ρ	Cofficient	0.752 068
	t-statistic	5.808		t-statistic	3.968		t-statistic	8.278
	Std.Error	0.112		Std.Error	0.131		Std.Error	0.091

注：推算期间为 1960~2008 年，除去 2007 年开始登场的简易保险进行推算；关于 E_{tk}，由于在 1975 年损益表的计算有变化、本应该加入这前后的虚拟变量进行处理，但是由于加入虚拟变量后，解释变量"log 保有 S"的 t 值变为 1.187 解释力消失，并且残差的自相关误差超过信赖限界上限，所以这次推算中没有使用虚拟变量

图 5-1 显示的是，利用这个参数算出的基础利润的估计值与实际值，及偏离水平［（实际值−估算值）/实际值］。

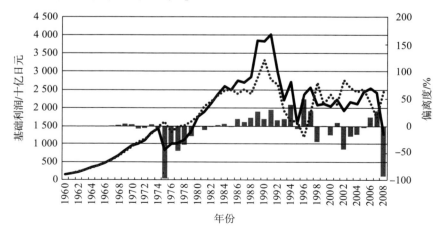

图 5-1　基础利润的实际值与估算值的变动

实际值与估计值的偏离水平在 1975 年左右较大，考虑到修正损益表带来的影响，除去此区间，到 1985 年实际值和估计值之间的偏离水平较小。其后，实际值向上大幅偏离长期平均利益线，1997 年以后则相反。同样，2006 年到 2007 年向上偏离，2008 年向下大幅偏离。寿险公司破产时，正是基础利润实际值从向上大幅偏离平均利益线转为向下大幅偏离之时。也就是说仅从寿险业全体来看"长期平均利益偏离假说"是成立的。

第三节　基于基础利润的偏离幅度对个别企业进行的破产预测

本章第二节利用基础利润验证了行业全体的长期平均利益偏离假说。本节将从个别保险公司入手，利用基础利润的偏离度来验证该假说能否预测个别保险公司的破产。

日本已破产的 8 家保险公司中，有 4 家的资产规模超过 2 兆日元，与美国已破产的保险公司[①]相比规模较大。虽然这 8 家日本保险公司的债务额超过 2.6 兆日元，数额相当庞大，但是业务转让所得额也高达 1.1 兆日元，可以看出大多数破产公司的销售渠道等具有很高的价值。如果经营合理的话，可以认为这些公司完全可以生存下来。预计这些被逼破产的公司并不是在破产前一年才开始实施异常的销售及资产运用战略，而是在破产前几年就已经开始实施，这很可能是这些公司收支结构与健全公司大不相同的原因。

首先，本书对个别寿险公司 1991~2008 年的基础利润结构进行面板数据分析。公式虽然与寿险业全体的模型几乎相同，但为了提高估算精度，在营业费用的估算中加入个人保险保有保单件数这个解释变量。

结构式的方程式如下，全部标本数为 704 个。

$$R_{tk} = \alpha_1 + \alpha_2(H_{tk}) + \alpha_3(KP_{tk}) + r_{tk}$$
$$E_{tk} = \beta_1 + \beta_2(H_{tk}) + \beta_3(KP_{tk}) + r_{tk}$$
$$C_{tk} = \gamma_1 + \gamma_2(HN_{tk}) + \gamma_3(KP_{tkt}) + \gamma_4(J_{tk}) + r_{tk}$$
$$P_{tk} = R_{tk} - (E_{tk} + C_{tk})$$

式中，t 表示各个年度（$t = 1 \sim 18$）；k 表示第 k 家公司；H_{tk} 为追加的解释变量个人

[①] 1991 年 7 月破产的 Mutual Benefit 规模为 1.8 兆日元，1991 年 4 月破产的 Executive Life 规模为 1.4 兆日元（两个数值均是根据当时外汇牌价 1 美元＝135 日元换算得到）。

保有保单件数。分析时使用 TSP5.0 版对全部公司进行推算。使用单纯模型、固定效应模型、随机效应模型这三种方式进行估算，根据 Hausman 检验结果选用随机效应模型。

并且，作为参考，把公司分为健全公司与破产公司两组，分析解释变量的参数差。由于用 TSP 没能从这两组中很好地提取到数据，因此用 SPSS14.0 版进行了估算。估算方式为单纯模型。

表 5-3 为分组之后的分析结果。8 家已破产公司为一组，由于该组包含了一些特殊公司，因此解释变量的说服力略逊一筹。关于营业费用的估算中，t 值较低的新保单金额被排除出解释变量。

表 5-3　基础利润的推算结果（1991~2008 年）

推算期间 1991~2008 年（各家公司分别计算）			全部公司：推算 1	全部公司：推算 2	
			基础利润	健全公司	破产公司
Number			719	638	81
R_{tk}	Adjusted-R		0.963	0.963	0.978
	α_1（定数）	Cofficient	0.259 30	−0.390 51	−9 565
		t-statistic	1.599	−3.526	−0.278
		Std.Error	0.162 21	0.111 00	34.436
	α_2（保有 S）	Cofficient	0.104 79	0.085 20	0.001 39
		t-statistic	6.232	6.015	3.134
		Std.Error	0.016 81	0.014 00	0.000
	α_3（换算 P）	Cofficient	0.879 47	0.955 38	1.685 26
		t-statistic	54.510	60.965	47.529
		Std.Error	0.016 13	0.016 00	0.035
	选择模型		Random Effects Model	Plain OLS	Plain OLS
E_{tk}	Adjusted-R		0.945	0.946	0.970
	β_1（定数）	Cofficient	−0.963 67	−1.028 70	6.303
		t-statistic	−4.510 75	−7.528	0.189
		Std.Error	0.213 64	0.137 00	33.274
	β_2（保有 S）	Cofficient	0.112 72	0.057 92	0.000 58
		t-statistic	5.554	3.395	1.347
		Std.Error	0.020 30	0.017 00	0.000
	β_3（换算 P）	Cofficient	0.954 37	1.024 91	1.408 63
		t-statistic	45.490	51.887	41.784
		Std.Error	0.020 98	0.020 00	0.034
	选择模型		Random Effects Model	Plain OLS	Plain OLS

续表

推算期间 1991~2008 年 （各家公司分别计算）		全部公司：推算 1	全部公司：推算 2	
		基础利润	健全公司	破产公司
Adjusted-R		0.942	0.943	0.991
γ_1 （定数）	Cofficient	2.832 21	0.264 84	−0.655 34
	t-statistic	19.910	2.450	−3.889
	Std.Error	0.142 25	0.108 00	0
γ_2 （保有件数）	Cofficient	0.082 12	0.147 29	0.392 68
	t-statistic	4.420	8.379	7.169
	Std.Error	0.018 58	0.018 00	0.054
γ_3 （保有 S）	Coffficient	0.431 78	0.545 85	0.539 02
	t-statistic	27.848	34.180	11.493
	Std.Error	0.015 51	0.016 00	0.047 00
γ_4 （新合同 金额）	Cofficient	0.096 47	0.123 50	—
	t-statistic	10.112	10.213	—
	Std.Error	0.009 53	0.012 00	—
选择模型		Random Effects Model	Plain OLS	Plain OLS

（注：C_{tk} 位于 γ_1~γ_4 行左侧合并单元格）

注：推算 1 使用 TSP5.0、PlainOLS、Random EffectsMdel、Fixed Effwcts Model 进行推算得到的结果；推算 2 由于 TSP 不能进行数据读取，这里是使用 SPSS14.0、用 Plain OLS 进行推算得到的结果；在对破产公司 C 进行推算时，如果与健全公司使用相同的 3 变量（γ_2，γ_3，γ_4）则持有保单件数与新合同金额的解释力会大大下降，用 2 变量（γ_2，γ_3）进行推算，并且，在 C 的解释变量中加入全部公司模型中没有的持有保单件数

　　再来看看破产公司解释变量的参数。已破产公司基础收益的换算保费系数为 1.685，大约是不包含破产公司在内的健全公司 0.995 的 2 倍。这说明了只要换算保费稍有增加就会使得基础收益也增加，以及一次性缴清养老保险等提前获取将来利润的商品占比较高。此外，已破产公司的基础费用参数为 1.409，与健全公司的 1.025 相比，两者之间存在较大差异。这说明了高预定利率商品以及一次性支付商品所占比率较高。虽然这种商品组合本身无可非议，但和没有采用这种商品战略的公司相比，体现出采用这种商品战略的公司对更保守慎重的资产负债管理的追求。

　　根据这些参数，得出已破产的 8 家保险公司的基础利润实际值和估计值与长期平均利益水平的偏离状况，如图 5-2 所示。图 5-2 中显示了从 1991 年至破产前一年（可获取计算数值的年度）基础利润的实际值与长期利益水平（估计值）。从图 5-2 中可以看出发展至破产的个别保险公司可以分为两种情况。第一种，基础利润的实际值（折线）大幅度的从长期平均利益水平（估计值，柱状图）上方变动到下方；第二种，基础利润的估计值也很低，实际值连续为负值，本身经营实力较差。前者包括第百生命、千代田生命、东京生命、东邦生命、日产生命、协

荣生命 6 家公司，后者包括大正生命、大和生命 2 家公司。

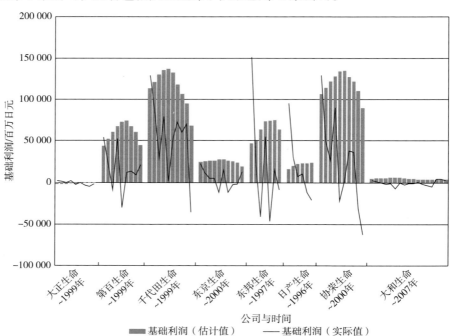

图 5-2   8 家破产公司的基础利润的实际值与估计值的变动（1991 年）

前 6 家公司的共通点为，通过积极销售高风险的保险商品以及高风险的资产运用，实现远超行业平均水平的增收和增益，之后由于不充分的 ALM，长期平均利益水平下降，大大低于负的基础利润。这与行业全体的趋势相同，但其变化得更为猛烈。

综上所述，如果结合基础利润的实际值与推算值进行观察的话，就能在早期发现个别公司健全性恶化的征兆。

第四节   偿付能力 DI 指数的开发

如本章第三节所示，尽管能够找出前 6 家破产公司明显的征兆，但另外 2 家公司破产的信号仍不明朗。大和生命在临近破产时基础利润实际值仍然超过长期平均利益水平。由于经营破产是多种原因交织在一起造成的，因此应该考虑基础利润偏离度以外的其他因素的作用。把这些征兆及因素进行多方面的综合判断，对寻找经营破产的可能性相当重要。

在某种意义上，这与宏观景气的判断相似。多种个别指标的上升预示着景气的复苏，反之，当多种指标都下降时，可以判断景气呈下滑发展趋势。内阁府将这个判断标准称为"景气动向指数"。景气动向指数基于月度数据从统计上的获取速度及与景气循环的相容性等角度出发选择、决定采用的序列。现在的采用序列为 12 个先行序列（leading index）、11 个一致序列（coincident index）、7 个后行序列（lagging index）。将这些采用序列构成的指标称为 DI 指数。简单地说，这个指数说明了指示扩大的序列数在全体中所占的比例，当其超过 50% 时可以判断此时为经济景气扩张阶段，当其低于 50% 时可以判断此时为经济景气衰退阶段。

DI 是用多个相关指数来说明很难把握的事物特征，将其应用到"寿险公司的健全性判断"中，形成 DI 模型，即"偿付能力 DI 指数"的开发。其模型如下：

t 时点的个别序列的值表示为 $y_i(t)$（$i=1, 2, \cdots, n$），其变化率表示为 $r_i(t) = \{y_i(t) - y_i(t-d) / y_i(t)\}$。由于是季度模型，与前一期的实际值进行比较（景气动向指数采用与 3 个月前的实际值进行的比较），就能掌握变化。也就是说，在这里 $d=1$。

此时，t 时点的 DI 的计算式可以表示为

$$\mathrm{DI}(t) = \frac{1}{2n} \sum_{i=1}^{n} \{\mathrm{sgn}[r_i(t)] + 1\}$$

式中，sgn 被定义为 sgn（r）=−1（$x<0$ 时）、0（$x=0$ 时）、1（$x>0$ 时）的"符号函数"。

也就是说，DI 是各个序列的 sgn（r）之和的平均值，由于 sgn（r）为 r 的增函数，DI 的变化方向与 r 的变化方向一致。

此外，n 中时间序列是除去了季节变动和不规则变动（白噪声）的，并且，除去趋势因素也是有必要的。DI 不表示各个序列的强度与水平，而是表示变化的方向性。换言之，用这个方法表示的健全性，并不表示变动的大小及健全性水平，而是表示向着健全的方向发展还是向着不健全的方向发展。

这次偿付能力 DI 指数中采用的时间序列，是被认为对保险公司的健全性产生影响的十个序列：①基础利润；②个人保险保有保单金额；③个人保险新签保单金额（包含保单转换纯增加额）；④换算保费；⑤利率差（10 年国债购买者投资收益率与 2 年前的差）；⑥股票+外国证券的总资产比率；⑦日经平均股价；⑧退保金额；⑨实际净资本（自己资本比率+基础利润的总资产比率−股票、外国证券的风险金额占总资产的比率）；⑩基础利润的 HD 指数[①]。由于字数限制，在此对这些序列的意义不再赘述。表示基础利润公式中的解释变量采用①~④，资产运用

---

① HD 指数为表示市场集中度的指数，排名前 n 位的集中度同时使用。将构成市场的各个公司的市场占有率乘以 2 进行加算得到，数值越大表示集中程度越高。

风险由⑤~⑦表示，流动性风险由⑧表示，发生风险时的应对能力由⑨和⑩表示，应当严加区别。

虽然所有的时间序列都包含了循环变动、季节变动和不规则变动，但在处理统计数据时，用乘法模型①去除了季节变动的部分和不规则变动的部分。进行以上的数据处理之后，每个季节、每个系列中如果相对前一期有所改善（风险减少）就判断为"0"、有所恶化就判断为"1"，把合计值除以 10 就得到 DI 指数。计算期间从 1987 年第 1 季度开始到 2008 年第 4 季度为止。值得注意的是，序列⑩的 HD 指数由于受到数据的制约，从 1991 年第 1 季度开始到 2008 年第 4 季度的数值都以 DI 指数作为计算基础。

根据上述方法得出的偿付能力 DI 指数如图 5-3 所示，DI 指数超过 50 的时期并不长。这是由于计算期间包含泡沫经济的形成期及清算期、大量资金流入保险公司以及资产价格大幅下降，加上伴随着景气低迷利率长期处于低迷状态，从健全性的观点来讲这是外部环境处于严峻的时期导致的。

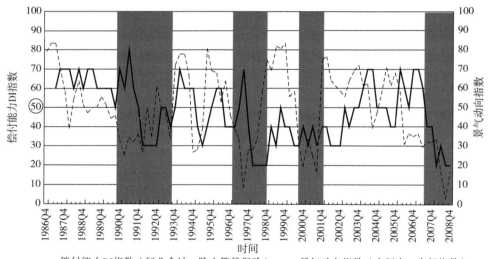

图 5-3　偿付能力 DI 指数（行业合计）与景气动向指数

纵轴上 50 表示好与不好的分界点；阴影部分表示景气后退（或低迷）期

假设将健全性连续恶化的时期定义为偿付能力 DI 指数小于 50 的期间持续 1 年半（6 个季度）以上（包括一时超过 50 的期间）的时期的话，可以得到如下 3 个时期。第 1 个时期为 1996 年第 3 季度开始到 1999 年第 2 季度的 12 个季度；

---

①　乘法模型为，关于 $X(t) = T(t) \times C(t) \times S(t) \times I(t)$ 所得到的时间序列中的 $X(t)$，把各个要素进行分解后，除去 $S(t)$ 与 $I(t)$ 的模型。此外，$T(t)$ 表示趋势；$C(t)$ 表示循环变动；$S(t)$ 表示季节变动；$I(t)$ 表示不规则变动。

第 2 个时期为 1999 年第 4 季度到 2002 年第 4 季度的 13 个季度；第 3 个时期为 2006 年第 3 季度到 2008 年第 4 季度的 6 个季度。第二次世界大战之后第一次经营破产是在 1997 年的第 1 季度，处于第 1 个时期。由此可以见，8 家破产公司的分布为第 1 个时期 2 家、第 2 个时期 5 家、第 3 个时期 1 家。偿付能力 DI 指数所示的健全性相对破产时期具有先行性。将采用系列用自回归移动平均模型（autoregressive integrated moving average model，ARIMA 模型）测算出后 1 期的预测值，由于可以根据基于预测值的偿付能力 DI 指数进行判断，能进一步提高健全性的预测速度。

接下来，对偿付能力 DI 指数与景气动向指数（先行序列，图 5-3 中的点线）的关系进行分析。相对后者，前者的变动全面滞后。当后者的水平下降了 30 之后，前者的水平也大幅下降 50，这时出现了健全性警告信号。这表示发生大型的景气衰退后，保险公司比较容易出现经营破产。

将行业全体作为对象的偿付能力 DI 指数应用到个别公司上，针对已破产的 8 家公司，观测这个方法对各家公司 DI 指数的破产预测能力。图 5-4 为规模最大的协荣生命的偿付能力 DI 指数。

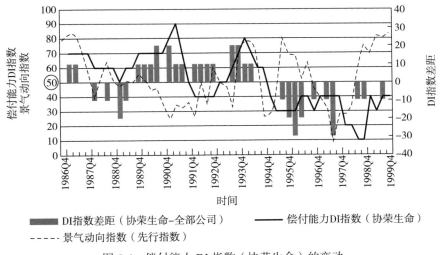

图 5-4　偿付能力 DI 指数（协荣生命）的变动

从图 5-4 中可以看出协荣生命直到破产之前其 DI 指数呈现出三个特征。第一，从 1991 年到破产时，其 DI 指数一直低于 50，和行业全体的偿付能力 DI 指数相比，可以预测出其较明显的破产倾向；第二，存在 DI 指数下降到 10~20 极低水平的时期；第三，长期观察该公司的 DI 指数和行业全体 DI 指数的差（柱状图），呈现出从最开始的正值（协荣生命的 DI 指数水平比行业全体的 DI 指数水平高）变为破产前的负值的特征。除协荣生命以外的日产生命、东邦生命、第百生命、千代田生命、东京生命等已破产的寿险公司也有同样的变化轨迹。像这样以个别保险公司为对象计算出的偿付能力 DI 指数，基本上可以对公司的破产进行明确的预测。

但是，关于已破产的 8 家公司中的大和生命的偿付能力 DI 指数如图 5-5 所示，并没有显示出明显的破产预测能力。大和生命的偿付能力 DI 指数在破产之前的水平超过了 50，破产迹象并不明显。即使是"基础利润的偏离率"也和其他公司的轨迹不一样，使用 DI 指数并没发现其明显的破产征兆（拥有与大和生命同样的基础利润偏离率的大正生命，可以用 DI 指数判别其明显的破产预兆）。

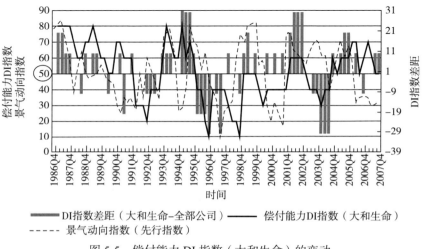

图 5-5　偿付能力 DI 指数（大和生命）的变动

第五节　偿付能力 CI 指数的开发

为降低破产预测的失误，在掌握健全性的改善或者恶化这样的"方向性"的同时，增加健全性风险的增加量等把握事态的"深刻性"（量感）的指标是必要的。偿付能力 DI 指数下降到 50% 以下时表示处于健全性恶化的状况，是表示方向性和局面转换关系的重要指标。和这个指标不同，如果能把健全性恶化的压力大小与严重程度表示出来的话，就可以期待破产预知能力的进一步改善。这对于保险监管机构的应对等级变更以及考虑购买新保险的保户的自我防卫都是有益的。并且，也是保险公司免遭其他公司的负面评价转嫁的一种方法。

该指标使用内阁府的综合指数方法来获取变动的大小（量感）及速度，也就是提出偿付能力 CI 指数。如果偿付能力 CI 指数有所上升表示健全性风险变小，下降表示面临较大的健全性风险。CI 指数的绝对值越大表示"变化的程度"越剧烈。

偿付能力 CI 指数的基本构造如下：

t 时点个别指标的变化率为 $x_i(t)$；第 i 个指标在 t 时点的值用 $d_i(t)$ 表示：

$$x_i(t) = 200 \times \frac{d_i(t) - d_i(t-1)}{d_i(t) + d_i(t-1)}$$

此外，在构成的指标为 0 或者为负值时，或者指标成比例时，如下所示求出差值。

$$x_i(t) = d_i(t) - d_i(t-1)$$

然后，根据个别指标的变化率，把过去 5 年的平均值记为 $\mu_i(t)$，其标准方差记为 $\sigma_i(t)$，标准方差的变化率记为 $z_i(t)$：

$$\mu_i(t) = \frac{\sum\limits_{n=t-19}^{t} x_i(n)}{20}$$

$$\sigma_i(t) = \sqrt{\frac{\sum\limits_{n=t-19}^{t} \left[x_i(n) - \mu_i(t) \right]^2}{20}}$$

$$\sigma_i(t) = \frac{x_i(t) - \mu_i(t)}{\sigma_i(t)}$$

求出 k 个个别指标的 $\mu_i(t)$、$\sigma_i(t)$、$z_i(t)$ 的平均值。

$$\overline{\mu(t)} = \frac{\sum\limits_{i=1}^{k} \mu_i(t)}{k}$$

$$\overline{\sigma(t)} = \frac{\sum\limits_{i=1}^{k} \sigma_i(t)}{k}$$

$$\overline{z(t)} = \frac{\sum\limits_{i=1}^{k} z_i(t)}{k}$$

把这些指标进行合成，求出各个指标的合成变化率 $V(t)$，即

$$V(t) = \overline{\mu(t)} + \overline{\sigma(t)} \times \overline{z(t)}$$

把这个合成变化率 $V(t)$ 进行累积，做成基准年为 100 的指数 $I(t)$，即

$$I(t) = I(t-1) \times \frac{200 + V(t)}{200 - V(t)}$$

$I(t) = {I(t)} \Big/ {I} \times 100$，$I$ 为作为基准的季度 $I(t)$。

　　偿付能力 CI 指数采用的序列为， 从计算偿付能力 DI 的 10 个序列中去掉容易受到 M&A 等影响的 HD 指数后的 9 个序列：①基础利润；②个人保险保有保单金额；③个人保险新签保单金额（含有保单转换纯增加额）；④换算保费；⑤利率差（10 年国债购买者投资收益率与 2 年前的差）；⑥股票+外国证券的总资产比率；⑦日经平均股价；⑧退保金额；⑨实际净资本（自己资本比率+基础利润的总资产比率−股票、外国证券的风险金额占总资产的比率）。

　　在处理数据时，与偿付能力 DI 指数相同，把各个序列数据用乘法模型除去季节变动部分与不规则变动部分，由此，所有的时间序列就都变成平稳时间序列。以 1991 年第 4 季度（1992 年第 1 季度=100）作为标准季度，变化率的平均期间为 5 年，也就是 20 个季度，由此得到的行业全体范围的偿付能力 CI 指数如图 5-6 所示。

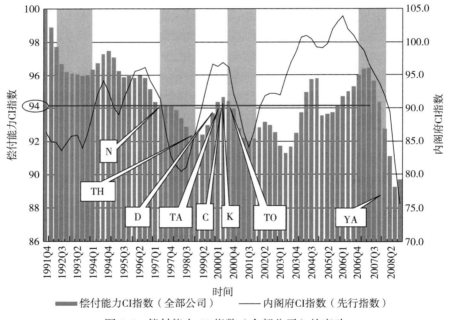

图 5-6　偿付能力 CI 指数（全部公司）的变动

阴影部分表示根据内阁府的景气基准日所得到的景气衰退期；图中字母代表各家保险公司，N 为日产生命，TH 为东邦生命，D 为第百生命，TA 为大正生命，C 为千代田生命，K 为协荣生命，TO 为东京生命，YA 为大和生命

　　图 5-6 中，偿付能力 CI 指数越低于 100 表示其经营破产风险越高。在泡沫经济接近顶峰的 1991 年到 2000 年偿付能力 CI 指数持续低下，保险公司的经营破产风险变大了。图 5-6 中横轴表示 8 家保险公司的破产时期，可以看出破产时的 CI 指数集中于略低于 94 的水平。大和生命在破产时的 2008 年第 2 季度 CI 指数值也跌到了过去最低水平 90 以下。

由此可见，有必要在偿付能力 CI 指数在 95 到 100 之间时强化监管，低于 94 时视为破产预警，并应事前做好防范破产的对策。

将偿付能力 CI 指数试用于使用偿付能力 DI 指数不能充分地判断其破产征兆的大和生命，对其进行判断。大和生命的偿付能力 CI 指数如图 5-7 所示。尽管在 1995 年，通过提高销售业绩与压缩风险资产使偿付能力 CI 的水平大幅度上升，但和 2001 年和行业全体的 CI 指数相比，一些个别公司的 CI 指数大幅下跌，呈现出变动幅度较大的倾向。大和生命的偿付能力 CI 指数在 2000 年跌至 80 以下，虽然之后稍微有些改善，但在 2003 年再度降至 80 以下。2000 年，大和生命经营破产的风险相当高却没有像其他公司一样破产的原因是，当时的资产运用比较稳健，且资产并没有太大损失。但是 2003 年以后，由于资产运用和证券性商品等投资的增加大大提高了风险，大和生命的偿付能力 CI 指数在之后 5 年（2003~2007 年）持续下跌，和行业全体的 CI 指数之差在破产前扩大了 10%。

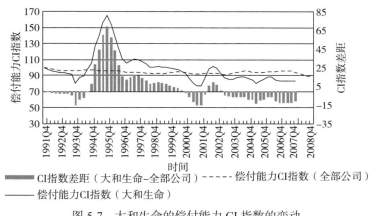

图 5-7　大和生命的偿付能力 CI 指数的变动

若个别公司的偿付能力 CI 指数在 80 左右，且其 CI 指数水平一直低于行业全体的 10% 以上，就会出现破产现象。在使用偿付能力 DI 指数无法完全判断的情况下，使用偿付能力 CI 指数就可以明确地进行预测。

同样，对除大和生命以外 7 家公司的偿付能力 CI 指数如图 5-8 所示。在即将破产时，协荣生命、东邦生命、第百生命、东京生命的 CI 指数水平下降了 30，大正生命下降了 50，千代田生命、日产生命甚至下降了 80。偿付能力 CI 指数能够在公司破产前相当一段时间内明确地判断公司将以破产告终。

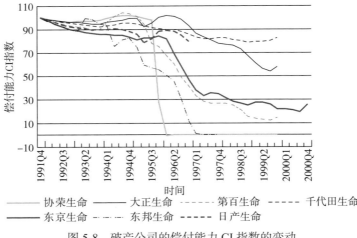

图 5-8　破产公司的偿付能力 CI 指数的变动

作为寿险公司健全性指标需要具备的条件是，在日常对寿险公司进行监测时：①能在事前对破产进行正确的预测；②浅显易懂；③具有良好的先行性与速报性。满足这三个条件的指标有偿付能力边际比率、基础利润的偏离幅度、偿付能力 DI 指数、偿付能力 CI 指数这四个指标。表 5-4 为用这四个指标进行评价的总结。

表 5-4　各种健全性指标的能力

项目	偿付能力边际比率	基础利润的偏离幅度	偿付能力 DI 指数	偿付能力 CI 指数
①破产预测能力	×	△	○	◎
日产生命	—	○	○	○
东邦生命	○	○	○	◎
第百生命	×	○	○	○
大正生命	○	×	×	◎
千代田生命	×	○	○	◎
协荣生命	×	○	○	◎
东京生命	×	△	○	◎
大和生命	×	×	×	○
②简便、浅显易懂	×	△	○	○
③先行性、速报性	×	○	○	○

注：×为此功能、效果缺失；△为具有此功能、效果，但不充分；○为能够充分发挥此功能；◎为能够非常好得发挥此功能（以上均为主观判断）

第一，尽管现在多次对偿付能力边际比率进行修正，但其对破产的预测能力较低，并且风险和风险缓冲比率这个对比率的考虑方法较难理解。此外，只有到财务公布时才公布数字结果，缺乏速报性。第二，相对于偿付能力边际比率，基础利润的偏离幅度有较大的改善，不过由于破产征兆是基础利润的实际值从高于估算值到低于估算值，呈现出较大的相切形状，可能会存在理解困难的问题。第三，偿付能力 DI 指数具有预测能力、简便性、理解容易、速报性等特点，但没有预测出大和生命的破产，说明在预测力上尚有欠缺。第四，偿付能力 CI 指数克服了偿付能力 DI 指数的缺陷，是一个在破产预测能力、理解、速报性等方面都没有问题的健全性指标。

但这并不能说明偿付能力 CI 指数能够对寿险公司的健全性进行充分的判断。例如，尽管偿付能力 CI 指数预测出了千代田生命的破产，但相比之下偿付能力 DI 指数对其破产的预测更为明确。由于寿险公司的破产存在诸多错综复杂的因素，因此运用多个指标进行检测是最为理想的。

第六节 结 论

金融自由化正如所期待的一样，一方面促进了竞争，带来了金融商品的多样化及价格的下降。但另一方面，自我责任原则开始被运用到消费者对金融机构的选择中。

尽管偿付能力边际比率是判断健全性的重要指标之一，但仅凭借该指标的判定结果及公布时期，不能保证预测出倾注了自己的财产及寄托了自己未来生活保障的保险公司的破产前兆。因此，国民需要一个能更准确、更易懂、更快捷的判断保险公司破产的工具。本书提到了基础利润的偏离幅度、偿付能力 DI 指数、偿付能力 CI 指数等指标，通过多个指标的综合使用，能够提高对保险公司破产预测的精度。这不仅保护了消费者和保户的利益，还能帮助保险监管当局以及保险公司在早期识别经营异变的倾向。

并且，准确易懂的破产预测能力，不仅在日本，在国际上也有重要意义。欧盟的新支付能力规定，认可了金融理论的标准值的设定与各公司风险管理模型的使用。这虽然有利于保险公司内部的管理及监管，却不利于消费者的理解。如果从经营属于人为活动这一点来思考的话，从经营判断如实地反映了损益表的变化到谨慎找出不良征兆是相当重要的。只有利用本书中提出的偿付能力 DI 指数及偿付能力 CI 指数等指标对保险公司进行日常检测，才能将自我责任原则运用到保险公司的选择上。

　　以本书提出的理论模型为基础，为了进一步提高预测能力，有必要在偿付能力 DI 指数、CI 指数等构成的序列候选的选择和统计处理上下工夫。通过对这些健全性指标的进一步完善，如果能够帮助国民自主选择保险公司、协助监管当局在早期进行健全性监督，则实感荣幸。

第六章　通过宏观保障倍率对国际保险市场和风险管理的考察

【摘　要】　寿险不论是商品还是市场，在不同国家有很大的不同。这是由于经济发展阶段、个人金融资产的规模、金融机关间的竞争关系、人口年龄构成等社会经济因素，加上社会保障制度与对保险公司的监管等制度因素的影响造成的。但是，保险的本质是回避风险这一共同认识的存在，决定了世界保险市场应该有其共同性可循。

在本章，通过对寿险死亡赔偿金额差距的国际间比较而得来的"宏观保障倍率"这一概念，对世界保险市场的联动性和共同性进行考察并加以明确。

并且，宏观保障倍率所体现的保险市场结构，在很多情况下表现为，经济发展阶段不同的国家中的一个国家的结构领先于其他国家的"雁行模式"。不仅能体现出保险市场的结构状况，这个概念宏观保障倍率的理论值和其构成要素（如后述的寿险偏好），也能预警出保险行业的风险异常。宏观保障倍率，不仅是寿险的国际市场的共同制约条件，同时也是寿险公司进行风险管理的一个重要指标。

【关键词】　宏观保障倍率　寿险偏好　破产概率

第一节　从宏观保障倍率来看世界保险市场

个人的寿险市场，主要分为一家之主死亡时维持其家庭成员生活的"遗属保障市场"（简称保障型保险市场，并且，其保险商品称为保障型保险）与作为晚年生活的经济基础的"养老型保险市场"，以及与生病、护理相对应的"医疗、护理型保险市场"等。对日本的寿险市场进行定量分析的先前研究主要有，用金融资产余额与国民可支配收入来推算保障型保险市场的死亡保险金额的中马宏之和伊藤潔（1991），以及用家庭支出的问卷数据（日本经济新闻社的金融行动调查）来推算需求函数的后藤尚久和福重元嗣（1996）等。

但是，由于寿险市场的国别个性较强这一先入为主的观念，还没有对世界市场进行横向比较分析的论文。例如，日本拥有其 GDP 的 4 倍的巨大的保障型保险市场，而同指标美国仅为 1 倍，同时与此相对照的是，日本的保费收入总额中个人养老型产品所占比重仅为 3 成，而同比重在美国为 6 成。日美看上去是完全不同的市场。但是，购买保险、养老金时的资金来源同样为个人收入，在与其他的商品、服务比较之后而购买寿险的消费行为在世界各国都是相同的。

如果非要说出其与一般的商品、服务市场的不同点的话，寿险市场具有较大的信息非对称性与经营许可制度等的特殊性，比起消费者（需求方）保险公司（供给方）的行为决策会给市场的形成造成更大的影响。具体的，包括以下三个方面。第一，由于保障型保险的利润率高于其他保险商品，如果这种商品能被市场接受，那么就首先想以此商品为主进行销售。以保障型产品以外的保险商品为主要商品的时期，主要为寿险业的黎明期或者遗属保障型产品成长低迷的饱和市场。第二，保障型保险的销售中使潜在需求显现出来的咨询销售等高附加值的销售渠道是必要的。高附加值的销售渠道的改组等关系到经营核心的部分，这种改组需要慎重进行。第三，担心高利润的保障型保险被相对利润较薄的医疗保障型保险（医疗保险）与晚年的生活保障（个人养型保险）等替代，有意抑制对后者的销售力度。因此，一个全新市场的真正的形成和成长，往往需要等待限制政策放宽后的新公司的进入和新的销售渠道的出现。

在这里，首先对主要国家（地区）的保障型保险市场的规模进行一下概观。为了对各国（地区）的经济规模的不同而造成的偏差进行调整，我们使用个人保险的保险金额（合同保险金额：本国货币表示的）除以名义 GDP（本国货币表示的）得到的值（即宏观保障倍率）作为尺度来进行衡量[①]。在图 6-1 中用柱状图表示各国的"宏观保障倍率"（单位为倍）。日本每 15 年为 1 期，分为 3 期，其他国家（地区）用最近的数值来表示，这样不同国家（地区）的差距以及一个国家不同时期的差距都可以通过此图看出。宏观保障倍率最高的日本，仅仅 2005 年的民间寿险公司所提供的保额就为名义 GDP 的 2 倍，如果再加上邮政简易保险和 JA 共济保险就会达到超常的 2.8 倍。与此相对，泰国为 0.2 倍，仅占其本国 GDP 的五分之一。保险发达国家的美国与英国的保险保额几乎与其名义 GDP 相等，即宏观保障倍率约为 1 倍。

另外，作为可以进行国际比较的收入水平——"人均 GDP"（美元基准）在

---

① 关于宏观保障倍率的基本概念，参见久保英也（2005）。

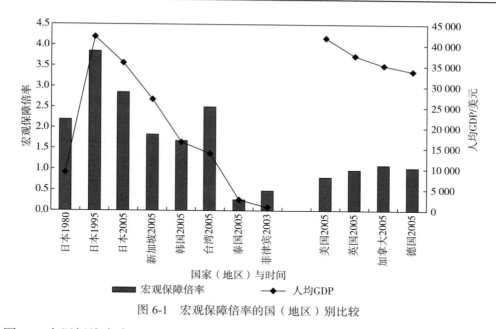

图 6-1　宏观保障倍率的国（地区）别比较

图 6-1 中用折线来表示。可以看出，与其他的消费商品相同，保险市场也随着国民收入的上升而扩大，在亚洲宏观保障倍率与人均 GDP 两者几乎是联动的。而在欧美两者反而是反函数关系，这暗示着除了国民收入之外还存在着别的影响宏观保障倍率的因素。

　　在这里，回到对寿险的保障型商品的最基本的需求来考虑的话，首先，它是当一家之主万一有不测发生时其遗属的生活费。遗属的必要生活费，是由当时的收入水平决定的，因此生活水平越高，所需要的生活费就越多。这个被称为"所得因素"。其次，在采取所谓的丈夫在外工作，妻子在内持家的家庭内分工模式的国家，丈夫死亡后所需要的保障额就比较大。这就是说，女性的社会参与度高且就业率较高的话，那么必要保障额就相对要小。这个可称为"女性自立因素"。虽然除这两个之外还可以想到其他许多影响因素，在这里我们力求用尽可能简单的变量对宏观保障倍率进行推算，以期勾勒出其主要框架。

　　变量中，"所得因素"采用前面所提到的人均 GDP（美元基准）；"女性自立因素"采用男性与女性的劳动参与率。分析的对象为：①日本、美国、英国、加拿大、韩国、中国台湾、新加坡、泰国这 8 个国家（地区）；②推算期间为 1999~2004 年这 6 年；③市场为个人保险市场（个人保险+个人养老金），采用把国（地区）别因素与时间序列因素双方进行组合的面板分析。

　　图 6-2 中显示了分析结果。虽然不能对所有的情况都进行充分的解释，2 个解

释变量的 t 值分别为 5.320、8.744，解释力较高，由此可以窥见其基本的样态。分析结果表明，无论是宏观保障倍率为 3 倍的日本与 0.2 倍的泰国，还是经济、社会结构与保险市场的发展程度迥然不同的亚洲市场与欧美市场都有一定的共通之处，即同样的基准决定了保障型保险市场的规模。

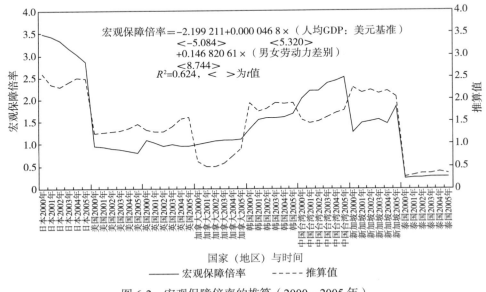

图 6-2　宏观保障倍率的推算（2000～2005 年）

　　这个推算中实际值与理论值的差，可以用各个国家（地区）的市场特性与技术上的计算误差来解释。日本、加拿大与中国台湾，宏观保障倍率的实际值大于理论值，表示其保障型保险市场过大。另外，美国与新加坡等，实际值小于理论值，这表示此时如果有开发市场潜在需求的经营决心的话，有进一步扩大保障型保险市场的可能性。但是，理论值的水平也不是固定的，如果国民收入或男女就业率发生变动的话，理论值也会发生变化。

第二节　宏观保障倍率的分解

　　上述两个简明化了的变量的估计式没有能充分说明的部分（残差），如果换算成宏观保障倍率的话还剩下 0.5 倍左右。为了对这个部分进行补充说明，需要从另一个角度来对宏观保障倍率做进一步的分析。

宏观保障倍率可以做如下的分解：

$$宏观保障倍率 = \frac{个人保险保险金额}{名义GDP（按各国货币换算）}$$

$$= \frac{个人保险保费收入 + 个人年金保费收入}{个人可任意处理收入} \times \frac{个人保险保险金额}{个人保险保费收入}$$

$$\times \frac{个人保险保费收入}{个人保险保费收入 + 个人年金保费收入} \times \frac{个人可任意处理收入}{名义GDP}$$

恒等式右边第 1 项为"寿险偏好"，第 2 项为"保障单价"，第 3 项为"保障偏好"，第 4 项为"家庭部门的比例"。第 1 项表示消费者的收入中购买寿险的比例，也就是家庭的寿险的消费倾向；第 2 项表示的是供方的寿险公司把保险商品保障功能设在多高的商品战略；第 3 项显示的是个人保险（偏重遗属保障功能的）的保费收入（在上述的定义式中，保费收入用 P 表示）与个人养老金（偏重储蓄、投资功能的）的保费收入的合计中个人保险的保费收入所占的比重，表示消费者重视保障功能还是重视养老金功能；第 4 项显示的是经济全体中家庭部门所占的比例。如此所示，宏观保障倍率是需求方（消费者）、供给方（保险公司）以及宏观经济因素所综合构成的指标。

对三个主要国家，利用这个恒等式进行分解得到的结果用表 6-1 表示。比较日本与美国 1970~2005 年的变动发现，首先，现在约有 2 倍差距的日本与美国的宏观保障倍率在 1970 年以前还几乎相同，上述 4 个因素的构造也相似。1970 年之后，日美间的宏观保障倍率的差距急剧扩大，其主要原因是，"寿险偏好"与"保障偏好"出现了差距。前者差距是因为，在政策限制色彩较重的金融行业日本保险行业顺利地吸收了家庭收入与个人金融资产，而美国保险业则持续受到来自银行、证券、投资信托业的竞争。

表 6-1　主要国家的宏观保障倍率的构成

国家	要素	1970 年之前	1981 年	1990 年	1995 年	2000 年	2005 年
日本	宏观保障倍率	0.73（1967 年）	1.65	2.57	3.14	2.75	2.28
	1. 人寿保险偏好	3.4%	4.4	6.9	7.0	6.1	7.8
	2. 保障单价	32.5%	58.5	68.1	84.7	85.7	76.4
	3. 保障偏好	98.6%	98.3	91.2	86.2	88.1	66.5
	4. 个人所得 GDP 占比/%	68.0	64.7	60.0	61.5	59.2	57.5
美国	宏观保障倍率	0.74（1970 年）	0.64	0.92	0.93	0.95	0.80
	1. 人寿保险偏好	2.4%	2.0	2.7	2.9	3.4	3.1
	2. 保障单价	45.4%	56.4	89.0	87.8	91.5	89.1
	3. 保障偏好	94.7%	77.6	53.0	50.4	42.3	40.1
	4. 个人所得 GDP 占比/%	70.8	71.8	73.9	73.1	73.3	72.3

续表

国家	要素	1970 年之前	1981 年	1990 年	1995 年	2000 年	2005 年
英国	宏观保障倍率	—	0.8（1985 年）	0.95	0.99	1.08	0.97
	1. 人寿保险偏好	—	2.9	5.1	6.2	9.0	6.9
	2. 保障单价	—	61.8	41.3	34.2	26.5	32.6
	3. 保障偏好	—	71.3	69.4	67.1	66.9	64.8
	4. 个人所得 GDP 占比/%	—	63.3	64.8	69.5	67.8	66.3

注：日本的数字为除了简易保险和日本农业协同组合（Japan Agrictural Cooperatives，JA）以外的民间寿险公司

资料来源：ACLI "Life insurers Fact Book 2004"、ABI "Long-term Business 2005/11"、生命保险协会主页

关于后者主要有两个原因。

首先，可以看到女性自立度高且个人养老保险积极销售的美国与女性劳动参与率改善停滞不前且以保险公司的主张为主的日本的差距。比较 2005 年的男女劳动参与率差距[①]，相对于美国的 12.0%，日本达到了约为其 2 倍的 22.7%。

其次，晚年生活资金中公共养老金所起作用的差距。在公共养老金支付额较少的美国个人养老金被用来对其进行补充，其保费在 20 世纪 90 年代后期超过了个人保险的保费水平，2005 年的"保障偏好"低到了 40.1%。另外，公共养老金支付额较多的日本的情况为，即使社会老龄化程度在加深，"保障偏好"在 20 世纪 90 年代后半期为 80%，在 2005 年也为 66.5%，仍旧维持在大约美国 2 倍的水平。

正所谓，日本巨大的个人保险市场依托于：①金融政策放宽的迟缓；②持续性的女性低劳动参与率；③丰厚的公共养老金制度。所以，如果以上三个条件发生变化，日本的个人保险市场也可能会出现巨大变化。

英国的宏观保障倍率，在 1990~2005 年与美国相同维持在 1 倍左右的水平。但是，其构造与美国有很大不同。英国的"寿险偏好"，在 2005 年为 6.9%，约为美国的 2 倍以上，家庭支出中保费支出的消费倾向较高。在欧洲经常出现的投资、储蓄倾向较强的一次性缴纳养老保险等，通过具有历史传统的 IFA 的经纪人渠道（broker channel）[②]方式进行贩卖。因此，有了比美国高 25 百分点的"保障偏好"，但是，由于此商品的保障性功能较小，"保障单价"反而为日本的三分之一。英国 2005 年的宏观保障倍率为 0.97，比其理论值低 0.5。

美国与英国有所不同，"保障偏好"比较小，是一个大幅偏重个人养老保险商品的市场。另外，由于以遗属保障类险种作为利润来源的保险公司很多，精细划分商品用途的定期保险和终身保险的合同也较多，结果"保障单价"超过了日本的水平。2005 年美国的宏观保障倍率为 0.8，低于理论值约 0.4，引起上述情况发

---

① 根据经济合作与发展组织（Organization for Economic Co-operation and Development，OECD）的统计。

② 关于 IFA 等各国的保险销售渠道，参见久保英也（2005）。

生的主要是市场对个人养老保险的倚重。而市场对个人养老保险的倚重主要是因为放宽金融限制政策后所带来的银行等其他融资渠道的出现和增加。活用其他行业的融资渠道，虽然一下子加快了保险企业的增收步伐，但是需要花费时间的保障型保险市场的深耕开拓就被拖后了[①]。

以上这些变化均是企业间合作的结果，并不是得益于 1999 年 11 月《格雷姆–里奇–比利雷法案》（Gramm-Leach-Bliley Act，GLB）通过后以金融持股公司形式进行的银行、保险业的相互经营渗透[②]。并且，虽然寿险公司参与银行业务并获取拥有储蓄金融机构的"单一储蓄机构持股公司"的例子[③]也有很多，真正收购商业银行成为其控股公司的，只有位居全美第一的大都会保险公司。

---

① 也存在西北互助寿险公司（Northwestern Mutual）等提供高附加值的咨询服务的，主要销售保障型保险的公司，但是在大型公司中比较少见。

② 《格雷姆-里奇-比利雷法案》（1999 年 11 月）的出台，使通过金融持股公司形式，银行、保险、证券公司相互参与彼此的领域成为可能。但是，该法出台后，没有出现突破性的大规模的一体化、合并等。理由主要为：a）保有作为子公司的商业银行时，持股公司被认为是金融持股公司。由于此时受美国联邦储备委员会（Federal Reserve Board，FRB）的规制监督，所以对只受州的规制监管的保险公司来说反而是负担。b）银行也比起收购 ROE 较低的保险公司，不如优先收购代理店；等等。

③ 寿险公司进出银行业务时，在《格雷姆–里奇–比利雷法案》出台之前，有活用保有一个储蓄银行的持股公司的（单一储蓄机构持股公司）（GLB 法成立之前，1997 年 5 月申请前）的情况。这使储蓄机构、储蓄银行的业务范围变大可以和商业银行进行几乎相同的业务，并且，如果没有健全性问题，在储蓄金融机构监督局（Office of Thrift Supervision，OTS）的监督下，规制有所缓和。具体有以下 7 个例子：a）Acacia Life（在 1984 年取得许可）的一个店铺代理，提供定期存单、信用卡、学生贷款等。目标是，保险代理人作为理财分析师，可以提供关于寿险、退休计划机动车金融等的广泛的建议。b）Prudential。Prudential 银行（为 1945 年设立的州法银行与储蓄金融机构 Prudential Savings Bank 的统称，有 6.2 亿美元的存款量）对于年收入为 10 万美元以上的富裕层、高级公司职员的投保人，提供住宅担保贷款、2 次抵押贷款、信托遗言等服务。由 4 900 名专职代理和 5 600 名 Prudential 证券的证券外务员提供银行相关商品。其目标为通过把顾客的资产集中到 Prudential 中使得其与顾客的关系更加密切。c）State Farm。State Farm Financial Services（财险首位、寿险 30 位；总资产基准：1997 年 7 月，取得成立储蓄金融机构的许可，存款量 7.1 亿美元）在机动车火灾领域压倒性优势的 14 000 名专职代理的 90%为其销售其银行商品。消费者能感受到 State Farm 的专职代理的魅力，对其不撤出市场这一点具有安心感。提示具有竞争力的利率。d）NAMIC（全美财险相互公司协会）。其拥有伤害保险相互公司 1 300 家会员。e）IIAA（美国独立保险代理店协会）。其成立保险银行，向加盟代理点提供银行商品。f）Allstate（财险第 2 位）成立 Allstate 银行（2001 年 7 月取得许可）。开始时只向 Allstate 的员工提供银行服务，之后，扩大顾客群的规模。不拥有分店，进行网络或者电话销售。并不是富裕阶层而是以中产阶级为对象，提供定期存单、支票账户、MMF 等产品，接办退休人员阶层的业务。12 500 名专属代理进行保险、投资信托、银行服务的交叉销售并，拥有 1.5 万台自动取款机及 22.5 万台加盟自动取款机机的便利性。g）Northwestern Mutual。只经营信托业务的储蓄银行机构（1999 年 10 月），对投保人中的中高收入者提供信托服务。在对富裕层客户的资产管理、运用业务中力求为客人提供达到最大利益帮助。通过 7 500 名保险代理人，与 Northern Trust 结成联盟，提供各种个人信托、资产运用管理 IRA 管理，金融资产保管服务。

第三节　养老保险市场增长所带来的销售渠道的变化

　　销售渠道多样化而产生的激烈竞争，通过一直以来的主要销售渠道的成本构成的变化而体现出来。表 6-2 中显示了美国的寿险业的各个销售渠道，每月获得 100 美元的保费收入（月缴、半年缴、年缴等交费方式进行调整后）所需要的成本。其中相当于日本的营业员的专属代理人的成本，从 1995 年的 161 美元到 2003 年的 132 美元下降了 18%。而独立于大型保险公司、销售多家公司的保险商品的独立代理店（PPGA）的成本也从 139 美元下降到 119 美元，降低了 18%。其中下降的 20 美元中，佣金约 6 美元，其余的 14 美元的减少主要因为其他间接费用的减少。另外，没有在表 6-2 中显示出来的销售寿险商品与财险商品的小型代理店的总成本，停在 110 美元水平没有大的变化，而银行销售与直接销售的成本更低，除了采用高附加值战略的一部分公司外，大部分的公司都被迫卷入了销售渠道成本竞争中。

表 6-2　美国的人寿保险业的销售渠道成本的推移（单位：美元）

年份	项目	专属保险经纪人	独立代理店型（PPGA）	总代理店型	寿险财险销售代理店（MEEA）
1995	经 100 美元调整后的年保费支出	161	139	—	111
2001	合计	142	126	133	112
	内含：佣金	122	98	120	
	管理者报酬		10		
	营业费用	12	14	13	12
	销售费用		23		
	福利费用		4		
2003	合计	132	119	131	113
	内含：佣金	122	92	119	
	管理者报酬		11		
	营业费用	10	13	12	13
	销售费用		17	<2002 年>	<2002 年>
	福利费用		3		

注：调整后年支出保费为，各个商品的支付方法经换算后，商品间可进行比较的数值

资料来源：LIMRA International（2005a）

　　但是，由于营业费用与市场销售等间接费用已经被压缩到了十几美元，进一步大幅降低成本已经很难。保险公司被迫要在以下措施之中进行选择：①减少向

销售渠道支付的佣金；②增加高附加值产品的比例；③对商品及其销售渠道战略进行彻底修改。

对商品及其销售渠道战略进行彻底修改的保险公司的对策之一是，从个人保险向增长空间较大的个人养老保险转移。作为一种资产运用商品的个人养老金，单件销售中可投入的成本空间较小，要想大量销售此种商品，需要有新的销售战略。新战略主要由现有销售渠道的利用和新型销售渠道建立两种方法构成。表 6-3 中，显示的是 1999 年以后各个销售渠道中个人养老保险业务所占的比例。虽然主要销售渠道之一的独立代理店型基本维持住了原有的占有率，但是专属销售职员渠道的占有率从 1999 年的 24% 降低到了 2004 年的 19%，降低了 5 百分点。这个部分的减少主要被银行销售渠道（1999 年的 15% 到 2004 年的 21%）所代替。具体来看美国的银行窗口销售渠道，可以发现相当于 2002 年全美的 52% 的 4 359 家银行在进行保险商品的销售，其中的 73% 为资产规模为 100 亿美元以上的大银行。而小规模的银行的约半数也从保险的窗口销售中赚取着手续费。销售的商品，主要是保本型的定额养老金。

表 6-3 美国个人年金销售渠道占比的变动（单位：%）

年份	1999	2001	2003	2004
专属销售职员	24	19	19	19
PPGA 等独立代理店	17	22	19	21
理财规划师	—	—	11	12
股票经纪人	32	27	17	16
银行	15	20	23	21
网络销售	7	7	7	7

资料来源：LIMRA International（2005a）

虽然在大幅增加银行窗口销售，但对销售渠道的调整保险公司仍在谨慎应对。例如，重视专属销售职员渠道的大型寿险公司——纽约人寿，把寿险定位为营业职员销售的专属商品，并没有在银行窗口对其进行销售，力求把销售渠道多样化给作为主力的销售职员渠道带来的影响控制在最小。

在婴儿潮出生的人开始迎来退休的高峰期，个人养老金市场的规模也在继续扩大。即使这样，强有力的银行销售渠道，也在 2004 年被"理财管家"等家庭直销型产品抢去了相当一部分的市场份额。美国的保险企业在向成长市场的进军中大胆进行着销售战略与商品战略的改变。

第四节　宏观保障倍率的理论值与实际值的偏离幅度

在亚洲，进行了金融放宽政策的新加坡，近年来宏观保障倍率有了急速的上升。在表 6-4 中，显示了新加坡市场的宏观保障倍率，以及构成它的 4 个要素的依存度的变化率。新加坡的宏观保障倍率从 1997 年的 1.08 到 2005 年的 1.83 约有 0.8 倍的上升。在这期间该国人均 GDP（美元基准），从 25 269 美元到 26 833 美元，上升了 1 564 美元。另外，女性的社会参与度增大，其中男女的劳动参与率差距从 28.7% 到 22.4%，缩小了 6.3 百分点。宏观保障倍率如果用 6-2 图所示的推算公式进行计算的话，这些条件的变化相反地会使宏观保障倍率的合计额下降 0.85 倍。并且，如果把在这期间接连发生的亚洲通货危机（1998 年）、IT 泡沫的崩溃（2001~2002 年）、SARS（2003 年）等这些对经济不利的背景条件考虑进来的话，上升 0.75 倍（1.08 倍→1.83 倍）的宏观保障倍率是不自然的。

表 6-4　新加坡的宏观保障倍率的变动

年份	（男女）劳动力率差距/%	人均GDP/美元	经济增长率/%	利率（1年定期）/倍	宏观保障倍率/倍	变化率/倍	人寿保险偏好	保障单价	保障偏好	可支配收入比重/%
1997	28.7	25 269	9.1	4.4	1.08	4.6	12.5	−4.2	0.0	−2.8
1998	28.0	21 009	−3.1	2.5	1.20	11.5	0.0	1.9	0.0	9.4
1999	27.1	20 910	1.5	2.5	1.31	8.9	−1.2	5.7	−0.1	4.4
2000	26.4	23 078	14.2	2.4	1.26	−3.5	2.1	1.8	−0.1	−7.2
2001	26.1	20 723	−4.0	1.5	1.47	16.1	1.4	5.1	−0.1	9.1
2002	26.6	21 209	3.3	1.3	1.51	3.1	−1.1	2.7	−0.1	1.6
2003	25.2	22 155	2.0	0.7	1.55	2.3	1.5	1.8	0.1	−1.1
2004	24.4	25 352	12.5	0.7	1.45	−6.6	−0.1	−0.6	−0.1	−5.9
2005	22.4	26 833	7.0	0.86	1.83	26.8	0.3	31.8	0.1	−4.2

资料来源：根据 Monetary Authority of Shingapore（2004）Insurance Statistics-2004 等算出

因此，可以认为新加坡的宏观保障倍率的上升，不是由于理论上的一般原因，而是由新加坡的特有原因所造成的。也就是说，这期间的金融放宽政策和大幅降息促进了保险商品的销售，大幅提升了市场的"寿险偏好"。并且也可以认为，由于保险公司也下了力气提高个人保险的"保障单价"，结果使宏观保障倍率有了大幅度的上升。上述措施之所以在新加坡得以实现，是因为其与美国一样，宏观保障倍率的实际值低于理论值，具有潜在的巨大的保障型保险市场（图 6-2）。

　　这种宏观保障倍率的实际值与理论值的偏差幅度，会对今后的市场形成造成影响。在这里，图 6-3 中显示了尽可能较长的时间序列下的分国家（地区）的宏观保障倍率的实际值与理论值的偏差幅度（宏观保障倍率的实际值−理论值）。最左边的日本 25 年间的宏观保障倍率（实线折线表示），在 20 世纪 80 年代前期柱状图表示的偏差值为负，也就是实际值低于理论值，这表示当时存在潜在的市场。之后，到泡沫经济时期，实际值上升并快速超过了理论值。因与邮政简易保险的竞争而被拔高的那些高回报率保险商品吸收了大量的国内过剩流动资金，在 20 世纪 90 年代中期，民间寿险企业加上邮政简易保险和 JA 共济后的宏观保障倍率的总和几乎达到 4 倍，史无前例的巨大保障型保险市场诞生了。但是，由于这与理论值偏差幅度超过了 1 倍，所以是一个极不稳定的市场。

　　图 6-3 中实线所表示的宏观保障倍率，相比该图左半部分亚洲诸国（地区）的山峦起伏般的波动，右半部分的欧美诸国为 1 倍左右，基本平稳。并且，点线所表现的收入水平与宏观保障倍率的关联性，到 20 000 美元左右就不太明显了。日本的宏观保障倍率最高时的收入水平为 23 000 美元，美国的宏观保障倍率达到顶点 0.95 时的 20 世纪 90 年代前期的收入水平也为 23 000 美元。而韩国也在 18 000 美元左右时宏观保障倍率的上升开始变得缓慢。如此可见，人均 GDP 水平在 20 000 美元左右时人们对保险的需求迅速地呈现出多样化趋势。

　　宏观保障倍率在日本、中国台湾、加拿大的偏离幅度显示为正值，说明其保障型保险市场的规模已经超过了理论规模。与此相反，对显示负值的韩国、新加坡、泰国、美国、英国，可以认为其国内依然存在着保障型保险市场的扩大空间。只是，这些潜在市场能否成为显在的实际市场，供给方的完善销售渠道或挖潜增效等努力是必要的。

　　并且，如果长期观察各国（地区）的偏离幅度（注意：因受数据限制，选用期间有所不同），可以发现偏离幅度的缩小与扩大是反复循环发生的。偏离幅度正在缩小的国家（地区），在亚洲比较多见。日本的偏离幅度，在 1995 年为 1.28 达到峰值，在 2004 年一度缩小到 0.48。同为宏观保障倍率较高的韩国也从 1995 年的−1.55 缩小到 2004 年的−0.64。新加坡也从 1995 年的−1.65 缩小到 2004 年的−0.27。偏离幅度曾持续扩大的中国台湾也在 2003 年达到顶点的 0.7 后有所收敛。与此相对，美国与英国，虽然到 2000 年为止偏离幅度都在缩小，最近因个人养老保险市场的扩大使其偏离幅度再次转向扩大。

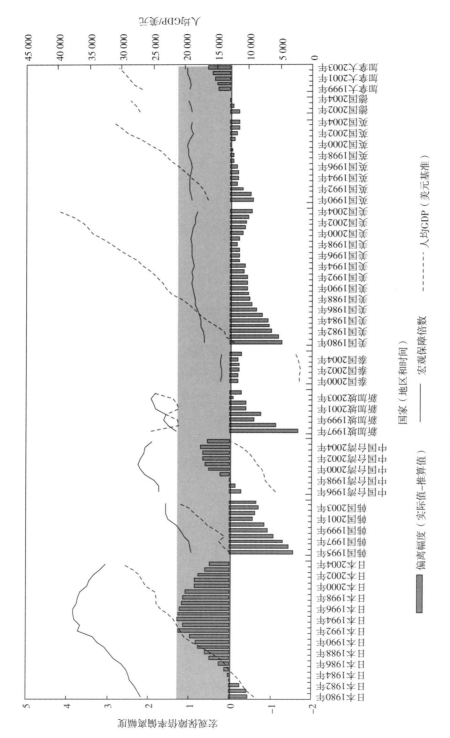

图6-3　宏观保障倍率的推移

第五节　利率变动与寿险偏好

利率也是影响保险市场的重要变量。利率是"变动且短期运用资金"的银行与"固定且长期运用资金"的寿险公司的行业之间相对竞争条件之一。伴随金融市场的自由化，信托投资和理财型保险等拥有利率以外的增收点的商品有所增加，这使得单凭利率来讨论行业间的差异变得困难。但是，消费者把利率作为理财商品选择时的重要考量而进行投资活动的状况没有改变。特别是在金融机构间竞争激烈的美国，消费者用住房作为担保以贷取一定额度的自由资金的住宅担保贷款等方式更是支撑着个人消费。消费者对利率是敏感的，寿险市场上也不例外。在签单前，他们会比较保单上利率加分红与其他的存款、债券等理财产品哪个回报更大；签单后，如果利率上升，他们往往会解除那些收益跟不上利率上涨的保险商品，转投其他的理财商品（或者收益性能及时随利率上升的其他保险商品）。在图 6-4 中，可以看到美国 10 年国债利率（2 年的变动平均值）与"寿险偏好"（同为 2 年的变动平均值）的关系。1980 年以后，有 4 次较大的利率变动。其中，在 3 次（20 世纪 80 年代中期、90 年代初期、90 年代后期）较大的利率变动时期里，利率与"寿险偏好"有较强的联动性。总体上，利率上升期的后半段到利率下降期的前半段，"寿险偏好"会变高。利率上升期的前半段，因为有大量回报率跟不上利率上升步伐的保险商品遭到解约，这使得"寿险偏好"反而会变低。由于很难准确把握利率上升的顶点，在利率达到顶点之后寿险偏好仍会持续上升一段时间。因此，在利率上升达到顶点后约有 1 年的时滞期，寿险偏好才上升到顶点。在利率下降期也是一样，利率达到谷底约 1 年后，"寿险偏好"开始停降转升。

近年来，由于在保险商品中与利率联动性较小的个人养老金保险销售的增加，两者的关联度变小了。但是，由于股价自身也是受利率及金融政策影响的，利率与寿险偏好之间的关联依然存在，两者高度联动的情况还可能再次出现。

像这样利率与"寿险偏好"关联变动的情况，并不是实行宽松的金融政策的宏观保障倍率较低的美国所特有的现象，在宏观保障倍率较高的新加坡等亚洲各国（地区）也可以看到。

首先，我们来看看与日本一样宏观保障倍率达到 2 倍以上一样重视保障型保险市场的中国台湾。图 6-5 显示了中国台湾的宏观保障倍率相关数据在时间系列上的变化，可以看到，在 1997 年以后的利率下降时期"寿险偏好"有所上升。特别是在利率急剧降低的 2001~2003 年，这个特点更为突出。并

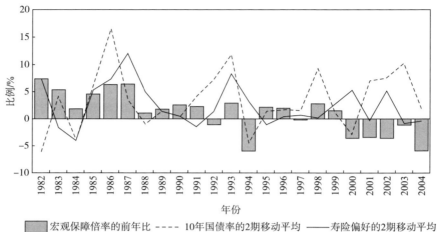

图 6-4　美国的利率变化与寿险偏好

且此期间，"保障单价"与"保障偏好"同时呈现出低水准，这说明了市场上对个人养老保险的购买（或销售）在急剧增加。在利率回升的 2005 年，个人养老保险市场持续增大，加之"保障偏好"也在提高，这使得宏观保障倍率出现了上升的态势。但是，与新加坡不同，中国台湾的保障型保险市场是一个宏观保障倍率高过其理论值的过热市场，所以并没有真正实现其宏观保障倍率的大幅度提升。

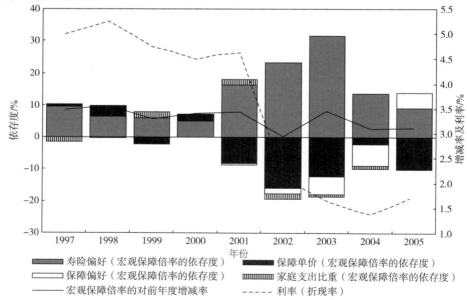

图 6-5　中国台湾的宏观保障倍率的增长率及其分原因依存度

其次，我们再来看一看同样有着较高的宏观保障倍率，并渡过了亚洲通货危机后国际货币基金组织（International Monetary Fund，IMF）管理混乱期的韩国的情况。在韩国，针对销售员的减少，在 2002 年以后增加了通过银行窗口对个人养老保险的销售。2004 年上半年银行销售渠道的保费收入所占比例扩大到了 12.3%。另外，韩国的宏观保障倍率的实际值仍低于理论值，说明还存在较大的潜在的保障型保险市场。

如图 6-6 所示，韩国的长期利率，从 2001 年开始急速下降。利率下降期的前半段，在竞争条件上对保险公司是有利的。但是，韩国的寿险公司和中国台湾不同，即使在低利率时期也没有采用提高"寿险偏好"的经营策略。而是采取了通过提高"保障单价"等方法来强化和丰富产品的保障机能，进而提高盈利能力的战略。这是由于韩国的寿险公司经历过经营破产，十分清楚用高回报利率来进行竞争所带来的经营风险。虽然在其他国家出现的个人养老保险市场急速增加的现象在韩国也可能出现，但在 2004~2005 年，个人保险的保费收入超过了个人养老保险的保费收入。由此可见，通过提高"保障单价"来提高宏观保障倍率的战略奏效了。虽然韩国 2005 年的宏观保障倍率实际值上升到了 1.67，但是因为仍然低于其理论值，所以可以预见这个战略还可以持续进行下去。

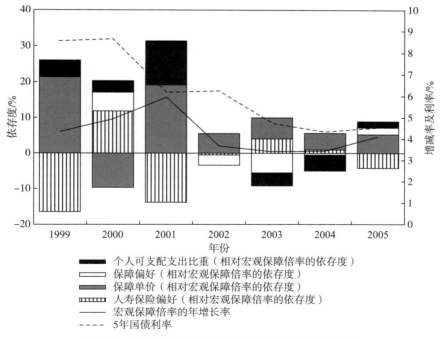

图 6-6　韩国的宏观保障倍率的变动与分因素依存度

如上所述，中国台湾抓住利率变化的机会，采取了以增收保费为目标的战略；

与此相对，韩国从风险管理的观点出发，采取了不受短期利率变动影响，立足于强化长期盈利能力的战略。像这样，在寿险市场，暂且抛开市场购买力与顾客需要等需求方的要素，作为供给方的保险公司所采取的经营战略的差异也能主导形成不同的市场。

第六节　宏观保障倍率的国际联动性

如前面图 6-3 所示，宏观保障倍率随着时代变化也会发生大的变化。也就是说，乍看去有着不同市场结构的各个国家如果拉动时间轴去观察的话，就会看到它们结构中的共通之处。可以看出，保险市场起步较早的国家过去的宏观保障倍率的结构，可以预示出起步较晚国家宏观保障倍率结构上的变化方向。

图 6-7 中，显示了日本 1982 年到 2005 年 24 年间的宏观保障倍率的变化。在 20 世纪 80 年代中期，为应对"广场协议"签订后日元急速升值带来的景气恶化，日本采取了大胆的金融限制放宽政策，超过 7%的长期国债利率下降到了 4%的水平。这个时期的宏观保障倍率有了大幅的上升，如前面的图 6-3 所示，此倍率的偏离幅度（实际值–理论值）从负值开始变为正值。虽然通常认为，日本保险市场中保障型保险所占比重较大，所以不容易受到利率的影响，但是实际情况却并非如此。在这个低利率时期，抓住消费者手上有流动资金机会的寿险公司通过大量销售储蓄性较强的一次缴纳型寿险等方式，暂且不顾将来的利率变动风险而获得了很多的保单。各家保险公司之所以这么做，一是基于经验而对利率回升的乐观估计，二是迫于来自邮政简易保险的竞争。于是，这个时期对风险管理的忽视为 20 世纪 90 年代后期许多寿险公司的破产埋下了伏笔。

前面提到的中国台湾的金融市场，为应对 IT 行业的不景气和受到世界范围利率下调的影响，1997 年还在 5%以上的基准利率在 2003 年被下调到 1%，这与日本 20 世纪 80 年代中期的金融环境相似。大幅度的利率下降，致使宏观保障倍率的偏离幅度（实际值–理论值）由负值开始转变到正值的情况也和日本一样。在这个类似的金融环境下，图 6-5 中国台湾 1999~2003 年的宏观保障倍率的依存度构成与日本 1982~1987 年的依存度构成（图 6-7），也出现了极其相似的结构。

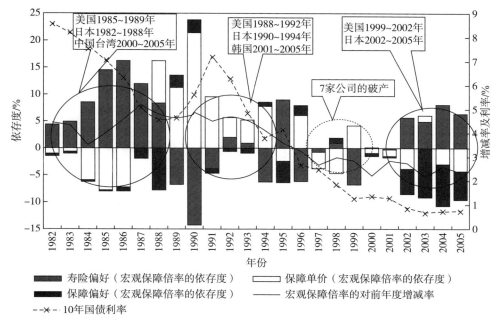

图 6-7　宏观保障倍率的国际联动

之后，日本的寿险公司的经营战略大幅转向，20 世纪 90 年代前期转变为以通过提高保障单价而增加个人投保金额的战略为重点。这点，又与前述韩国重视保障型保险的战略相同。日本 1989~1994 年的该依存度构成，与韩国 1999~2005 年的构成相似。但是，和韩国不同，日本是一个宏观保障倍率的实际值超过理论值的过热的保障型保险市场。所以，在实施这个战略时，日本花费了极大的成本并给销售增加了很大的负担。于是出现了宏观保障倍率连续下降与销售职员数大幅度减少的情况，经营破产的风险也开始逐渐显现出来。进而，消费者对寿险公司的信赖水平下降。以至于，主力的保障型保险商品的销售减少和"保障单价"的下降所导致的"寿险偏好"的颓势一直持续到 2001 年。

直到 2002 年放宽金融限制政策后通过银行窗口增加个人养老型产品的销售之后，这种局面才有所改观。保费收入较多的个人养老保险，抬高了"寿险偏好"的同时诱使消费者支出从保障型保险向个人养老保险转移，这就更加降低了"保障单价"。日本 2002~2004 年的这个变化与美国个人养老保险急速增加的 1999~2002 年的情形可谓酷似。

可以看到，日本宏观保障倍率的变化中，既包含了早于中国台湾、韩国但与其之后的特定时期又极为相似的情形，也包含了与欧美的市场变化极为相似的情形。这表明，在时间点上看上去各有不同的各国（地区）寿险市场的构造，在长期时间轴上存在共通之处。

也就是说，宏观保障倍率，我们可以称之为是寿险市场的"国际制约条件"。在这个条件的约束下，寿险市场的构造取决于活用利率等金融政策的供给方（保险企业）的决策（销售战略）。

第七节　使用宏观保障倍率进行风险管理

通过观察这种后进国与先进国之间带有时滞的跟进式的宏观保障倍率结构，让我们知道，当一国（地区）出现他国（地区）以前发生经营危机时类似的宏观保障倍率结构时，就预示着该国寿险企业的经营风险在增大。在 20 世纪 90 年代前期，日本在进行泡沫经济的整合清算时，虽然早就开始对房地产融资相关公司的破产处理所产生的国民负担进行议论，但那时寿险公司仍旧坚信自己有比银行还要稳妥的财务稳健性。但是，1997 年到 2000 年行业内 40 家公司中的 7 家相继破产。7 家公司在 1996 年年末保有的保单数为 2 000 万件，占寿险业总体的 17.1%。保险公司由于有保费收入这个大的现金收入源，因流动资金短缺而出现经营困难的情况很少出现。因此，寿险公司很难在经营恶化之前发觉问题所在，经常是发现时为时已晚。

在这里，用前面图 6-7 的长期宏观保障倍率结构的变化图来找一下经营破产的征兆。1989~1991 年的"寿险偏好"的低水准，是伴随泡沫经济（1991 年 2 月经济景气达到最顶峰）的个人可支配所得的相对低下，没有什么问题。但是，那之后 1992 年到 2001 年间即使出现了对保险公司来说有利的利率大幅下降，"寿险偏好"仍旧持续低迷。由于利率被人为地长期维持在低水准，要想用回报利率这个超过保险公司负债成本的方式进行资产运作变得困难，寿险公司被迫进行风险较高的资产运作。

也就是说，宏观保障倍率可以传达的经营稳健性即将出现问题的征兆主要有以下三个：①宏观保障倍率长期持续低迷（如日本的 1987~2000 年）；②即使在长期的低利率环境下，寿险偏好也长期不上升（如日本的 1989~2000 年）；③宏观保障倍率的理论值与实际值持续有大幅度的偏离（如日本的 1992~1999 年，偏离幅度急速变大或急速变小）。

在这里,先看一下与日本寿险业的经营破产风险联动性较强的基础盈利①的偏离度与"寿险偏好"之间的关系。调整后的基础盈利表示保险公司的核心业务的盈利(死差、费差、利差的合计),当这个实际值和模型理论值(该盈利的长期平均值)的偏离度从大的正值变化为大的负值后的1~2年后保险公司一般会出现破产。该偏离度为正值时,表示保险公司获得了超过其经营实力的利润,也就是说其利润中有过多的风险投机成分;而该偏离度为负值时,说明其已经无力赚到该得利润。调整后的基础盈利在1989~1991年与1996年呈现大幅的正值,在其后1995年、1998年呈现大幅负值。

图6-8显示了,调整后的基础盈利的偏离度与寿险市场状况的关系。可以看到,在调整后的基础盈利的偏离度为大幅正值的1989~1991年与1996年中,"寿险偏好"相反大幅度变低,这表明消费者的可支配收入在流向保险以外的部分。在消费者对寿险的支出倾向相对低迷时获取的大量的利润中,很可能有意识或无意识地加入了超过负担能力的风险成分。相反的,在1995年显示为大的负的偏离度时,"寿险偏好"大幅提升,显示出保费收入情况良好(商品类型间调整换算后的保费收入的增加幅达到7%)。这可能是为了确保筹集到消化不良资产和应对解约潮所需的流动资金时进行了激进销售的结果。不管哪种情况,如果本来应该是同方向变动的两个指标在较长的时期都表示为"反函数"关系,就表示保险公司正在获取着过大的风险利润,或者其风险管理已开始失控。

像这样,分析"寿险偏好"与基础盈利的偏离度的关系,使早期发现寿险公司经营稳健性的破绽成为可能。这无论对于保险公司来说还是对于监管机关来说,都是重要的稳健性监督工具之一。至此,即使是在暂时没出现寿险公司经营危机的国家(地区),如果在本国出现了和日本经营不善期前后类似的宏观保障倍率状况的话,就可以以此为依据进行事前预警。

宏观保障倍率,不仅可以为寿险公司的市场预测与经营战略的制定提供依据,而且还可以为监管部门监督提供参考。

---

① 参见久保英也(2006)。(调整后的)基础盈利的计算与公布的基础盈利相同,通过从"基础盈利"中减去"基础费用"得出。基础收益为,从损益计算书的经常收入减去有价证券销售收入、外汇收入、金融衍生品收入、危险准备金回转额得到的值。基础费用为,从损益计算书的经常费用减去危险准备金转出额、有价证券销售损失、偿还贷款额、折旧额、外汇损失、金融衍生品费用以及营业费用所得到的值。2006年的业界全体的修正基础盈利为2兆5 352亿日元,这个值为1960年1 547亿日元的16倍,为1991年峰值的约65%。修正基础盈利的水平随着经营环境及经营努力而变化,如比起通过采用高风险的商品战略及资产运用战略,一时的提高单年度的水平;也可通过踏实的努力逐渐地超过行业内平均水平。也就是说,用特定时期、特定企业的实际的盈利构造与行业全体的长期平均盈利构造相比较,可以看出行业内共通的特定时期的经营行为的变化及单个企业的经营行为的变化。

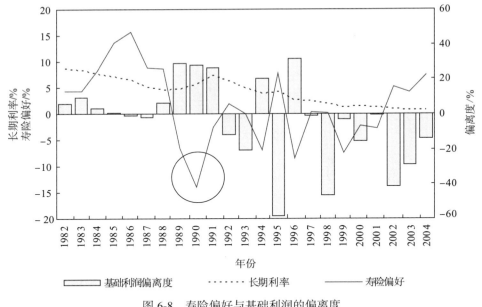

图 6-8　寿险偏好与基础利润的偏离度

第八节　在美国寿险业中的应用

如果在破产事例较少的日本（最近的为 7 例）观察到的 3 个破产征兆，能在发生过 500 多家寿险公司破产的美国也可以观察到的话，那么宏观保障倍率的经营破绽的提示功能就可以在国际范围得到确认。

美国的评级机构 AM Best 公司，从 1976 年到 2002 年，对 547 家寿险公司的评级为 E 级（E 级表示已破产）。美国寿险公司的破产率（AM Best 公司的评价为破产的公司数除以 ACLI 公布的在美国进行经营的公司数：2 年的平均值）超过 1%的时期包括 1983 年、1988~1993 年、1997~1999 年。

1983 年主要是由于医疗成本的上升而造成健康保险公司的破产，而 1999 年是由于与 General American Life 相关的 10 家公司的破产而造成破产率的上升，上述两个时期都属于一些特殊情况。与此相对，1988~1993 年行业全体的经营风险上升，1991 年的破产率达到了 3.7%，破产公司数达到了 55 家之多。这时期引起破产的主要原因有：①劣等债券等评级较低债券的大量持有及其价格的下降；②商业抵押贷款等房地产相关投融资的坏账；③资产负债管理的失败；④1983 年以来的医疗费急剧上升与医疗界的竞争激化；等等。

在图 6-9 中显示了美国寿险公司的破产率与宏观保障倍率变化的关系。同时，长期利率虽然在 1987 年、1988 年稍有上升，总体来说从 1984 年（12.5%）到 1993 年（5.9%）是长期的低利率时期。

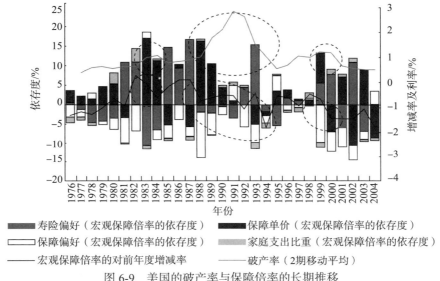

图 6-9 美国的破产率与保障倍率的长期推移

下面对美国 1985 年到 1994 年 10 年间的宏观保障倍率结构的变化进行验证。首先，图 6-9 中实线所示的宏观保障倍率的变化率在 1987 年达到顶峰后一直到 1994 年的 7 年间持续低水准。并且在 1983 年、1997~1999 年也可以看到同样的现象，这与本章第七节中阐述的日本的破产预兆结构①相吻合。其次，是"寿险偏好"，即使是长期的低利率时期，在 1985~1987 年一时急速上升之后，从 1988 年到 1992 年的 5 年里其依存度持续为负值。这与日本的破产预兆结构②相当。最后，宏观保障倍率的理论值与实际值的偏离幅度到 1999 年为止都在大幅度减少。虽然偏离幅度的缩小表示着实际的市场规模接近理论值的规模，市场趋向安定，但是如果这个变化是急速进行的话，就容易引起摩擦和震动。这与日本的破产预兆结构的③相当（关于这一部分将在后面做详细的阐述）。这就是说，在日本观察到的三个破产征兆在美国也同样适用。

另外，日本与美国也存在差异。具体来说，是征兆出现和破产实际发生的时机不同。在日本破产预兆（1985~1996 年）明确后破产才实际发生（1997~2000 年）；与此相对，在美国破产预兆出现时期（1985~1994 年）内破产即实际发生。这是由于日本当时：①偿付能力额度等经营安全基准预定在 1996 年《保险业法》修订时新增，并且，由于破产公司的处理方法及保户的接收机关（保户保护机构等）还没有准备好，破产的认定比实际拖后了；②日本的破产公司的规模较大，从内部破产开始到外部显现出来经过时间较长；③日本国民对金融公司的破产还不习惯，对破产所带来的影响的理解及保险解约等应对都比较迟缓，结果使早应破产的公司得以延命；等等。现在，日本的法规得到了完善，国民对金融机关的经营危机的感觉也发生了变化，可以想见在将来，这种经营风险征兆再现时，实际的破产会在和美国一样的时机发生。

下面我们尝试把宏观保障倍率的偏离率［（实际值–理论值）/实际值］与寿险偏好用最小二乘法处理，以便更加直接地来估算美国的破产率。如图 6-10 所示，虽然结果有些粗糙，但还能用于说明破产率的变动。一方面，当市场的宏观保障倍率上升并接近理论值时，市场出现过热，破产率变高；另一方面，寿险偏好的上升，有降低破产率的效果。

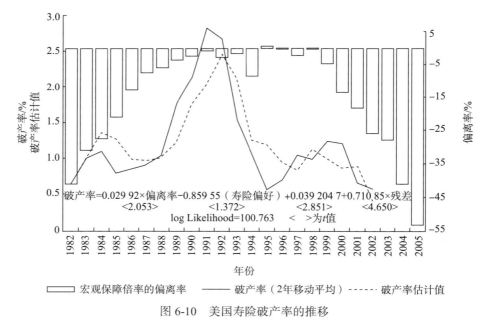

图 6-10　美国寿险破产率的推移

像这样，可以认为，宏观保障倍率结构中所显示的经营危机征兆，在对保险公司经营风险进行预判时是有效的，并且在国际范围上也具有通用性。同时，通过尽早发现市场释放出的危机征兆，也可用于强化寿险公司的风险管理。

第九节　结　　论

　　宏观保障倍率，虽然仅仅是个人保险保险金额除以名义 GDP 的简单的指标，但它不但表示了保险的国际市场上的共同制约条件，也可以预警保险市场的异常。当下面两种情况发生时，就有可能是接近了日本所经历的经营危机出现时期的情况：①宏观保障倍率的实际值与理论值有大幅偏离；②在低利率时期的宏观保障倍率与"寿险偏好"的长期低迷。如果能在早期发觉市场的异常，就比较容易进行保险公司的经营战略修正及相关部门的监管和指导。

　　今后，计划进一步深入研究亚洲各国（地区）的宏观保障倍率及其风险管理，以促进世界寿险业的健康发展。

第七章 从 ART 的角度来分析保险市场与资本市场的融合

【摘　要】　实际上，保险独占的承保风险的功能，逐渐由保险之外的资本市场承担，其事例不断增加。损失保险领域内的大规模自然灾害的风险转移，以及寿险领域内部分保险业务证券化等，保险原本的功能虽没改变，但是风险承保方向资本市场转移的例子不断增加。但其目的，从应对 20 世纪 90 年代初期呈现的保险公司风险承担量已达极限的事实，而转变为，为了有效利用保险公司资本和筹措资金，并为了获得顾客需求，这些需求都是保险业框架内不能满足的。

风险转移伴随的现金流重组，让人们重新思考保险公司与资本市场的关系，以及保险的意义所在。在这里，在分析 ART 的同时，进一步考察保险与资本市场的紧密关系。

【关键词】　ART　资本市场　自保保险　保险连接证券

第一节　企业和保险公司的风险管理行为与资本政策的变化

产业金融，从前致力于解决因企业成长力下降所致的资金不足（确保数量），现已变化成为对剩余资金的效率筹集与运用（方法的恰当选取）。企业，为了有效运用以大企业为中心的企业集团下的 40 亿日元剩余资金（2008 年年末银行与寿险的融资余额为 504 兆日元），导入了现金管理系统（cash management system，CMS）：①发行转换公司债和附带新股认购权的公司债；②资产保证型贷款（asset based lending，ABL）；③资产证券化等。资金筹集方法在向多样化、高级化发展。

但是，正如此次世界范围金融危机所示，今后企业资金的筹集、运用将进一步积极化、高级化，同时企业风险管理的必要性越来越大。作为保有风险时的管理手段，用储备金及准本金能应对的风险是有限的。例如，即便设立自保公司但若以国外自保公司为中心则需工夫和费用。另外传统损失险商品，在承保自然灾害风险时有极限，税务上的讨论也在有限保险的保费支付亏空等方面，依旧存在。

为解决这种状况而引入了内部控制机制。内部控制是指企业自身在遵守法律的基础上，高效率地开展业务而设立规章制度与规程，并对其实行监督检查的体系。2001 年以后在美国的安然公司、世界通用公司等大型企业，发现了虚假账目，全美知名会计师事务所安达信公司也最终宣告破产，由此设立了《萨班斯法案》（SOX 法），监管严格修正财务报告内容。据其第 404 条规定，企业有义务进行内部监控，加大了企业负担，其后虽然不断讨论进行修改，但在日本于 2006 年 6 月制定的《金融商品交易法》中，加入了有关内部监控的上报义务条款。并且，在同年 5 月的《公司法》修正时，修改为资本金在 5 亿日元以上、负债超过 200 亿日元的企业，负有完善内部监控体制的义务。

内部监控的基础为，美国反虚假财务报告委员会组织委员会（The Committee of Sponsoring Organization of the Treadway Commission，COSO）的"事业风险管理的综合体系"。其中，提出了企业风险管理（enterprise risk management，ERM）。ERM 被定义为：①由该企业的董事或者经营者之外的人来执行；②目的是保障企业的战略制定及完成业务目标；③辨别可能会对企业产生影响的事件；④是企业依据风险承受能力而制定风险管理的一个过程。其目的为：①业务的有效性与效率性；②财务报表的可信性；③遵守法律法规；④保全资产（有义务保证财务报表的可信性）。基础要素为：①管制环境；②目的的设定与业务识别；③风险的评价与应对；④管制活动；⑤信息与传递；⑥监察。其目的与基本要素都极端广泛，而且，要求各部门、各业务活动单位均需采取应对手段。

并且，日本的企业会计标准委员会，探索如何追随欧美正在讨论进行中的，与国际会计趋同（相互承认）。其中，作为日本的概念框架讨论公布对投资者预测有用的企业实际情况，在财务报表的构成要素中加入以资产、负债评估为基础的综合收益概念。

在这些变动中，企业以往分开实施操作的"风险管理"与"资本策略"，从如何有效管理暴露在风险下的资本的视角，转变为集成管理两项内容。对于股东提高 ROE（净资产收益率）的要求，直到赤字的尾部风险，一一应对所有本企业的借贷对照表的资本（简称资产负债表内/账内资本）的话，则资本效率就显著下降。有必要活用风险金融的"账外资本"，有效应对风险。图 7-1，横轴为利润分布（向右盈余幅度增大，向左赤字幅度增大），纵轴为实现收益的概率，左边的尾部越长，概率越低则赤字发生的可能性越大。

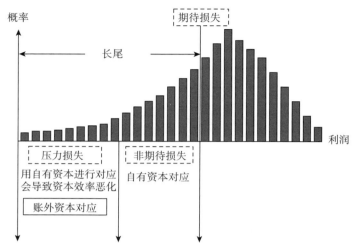

图 7-1　企业风险管理与资本政策

经营中理当意识到超过期望损失的损失（简称非预期损失）的发生，并用账内资本应对。但是，对于超出非预期损失的风险（简称压力损失），尽管利用账内资本应对则更健全，但由于发生概率较低会招致资本效率恶化。为获取股东理解，对压力损失的规模有了明确认知后，用账外的风险金融进行应对则更合理。另外，压力损失是利用超出 99% 的风险价值的尾部来计算的。

将账外资本应用所带来自有资本的盈余，分配用于规划今后业务展开，选择风险收益最高的业务战略。此时，有必要在以下两种情况中进行比较和选择：一是紧急情况下流动性成本增值和增加自我资本时的资本增值；二是风险外部转移时带来的风险溢价支出和交易成本。也就是说，企业在比较资本成本和风险融资成本时，在相同条件下对包括保险在内的金融市场的诸多风险应对手段，应该进行探讨和选择。

像这样制定的资本战略，给评价公司和通过媒体评价股票价值带来影响，由此市场谋求多样的风险金融手段的呼声越来越强。如果考虑到今后不断增大的风险，从前由保险市场承担的风险将加速向资本市场转移。

第二节　保险与 ART 的异质性与互补性

金融市场承担风险，是从风险较为明显且突发性较高的财险领域开始的。由于代替了传统的保险，并且虽保有风险但并非完全转移风险，所以被称为 ART。ART

主要是：①20 世纪 80 年代美国赔偿责任保险的保费急剧上升（石棉环境污染问题为主要起因）及传统的保险公司、再保险公司对风险承担的局限性；②20 世纪 90年代前半期大规模自然灾害的集成风险（1992 年 8 月，安德鲁飓风的损失赔偿金支付额为 182.8 亿美元；1994 年 1 月，北岭地震支付额为 135.3 亿美元；1991 年 9 月，台风 19 号支付额为 65.4 亿美元）中暴露了承保风险的局限性；③"9·11"等同时多发的恐怖袭击混乱，作为替代保险而产生的风险应对手段。

　　ART 也是保险市场要求的结果。图 7-2 显示了日美财险业的主要业务收支（用1-综合成本率来计算），负值表示行业的保险收支的赤字情况。即使保险收支出现赤字，如果资产运用收支等其他收支为正值，保险公司的年终决算就不一定出现赤字。观察从 1980 年开始的 25 年间的收支情况，相对于美国多年的负值，日本仅在 1991 年（由于台风 19 号受灾，支付保险金约为 5 680 亿日元）及 1999 年（由于台风 18 号受灾，支付保险金约为 3 147 亿日元）由于受灾出现降低到接近 0 的水平，但没有出现过负值。

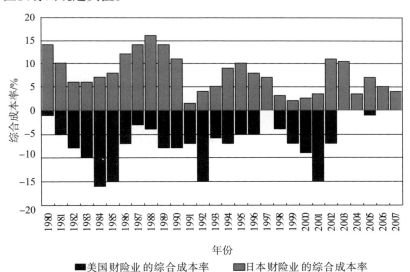

图 7-2　日美财险业的综合成本率的推移

　　而另外在美国，出现过 3 次保险金支出增加，主要业务收支呈现很大负值的时期。第一个时期为，20 世纪 80 年代中期伴随产品责任诉讼的大幅增多，出现产品责任保险的承保规避与保费的急剧增加的情况。英国劳埃德公司也在这个时期遭受了巨大损失，严重到引发了公司重建的局面。产品责任的风险增大，保险公司难以应对企业所谋求的承保全部风险量的呼声。

　　第二个时期为 20 世纪 90 年前代半期，该时期内遭受 1992 年安德鲁飓风及1994 年加利福尼亚州的北岭地震等巨灾。再保险市场也达到承保极限，再保险费用急剧增加。进而，第三个时期为，2001 年美国发生了"9·11"等同时且多发的恐怖袭击，不仅是自然灾害，而且开始谋求应对难以预测的新型人祸。

并且，企业开始运营自保公司时，开始意识到保险公司的附加保费价钱过高，于是开始选择加入传统保险或 ART（自保公司、有限保险等）。我们不能忽略促进利用 ART 的两个主要技术原因。第一个是，设立自保公司的英属百慕大等期权市场所构建的制度规则灵活且便捷。本质上，进行自保公司交易的合同方为专业人士，没有必要对他们进行保护，这使建立灵活的制度规则成为可能。第二个是，对保险风险进行评价的随机模拟模型与电脑计算能力的飞跃性提高，提高了风险评价模型的制作技术。在金融市场中被使用的衍生及触发器的计算方法也在 ART 领域得到了应用。

虽然 ART 的范畴与定义还不明确，主要由专属公司和自保公司、有限保险、保险连接证券、边车、或有资本、综合风险计划、保险衍生品等构成。据康宁公司统计表明，美国的 ART 市场规模［由单个母公司设立和运作的专属公司和自保公司为870 亿美元，天气衍生产品约为 450 亿美元（2005 年），保险连接证券为 20 亿美元（2005 年）］等达到了 1 422 亿美元。除此之外，由政府部门运营的保险统一核算及集团自保公司等约为 80 亿美元。值得留意的是，企业保险的直接保费总额约为 2 530亿美元（2005 年），ART 的总额约为 1 500 亿美元，成长为企业保险的约 6 成的规模。

第三节　ART 的分类与作用

一、自保险公司

普通企业为了承保本公司所有的风险而设立的保险子公司（即自保险公司），概要如图 7-3 所示。由于信息不对称与道德风险等，原本保险公司也不能承保的风险能够被承保。并且，对于企业来说有益，当实际事故率低于预想事故率时，可内部留存保险利润，还可节省向保险公司支付的附加保费。一般，由于风险在企业内部被"保有"，有必要定期进行风险的定量评价及综合风险管理，但也有自保险公司将承保的风险向其他保险公司进行再次保险。在 20 世纪 90 年代，虽然大多风险是由再保险公司承保，但由于再保险公司收益恶化加速，在 2000 年以后，逐渐显露自保险公司承保风险的倾向。

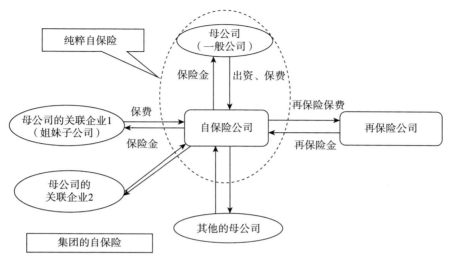

图 7-3　自保险的基本结构

　　将母公司与其子公司的自保险公司合同制定成纯粹自保，以及自保险公司承保母公司的其他子公司保险合同，甚至承保其他母公司的保险合同，这种状况被称为集团自保险公司。设立自保险公司的激励因素为：①设立诸如开曼等离岸金融市场，压缩保险成本；②企业通过与再保险公司直接签订再保险合同，除去了规制上的束缚，与购买保险所耗消费税（4%）相比，选择更便宜的再保险消费税（1%）；等等。纯粹自保险公司（等于自家保险）由于无转移风险，在税制上不能被视为保险，但集团自保险公司，即便与其他公司交易的比例较低但仍被视为保险，可以享受税额优惠待遇。

二、有限风险保险

　　有限保险，是指风险转移与风险金融相组合的商品。3~5 年的多年份合同，保险期间保费与其预估保险金额几乎相同，风险转移给保险公司是非常有限的。因此，当赔偿金额大大低于投保合计额时，把利益剩余金返还给合同企业。相反，当赔偿金支付额大大高于投保合计额时，企业负有追加投保的责任。有限风险合同如果想被认定为保险，条件是需转移相当份额的风险。美国的企业会计中把长期发生 10%的损害概率至少应是 10%以上作为条件，但 1998 年 AIG 签订的有限风险合同实际上并没有满足这一条件，实际上将对企业的融资作为契机而得以重新认识。其后对企业提出了，将发生 15%的损害概率定为 15%以上为条件，以提高会计事务所的保险性。并且 2005 年根据国际保险监督官协会（International

Association of Insurance Supervisors，IAIS）的"关于有限风险再保险的风险转移、信息公布以及分析准则"等，进一步明确了信息公开规则与会计标准。

三、保险连接证券

保险连接证券化（insurance linked securitization），是不同于资产担保证券（asset backed security，ABS）与抵押贷款证券（mortgage backed security，MBS）把"资产"进行证券化，而是主要把"负债"进行证券化。对应发生概率较低，但是受损额较大的地震及风水灾害等自然灾害而有的巨灾债券（catastrophe bond，CAT 债券）等就属于该范畴。保险连接证券化，把风险转移给规模大于再保险市场的资本市场。证券化的方法，如图 7-4 所示。保险公司设立特殊目的公司（special purpose company，SPC），与 SPC 签订再保险合同。SPC 发行保险连接证券，满期之前，对实际发生的超过了预定承保上限的风险及边车，可免除部分本金和利息的支付。因此，投资者在综合考虑由于再保险风险包含在内所实现的高投资收益率，以及保险事故的发生所导致的本利减价风险后，再决定投资与否。SPC 承保该风险的同时，把不稳定的再保险收益转化为定期利息支付，像债券投资中收取支付的利息一样向投资者支付利息。并且，SPC 把集合起来的投资者的支付金主要用于国债投资，从评级公司那里获取高评级。

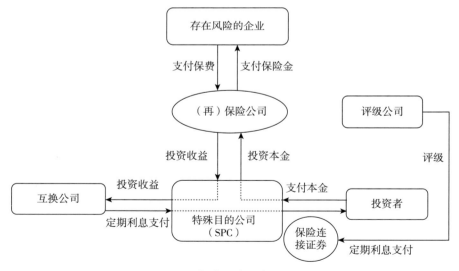

图 7-4　保险连接证券的构造

对于保险公司，有着挖掘出再保险公司之外的新的保险风险转移对象、保证难以再保险的长期保险期限、回避来自风险转移对象的信用风险等优点。

　　保险风险证券化的定价，是依据尽量收集同种自然灾害的受灾样本，利用效用估价法进行。例如，在对台风进行分析时，抽取中心气压、前进速度、台风周围的气压分布、季节性等各因素的参数，考虑到自然灾害的发生概率及规模来定价。只是，保险风险依保险公司的应对而变化，因此有必要建立预防体制，管制保险公司的道德风险（怠慢不努力压低补偿金的支付金额）及逆向选择（优先销售而导致的风险评价不严等）等进行预防的体制。

四、边车

　　边车（sidecar）是把保险公司的保险组合的一部分收益和风险，与投资者一起分担的业务，此业务从 2005 年左右开始越发活跃。在再保险费较高时期，保险公司的想法达成了一致，即通过召集想投资保险风险、提高收益的投资者们与他们的资本，来进一步扩大行业规模。业务安排主要以投资银行为中心进行。具体来说，保险公司设立 SPC，然后与 SPC 间签订再保险合同。SPC 制定转移保险的种类与范围，将这些保险群的收益作为发行债券与股票的基础。对于保险连接证券只筹措债券，边车还通过发行股票来筹集资金。图解与前面所述保险连接证券的结构相类似。再保险公司设立的 SPC 不以外部特定风险为对象，而是把再保险公司自有的保险组合的一部分作为对象。进而对投资者不仅发行债券用于定期支付利息，而且发行股票。

　　再保险公司，是把自有资本与边车筹集的资本进行合并，再把其作为承保风险的缓冲。投资者，灵活地运用再保险公司所具有的高级承保技术。边车的资本筹措成本，比提取的投资组合风险低，所以与资产担保证券相同，低于发行方自身的风险。另外，投资者会受到再保险公司的业务管理好坏的影响（管理风险）。也就是说，与保险连接证券相比，不透明性更高。

　　虽然资本市场的投资者有转移风险的要素，但保险公司在筹措资本上变强。并且，持有保险连接证券的保险公司的发行成本较高，一定程度上可以克服如发行前费时长的难点，和对投资者一方的保险风险难以评定的问题。高盛公司商定，2005 年与再保险公司 Arch Reinsurance 公司进行的边车业务，从资本市场筹集了（股票 4.2 亿美元、债券 4.2 亿美元）8.4 亿美元巨额资金。

五、综合风险管理计划

　　综合风险管理计划（integrated risk program），被称为全面覆盖，是统一管理企业拥有的多种风险、致力于降低成本的体系。在风险中，除了业务运营风险还包括金融交易风险。通过对关联性较低的风险统筹管理，虽不能同时显露出全部风险，但却可以降低风险成本进行有效管理。设定对冲额，把风险限制在公司全体可以容忍的风险量水平。由此，既可回避对冲，又有可能实现反映风险间关联的低额对冲。

并且，对业务运营风险与金融风险分别设定触发点，可以设定多次触发点，只在两个条件都满足时才支付保险金。通过此方法，企业不仅能明确自身保有风险，同时自身保有一部分风险还可以降低保费。通过可应对业务运营风险的实际损失补偿型保险，和导入企业无法控制的金融风险指标触发点，都有利于降低道德风险。

另外，保有这些复数风险分散效果，当承保保险公司一方通过市场衍生品进行对冲时，从事的是企业相同行为，因此很难获取分散效果。

综合风险管理计划，由于交易成立之前需花费大量时间，保险期间就不是财险通常的 1 年，而是 5 年更为合适。也就是说，保险公司对于企业不是以一个销售保险商品的姿态，而是以一个对于企业的风险管理提出建议的姿态出现。

六、应急资本

应急资本（contingent capital），是指在大规模自然灾害等使保险公司或者企业发生偶发债务时，通过与金融机构间设立的承诺线，避免资产负债表出现急剧恶化的产物。在 2004 年，日本的东方土地有限公司应对了直下型地震导致的停止营业等类风险，为确保流动性与银行缔结的合同，就属于此类。

七、保险衍生品

保险衍生品，是指保险形成的价值与金融市场形成的价值进行交换的产物。利用期权、交换等对风险进行转移，有代表性的对象为气象状况（降雪量、平均气温）。如表 7-1 所示，保险重视损失与其原因的因果关系，补偿由特定损失所造成的损失，而保险衍生品是无论其原因如何，只要满足合同签署时设定的标准值（触发点）即进行支付。因此，保险衍生品，具有计算支付额透明、支付迅速的特征。与此相反，财险虽补偿实际损失，但保险衍生品的支付条件，全凭触发点与实际值的关系决定，因此存在基差风险（实际发生的损失与获得的结算金额并不一致）。

表 7-1　保险与保险衍生物的特点比较

项目	保险	保险衍生物
支付条件	①实际损失的发生 ②损害与事故的因果关系	①保单签订时所定条件 （触发点与其偏离幅度等） ②保障间接损失
基本风险	无 实际损失支付额	有 支付额与实际损失额之间有差距 （过少，或者过大）
支付的及时性	需要时间 （损害调查及保险的发动要件的 确认等需要时间）	迅速 （满足支付要件的话， 金额的计算也比较容易）

资料来源：根据日本经济产业省《风险金额研究会报告书》经笔者增补、修正得到

在承保风险时，保险更适用于：①基于大数法则等，保险公司内部承保会更有效率的风险；②固有事件性较高的风险；③根植于区域及地区特殊性的风险；④原因与结果关系明确的风险。另外，保险衍生品适用于：①搭建迅速地将不具有流动性的商品转移到市场的桥梁；②不同风险种类的交换（如地震风险与价格风险间的交换）；③利用多个风险间的相关系数来提高风险管理的效率（冷夏与夏雨比起单独发生，同时出现的情况较多：协同触发点期权）等。并且，作为衍生品的触发点，使用指标时有必要应对实际业务：①透明性较高的指标；②指标与受损额的关系明了；③能控制道德风险的发生；④通过以往的数据可进行计量分析，可将事件模型化等。芝加哥商品交易所（CME）的天气衍生品 CME Winter 的交易量（预测本金额），从 2004 年开始激增，于 2005 年增至 250 亿美元，此交易所的 CME Summer 进行着 160 亿美元的巨额交易。

另外，也有如信用衍生品那样，虽然对象风险是衍生物本身具有的等同于自然灾害类的突发风险，但支付条件不是与触发点之差，而是所定事项（破产、解散、债务过度、依法破产、解散、清算等的申告等）的发生这类的，有保险性能的商品。另外，如对抗风力发电的发电量风险，有保险（异常天气保险）与衍生品（天气衍生品）两种，如果优先即刻支付的话则选择天气衍生品，如果发电量不仅受风力影响，还受风向与海拔等影响，意识到有对基差风险时则应选择异常天气保险为宜。像这样，保险衍生品，具有以前保险、再保险不具有的特点，与其说代替了以前保险，不如认为它扩大了顾客在进行风险管理时的选项。

对以上七个 ART 的目的进行整理得到表 7-2。ART 的目的大有不同，为了使事业单位的风险管理顺利进行，可以：风险有效的自我保有；根据需要转移风险；活用资本市场发挥比（再）保险公司更大的承保能力。

表 7-2　ART 的分类与目的

项目	ART 的种类	目的			
		风险管理成本的压缩	向（再）保险公司转移风险	向资本市场转移风险	筹集资本
企业公司	自家保险	○ 保险成本的压缩	△ 风险的自家保有	×	×
	限定保险	◎ 减去不需要的保障	△	×	×
	综合风险项目	◎ 考察复数风险的相关性，减去不需要的保障	○	△ 用衍生品来对冲金融风险部分	×
	应急资本	△	×	◎ 可以承担的风险较小	×
	保险衍生品	× 与相似保险间的选择	×	◎	×
保险公司	保险连接债券	◎	×	○ 通过债券筹集	△
	边车	△	×	○ 通过股票与债券筹资考虑投资者需求	◎

注：◎表示主要目的；○表示目的之一；△表示部分目的；×表示非目的

　　并且，保险公司虽也在把保有风险向资本市场转移，更甚，如边车一样，转移风险之上，以资本筹措为主的方式也粉墨登场。

第四节　正在扩大的保险连接证券市场

　　保险风险的证券化发生在 20 世纪 90 年代，目的是把在再保险市场没能充分有效进行转移的大规模自然灾害向资本市场转移，始于财险领域。日本的 CAT 债券，在东京海上（1997 年地震、2006 年台风）、安田火灾（1998 年台风）、东方置地（1999 年地震）、日生同和（2002 年地震）、JA 共济（2003 年地震、台风）、JR 东日本（2007 年首都圈地震）等均有发行。其后，在寿险领域，将现有保险业务的一部分证券化，显现出其潜在价值，为提高资本效率推行了证券化（同时也转移死亡率恶化风险和解约风险）。另外，把传染病等这类急速且大范围的死亡风险，转移到资本市场的证券化活动，也逐步进行。

图 7-5 中显示了保险风险证券化商品（insurance-linked securities）的市场规模变化。2007 年年末的市场规模，仅掌握的数据，与财险相关有 180 亿美元，与寿险相关有 186 亿美元，共计 366 亿美元（瑞士再保险公司资料）。

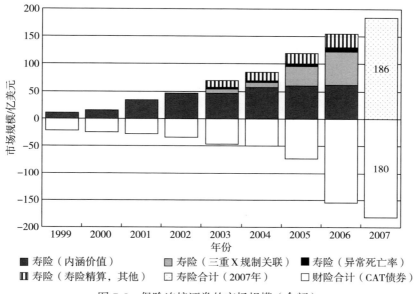

图 7-5　保险连接证券的市场规模（余额）

　　截至 2006 年 8 月末 CAT 债券发行余额有 80 亿美元，约占再保险市场 1 240 亿美元的 6%。把这个占比作为前提，财险领域的保险连接证券，今后随着全球变暖引起的自然灾害增加等，可以预见到再保险需求的扩大，次债券将达到 150 亿~300 亿美元的市场规模。并且，安盛保险在 2005 年 12 月推行的机动车保险证券化如进一步扩大，由于机动车保险的承保总额大（2006 年的机动车保险的承保推算受损额为 3 500 亿美元），假设其中 6% 被证券化，也会衍生约 200 亿美元规模的证券化市场。

　　现在寿险领域内保险连接证券的主角，不是把生命保险内固有风险即意外死亡相关风险（长寿风险与传染病致死率上升风险）作为对象的证券化商品。其发行额很小仅为 9 亿美元，主要的证券化商品为，内涵价值的证券化（2006 年 8 月末余额为 63 亿美元，潜在市场规模为 4 000 亿~5 000 亿美元，明德公司推算）与三重 X 规制对应。

　　内涵价值的证券化，是一个将无形资产即递延新契约成本（deferred acquisition costs，DAC），与未来利益的现在价值（present value of future profits，PVFP）相结合的概念，欧美寿险公司把这些金额计入资产负债表上，但日本的保险公司并不计入。在欧美获得新保单时花费的大额成本被计入资产，第二年以后用第二次以后的保费进行摊销。通过证券化，把早期解约、失效风险转移给投资者，递延新契约成本才能实现实质性的现金化。并且，还可以实现公司股份化带来的封闭式基金的价值，和收购保险公司的将来利益相关的部分现价值。例如，如果证券的确证业务的收益率为 12%，把其用市场利率 6%的票面向投资者转让的话，就可以把 6%的差作为利益计入，提高 ROE 水平。

并且，证券化根据风险程度分为 3~4 个等级，依据投资者需求的风险收益特征被整理且发行。债券期间内发生的损失，首先由拥有保留剩余部分的保险公司承担，超出部分，由 BB 级债券购买者，然后是 BBB 级债券购买者等根据风险度分解。据此，保险公司，不仅可以压缩解决风险的必要资本量，而且对投资者，能根据他们的要求提供含有风险的债券。

另外，为协调三重 X 规制，则采取证券化，为了避免追加需求之外的法定准备金。美国于 2000 年发行的三重 X 规制，对于均衡保费式定期保险与附带担保的万能寿险，提出过于保守的准备金（使用高于经济实力的预定死亡率）储备要求。为了回收过剩准备金与市场一般合理水平准备金之间的差额，SPC 会发行差额相当的债券。投资者的投资金额通过特殊目的机构/公司（special purpose vehicle，SPV）运用在国债上，实质上是保险公司获取超额准备金与合理准备金之间的差额。由此，通过证券化，纳税负担本身没有变化，但纳税时期被推迟（10~15 年）。如此，证券化，把会计制度中暗藏的 "本来具有的经济价值"（即本源的经济价值）显像化的同时，把它用一种易于承兑的形式实现流动，这是其最大的特征。

由于证券化压缩了获得保单的保险公司的承保风险，在欧洲热议的是否引入偿付能力标准 II 中，把保险连接证券作为对冲方法，有可能与再保险使用同一标准评价（偿付能力标准 I 中只把再保险作为对象）。获得保单的保险公司则更易于推行证券化。

并且，从购买保险连接证券的投资者来看，财险的证券化商品与其他传统类金融商品之间的相关性较小，可以提高投资者的投资组合效率。并且，寿险风险的证券化商品，容易获取死亡率数据等原始材料，易于预测未来现金流量，作为投资对象颇有魅力。投资保险风险证券化商品的投资者属性，投资信托 40%，保险证券化商品专业基金 33%，对冲基金 16%（2004 年年末），范围宽阔。美国的金融机关保有贷款的 42%已被证券化（2005 年），可以说发行成本大大下降。

另外，也可窥见市场上的变化。对于保险公司来说，ART 把自身无法全部承担的风险转移到资本市场。并且，保险作为证券化的对象，如果市场价值高，外加将风险转向投资者，显露出很强的资本筹措特性。资产担保证券如在原资产中含有未来价值，在证券发行的同时即可获取其现在价值。另外，如在次级贷款的证券化商品所见，如果过热则风险的存在就变得不透明。2006 年以后急速扩大的保险连接证券，如表 7-3 所示，在扩大发行规模的同时市场结构发生了变化。首先，期待购买此证券的投资者，能分析原来保险的风险。在 1999 年，具有风险评价专业技术的原保险公司及再保险公司把自身资产运用作为对象，购入证券化商品。其比例占全体的 38%。但 2007 年比例下降至 8%，保险连接证券的投资主体，变为对冲基金、投资顾问公司、保险连接证券基金各保有 30%比例的状况。并且，投资期间，由 1 年期占 61%的状况变化为 3 年期在 2007 年占 70%，有了长期化的倾向。

表 7-3　保险连接证券的属性变化（单位：%）

项目		1999 年	2007 年
投资者构成	原保险公司	21	2
	再保险公司	17	6
	银行	3	4
	保险连接证券基金	3	28
	投资顾问公司	21	29
	对冲基金	35	31
偿还期间	1 年以下[1]	61	12
	3 年以上[1]	35	70
证券评级	A 级以上（2003 年）	48	24
	BB 级（2003 年）	37	56
边车类型	赔偿性占比[1]	78	19
	参数型占比[1]	9	30

1）为包含当年在内的 3 年时间内的平均值

资料来源：根据日本财险公司综合研究所 2008 年的数据经笔者整理得出

　　保险连接证券的信用度也从 A 级以上安全性较高的证券转变为以 BB 级为中心风险性稍高的证券，逐渐分散。并且，触发类型也由发行方实际承担的受损额作为触发点（即赔偿型）变化为，把客观市场指标作为触发点的参数型。虽然对加入新市场的投资者能否充分分析保险风险，令人担忧，但现在市场正处于向适应投资者需要的方向发展的阶段。

　　像这样，可以灵活应对投资者需求的保险连接证券，通过向资本市场直接转移风险，解决了再保险的承保能力不足及阶段性性承保能力震动（再投保费的变动）的问题。并且，对于保险公司来说，通过账外化，有益于充分利用原资产所有者压缩必要资本量、突出资产的潜在价值（本源经济价值）以及追加流动性这三点优势。

　　对于投资者来说，也因为：①是一个与其他资本市场相关关系较小的投资对象；②由大型评级公司进行全球统一化评级；③通过投资顾问公司等提高了风险分析能力，而变成一个易于利用的手段。今后，降低与债券发行相关的事物费，如发行手续费及模型构建费用、获取评级费用等，如果进一步改善大规模交易和长时间手续时间，则寿险证券化的成本会继续降低，市场也将继续扩大。以全球活动的保险公司为中心，加速公司自身的一部分死亡率风险向资本市场转移，虽不能明确是否会达到前述明德公司的推算规模，但却可以认为保险风险的证券化市场在长时间内将继续扩大。

第五节　结　论

ART 不是与保险的相对项，而是提高保险公司收益力，进而提高保险公司承保能力的金融工具。特别是，将保险公司的负债证券化，重组现金流，通过市场评价被提取出的本源经济价值，也大大有利于国民经济。

对于企业及投资者来说，也欢迎增加风险金融手段及扩大投资对象。为了使市场成为一个健全且平稳的市场，金融商品的证券化市场会注入较长时间与大量精力，而增加了投资者一样，保险连接证券市场也需要花费较长时间来获得投资者的信任。为此下一步则需加速完善制度。

第八章　次贷危机后的 ART 市场

【摘　要】　雷曼事件后，由于证券化市场价格大幅度下降，属于同一市场范畴的 ART（新型风险转移），特别是其中的巨灾债券的前景令人担忧（2009 年5 月撰稿当时）。在这里，主要通过对这个市场从投资者的需求、保险公司等发行机构的需求、其构造上存在的课题这三个角度来进行分析，并对巨灾债券市场的方向性加以探讨。

【关键词】　证券化商品　SPC　巨灾债券指数

第一节　混乱的资本市场与巨灾债券市场

次级贷款，从 2002 年左右开始作为向有债务不履行经历的人以及低收入阶层等信用度较低的借款人提供消费者金融的手段而登场。该贷款的利息比通常的按揭贷款高 2%左右。之后，华尔街投资银行把此贷款进行打包，组成对次级贷款提供担保的住宅抵押贷款支持证券，进而与其他有担保的债券共同组成债务担保凭证（collateralized debt obligation，CDO）。在此过程中，与其他资产支持证券一样在实现证券化时通过风险分散把风险分成很多层，把最优良的那部分定级为 AAA级，然后大量投放到市场。CDO 无论是对投资银行还是对投资者来说都是有利而获的。投资银行在组成 CDO 的同时投资持有其中一部分，形成了能获得运营手续费的同时，通过持有部分的买卖来获取销售手续费的收益体系。为了获得作为原材料的次级贷款，花旗集团等金融集团竞相收购抵押贷款银行，组成证券，到销售这一连串的业务。花旗集团与瑞银（UBS）分别受理了 400 亿美元与 240 亿美元的 CDO 业务，从 2004 年到 2006 年许多金融集团都更新了它们的最高年收益。并且，对 CDO 的资金运转提供保证的大型保险公司 AIG 也在受到美国财产保险收益率低下困扰的情况下提高了效益。

但是，从 20 世纪 90 年代后半期开始，一直都处于上升趋势的美国住宅价格在 2006 年达到顶峰随之下降，房地产市场呈现出明显的异变后，偿还能力较低的次级贷款接连出现债务违约及拖欠。于是，在 2007 年 8 月 17 日这一天泡沫破裂。随着次级贷款证券化市场的崩塌，市场参与者变得疑神疑鬼，就连 AAA 级证券化证券也无人问津，证券价格整体急速下降。并且，购入此证券的金融机构及投资者有很多是利用借款充当购买资金，为了确保其返还资金来源，发展到也把其他优良金融资产一同出售的事态。察觉到损失急于抛售的金融机关，虽然损失被降到最低水平，但是决策较慢的金融集团，没有及时把受理部门、交易部门、自己投资部门的所有相关业务都处理掉，则受到巨大的损失，并且随着时间流逝，损失也有所扩大。在 2008 年 3 月贝尔斯登公司被摩根大通公司收购。而剩下的投资银行高盛、摩根士丹利两家公司，由于得到公共资金的注入，变更为受到 FRB 严格监管的银行控股公司。并且，在 2009 年 2 月，花旗集团变为国家控股 36% 的国家管理银行。

另外，包括追加投资，收到国家总额为 8 亿美元的跨国大型保险公司 AIG 也为了减轻其偿还负担，转让了寿险子公司 Alico，使其实际上处于政府管理之下。

次级债问题，也给美国的个人金融资产造成了很大的影响。图 8-1 显示了从 1996 年到 2008 年第 3 季度为止美国的个人金融资产的不同资产种类的变动。个人金融资产，虽然在 2002 年受到安然事件引起的股价下降等的影响一时有所减少，但是在那之后，由于 FRB 的金融缓和及新兴国家的高速成长而顺利增加。但是，在 2007 年美国的房地产价格转跌后，股票与投资信托价格加速下降，出现从证券化商品等流动性较差的替代投资对象中筹集资金的现象。并且，由于企业效益的恶化雇佣环境也急速恶化，劳动者所得下降造成了消费的抑制与储蓄额的减少。2008 年后个人金融资产余额每季度都在连续减少，2008 年第 3 季度的资产余额，以市场价格评价的股票、高流动性的债券为中心，比峰值时减少了约 5 兆美元（500 兆日元）。

另外，对 ART 市场影响较大的大型的自然灾害在这个时期多次发生。2005 年 8 月卡特里娜飓风登陆，保险金的支付额达到了近 35 年的最高额 663 亿美元。此外还有 2004 年的伊万飓风（137 亿美元）、查理飓风（86 亿美元），2005 年的威尔玛飓风（130 亿美元）、丽塔飓风（104 亿美元）等，出现了历史上保险金支付额前 10 位中有 5 个集中发生在 2004 年到 2005 年期间这一异常状况。因此，再保险公司在面临着保险收支的恶化与财务实力的减弱的情况下，在承保交涉时提高了再保险费。再保险公司的承保能力的极限及资本融资的必要性促进了 CAT 债券市场的急速扩大。第七章中说到的边车交易的增加也是出于同样的理由。

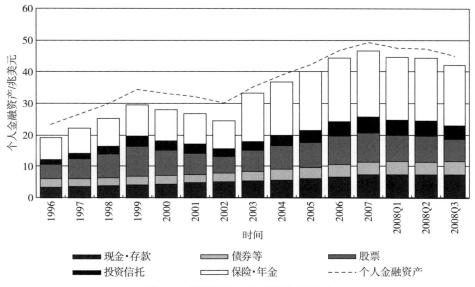

图 8-1　美国的个人金融资产的构成

金融市场的混乱，为认清作为保险与资本市场接点的 ART 是否真的必不可需而提供了一个机会。

第二节　次债危机后的 CAT 债券市场

在本书撰稿时（2009 年 5 月），由于没有判明 CAT 债券市场的全体状况，利用最大的再保险公司慕尼黑再保险公司的数据来探索次级债问题对 CAT 债券市场的影响程度。CAT 债券的对象主要分为地震与台风等灾害。从地区上主要分为美国、欧洲以及日本这三大地区。图 8-2 显示了从 2007 年第 1 季度到 2008 年第 3 季度分对象、分区域的发行状况。CAT 债券的发行额在各个季度具有季节性，变动较大。2007 年第 2 季度，日本发行了大型地震债券（以震源在从 JR 东日本的东京站半径 7 千米以内，一定规模以上的地震为对象），新债券的发行额超过了 4 亿美元。由于次级债问题的爆发是在 2007 年的第 3 季度，因此同样为证券化商品的 CAT 债券也应该受到影响。

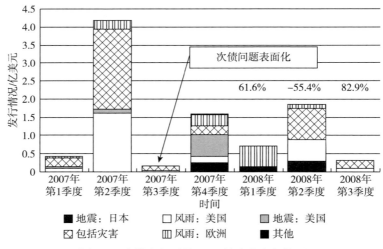

图 8-2　次债危机后的 CAT 债券的发行情况

图中显示数字为对前一年同时期的对比

资料来源：Munich Re group. Insurance-linked securities market update. 2008 Q3

2007 年第 3 季度的新债券的发行额由于季节性的因素有所减少，之后保持稳定增长。虽然 2008 年第 1 季度到第 3 季度的年同比增长率分别为 61.6%、–55.4%、82.9%，波动幅度较大，但是其规模在顺利扩大，这显示了虽然对于投资者来说其魅力有所减小，但对于发行主体来说其需求仍然强劲。

第三节　CAT 债券市场的发展前景

在这里，关于 CAT 债券市场，从投资者的需求趋势、作为发行主体的保险公司的行动、CAT 债券的构造这三点，对将来的状况进行思考。

第一是投资者的需求趋势。资本市场的投资者，以固有风险与收益为核心而采取行动，从自己所能承担的风险范围内获得高收益。为此，不是通过单一的投资对象，而是在投资组合中进行投资，因此在投资组合中各个资产间的相关是极其重要的。与景气的联动性较高的利率、股价、信用风险等，与自然风险的相关性较低。因此，在投资组合中加入 CAT 债券，不是牺牲期待收益率，而是可以期待得到风险的压缩。此外，CAT 债券的风险概念，像衍生品的触发点那样对象明确，并且，通过一定的风险计量模型，可以明确风险量的计算根据。由多个次级贷款债权所构成的资产担保证券，本来是有必要对构成它的各个贷款债权进行评价的，由于 CAT 债券单独发行，所以风险评价负担及事务工作负担就较小。

也就是说，以往投资到资产担保证券市场的资金，有可能转移到 CAT 债券市场。图 8-3 显示了两个 CAT 债券的投资收益率（美国的飓风受灾担保型与日本地震受灾担保型），以及美国飓风与普通 BB 级公司债的投资收益率的差距。日本地震受灾担保型 CAT 债券的投资收益率比较稳定，与此相对，美国的飓风受灾担保型的此债券从 2006 年到 2007 年有了大幅的上升，合理地反映了作为这个债券担保对象的自然灾害的发生率。另外，美国的飓风受灾型 CAT 债券与 BB 级公司债的投资收益率的价差的柱状图，与 CAT 债券的投资收益率显示了同样的变化，可以看得出 CAT 债券的投资收益率受市场利率影响不大。可以说 ART 商品与金融商品的相关性非常低。

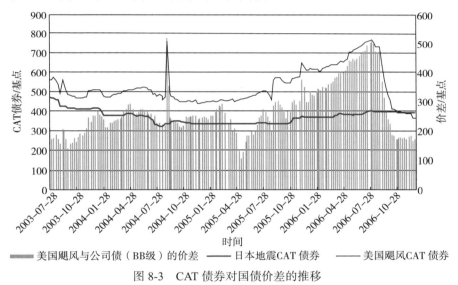

图 8-3　CAT 债券对国债价差的推移

资料来源：以 Fact & Figures（2009 年 3 月） Swiss Reinsurance 的数值为基础经笔者计算加工得出

另外，从本章第一节个人金融资产的减少可以看出投资者处于资金状况较为严峻的时期。由于世界性的股价及证券化商品的价格下降，可以推测到与次级贷款证券化紧密相关的投资银行、金融集团、对冲基金及一部分养老金基金等的资产价值都有了大幅度的下降。反之，由于养老金基金等有必要从长期观点出发来运用，他们的资金有可能从证券化市场等流入了在一定程度上抑制了风险的 CAT 债券市场。

第二个是发行者的需求。既为投资者又同时为资金筹措者的保险公司，在低迷的金融市场与世界性的经济衰退的经营环境下并不需要对保险业务投入大量资金。也就是说，ART 中边车等的供应也会减少。如图 8-4 所示，在自然灾害从长远来看有增加的趋势的情况下，再保险公司也在稳定地发行 CAT 债券，可以看出风险的某一部分被持续不断地转移到资本市场。从 2006 年再保险市场被急速逼迫时的经验来看，想在资本市场确保风险承保余地的动机很大。最近 1970~2008 年自然灾害的发生件数，从 20 世纪 80 年代后半期到 90 年代前半期每年约为 100 件，而在 2000 年之后持续在 150 件左右。并且，比起灾害件数更应引起注意的是件平均的灾害规模在扩大，图 8-4 中柱状图所显示的保险金支付额有了大幅度的增加。可以预见今后对应自然灾害的保险金额会有所提高。

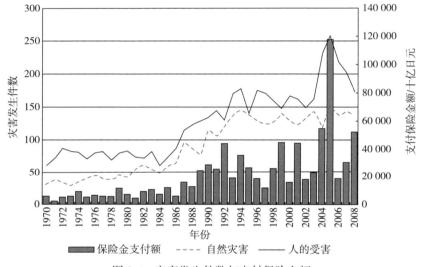

图 8-4　灾害发生件数与支付保险金额

资料来源：根据 Swiss Reinsurance（2009）的数据由笔者做成

　　第三个为 CAT 债券的发行体系与市场性。CAT 债券的发行体系为，（再）保险公司设立 SPC，并与 SPC 签订再保险合同。SPC 把风险相当部分加到债券的投资收益率上，向投资者提供销售。如果在保险期间没有发生保险事故，那么投资者交给 SPC 的投资本金就会 100% 的还给投资者。交给 SPC 的投资资金，被运用到国债等信用风险较小的商品，安全性较高。进而，SPC 为了进一步向投资者显示支付的确定性，把信用风险与保有债券的价格变动风险等用信用违约掉期（credit default swap，CDS）及担保范围更广的总回报掉期（total rate of return swap，TRS）等进行对冲。

　　即使这样也不会改变 CAT 债券证券化市场的混乱会使其有所波动这一看法，因为 SPC 在投资对象中加入了证券化商品，并且风险对冲的交易方多为 AIG 等大型保险公司及投资银行等，所以变得具有信用风险了。也就是说，已发行的 CAT 债券的价格受到金融市场混乱影响的情况当前还将持续下去。

　　但是，对于新发行的债券，由于 SPC 将其投资于比以往更安全的资产，CAT

债券的风险有所下降。可以说由于 CAT 债券的发行体系上的问题，今后需求减少的可能性将有所下降。

图 8-5 为瑞士再保险公司公布的 CAT 债券指数（CAT bond index）。此指数由于受到雷曼兄弟破产的影响，在 2008 年 9 月，虽然从峰值的 172 急速下降到 168，但是 168 这个水准本身仍然高于 2007 年 9 月的 160。并且，如果对其在 2006 年 9 月（125）的指标数值进行分析，可以说偏差加大的价格被调整到了合适的水平。其后，金融市场的混乱扩大，2008 年 10 月 CAT 债券指数进一步下降到 165，以这个水准为谷底，之后转为缓慢上升。这显示市场对于 CAT 债券的发行体系与存在的风险开始进行冷静的评价。

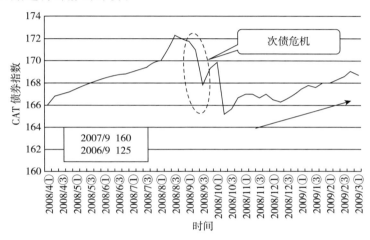

图 8-5　CAT 债券指数的推移

图中方框里为参考数据；横轴 2008/4① 表示 2008 年 4 月第 1 周，余同

资料来源：根据 Swiss Reinsurance「Cat Bond Index」由笔者做成

由以上三点可以看出巨灾债券市场，尽管还残存着次债带来的影响，由于其已经恢复至平静期，并且仍有较高的市场需求，预计今后将有进一步的扩大。

第九章　从寿险保单贴现市场来看保险与资本市场的融合

【摘　要】　在全球的寿险保单贴现市场逐步扩大的形势下，投保人的保护、投资者保护方面的严峻问题日益突显，如高额的贴现手续费、被保险利益有所欠缺的保单贴现合同的激增等。另外，寿险保单贴现制度满足了保险公司无法应对的投保人需求，这也是事实。虽然今后对市场的严密监管仍然很重要，但是从根本上提高市场的监督机能来对应这些问题是更重要的。

本章认为在市场监督中必不可少的保单贴现价格的形成是不透明且不充分的，在此，把明确价格结构及探究投保人获利的可能性作为研究目的。在计算合理的保单贴现价格时，提出必要责任准备金率这个概率论的责任准备金概念，利用蒙特卡洛模拟法进行计算。

计算结果表明，在目前的市场价格下保单贴现公司拥有超额利润。通过以下措施可以提高投保人在寿险保单贴现中获得的净额：①公开保单贴现成本等，使保单贴现价格结构透明化；②强化保单贴现公司应对风险的能力等。

【关键词】　IVO　必要责任准备金率　蒙特卡洛模拟法

第一节　引　言

寿险保单贴现制度（简称贴现制度），在欧美已经在一定范围内被消费者接受。也可以通过互联网访问保单贴现公司，非常便利。但是，即使在保单贴现制度的发起国美国，由于中介机构众多而造成的高额手续费、被保险利益有所欠缺的保单贴现合同的增加，以及投保人和投资者的保护不充分等问题日益凸显。其背后原因是寿险保单贴现公司（简称贴现公司）与投保人和投资者之间的信息不对称，以及 20 年间完全取决于市场交易行情的不透明的价格形成等。

因此，对于信息不对称性的缓解以及市场的健康发展来说必不可缺的贴现价格，本章将进行合理评价。贴现价格不单取决于以精算学为基础的保险市场，而且要经过与具备其他评价标准的资本市场折中后决定。所以，在计算责任准备金时，不采用经验死亡率加上安全系数的决定论的常规方法，而是利用蒙特卡洛模拟法这个概率论式的方法，把保险市场的价格与资本市场的价格进行融合起来。通过此举，明确贴现公司是否拥有超额利润，以及进一步实施投保人利润回馈的可能性。

第二节　寿险保单贴现市场的现状

寿险的保单贴现业务的大体结构以及其中登场的当事者如图 9-1（情形 1）所示。首先，希望进行保单贴现的投保人，通过中介经纪人（理财规划师或保险公司的营销员），或者直接向贴现公司提出申请。贴现公司在收集该被保险人的医疗信息及投保信息的同时，经投保人允许公开其相关信息。根据这些信息，贴现公司或者外部的寿命评测公司对寿命进行预测，如果断定可以承接，就向投保人提出贴现价格和条件。中介经纪人向多家公司报价，最终投保人与其中提出最有利条件的贴现公司签约。于是，把投资者变更为投保人，受益人获取贴现金。此后的保费由投资者支付，保险金也由投资者领取。这些手续需 1~2 个月的时间。

保单贴现方式多种多样，如图 9-1 的情形 2 所示，不向投资者转移投保人或受益人的权利，贴现公司或投资信托公司成为投保人，给投资者分红，这种基金形式的贴现也在增加。让投资信托公司介入时，贴现公司会把 200~1 000 件保单打包后批量转让给投资信托公司。然后，把从中获得的利润以受益凭证的形式小额化，卖给投资者。此外，也销售以 SPC 取代投资信托公司后的证券化产品。

寿险保单贴现市场的规模，在养老保险流通市场的历史长达约 140 年的英国约为 2 000 亿日元（120 亿英镑，2008 年 Trade Endowment 公司的估算值），在市场较新，于 1999 年成立的 Cash Life AG 公司开始进行贴现业务的德国约为 800 亿日元（出自生命保险协会资料）。

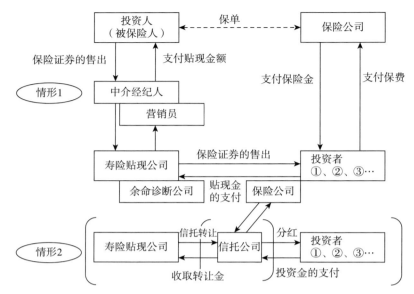

图 9-1　寿险保单贴现的基本结构

情形 2 为投保人及保险金获取人的地位不转移给投资者，由贴现公司或者
信托公司保有此地位，从贴现业务获取的净现金流来分红的方式

　　此外，如图 9-2 所示，美国 2006 年年末的保单贴现市场规模约为 1 兆 3 000
亿日元（132 亿美元，US Census Bureau and Bernstein 的估算值，按 1 美元=100
日元换算），由于 2010 年布什政权推行的遗产税税率下调政策[①]等原因，估算该市
场会扩大到 16 兆日元（1 600 亿美元）。与此相对，2007 年 4 月 LIMRA（Life
Insurance Marketing and Research Association.Inc）的"关于人寿保单贴现的问卷调
查"显示，知道贴现制度的投保人为 39%，对出售保单感兴趣的投保人为 10%，
适合贴现的投保人（65 岁以上，保险金额在 25 万美元以上）只占 2%。

　　由于对保单贴现制度认识不足，以及适合贴现的保单数量少于预期等原因，
虽然对于 2010 年市场规模 1 600 亿美元的推算结果略感过大，但是不能否认贴现
市场的存在感正在稳步增大。

---

　　① 这是 2001 年布什总统为了促进经济成长和减轻税负而出台的为期 10 年的限期立法。分阶段降低 2001 年
的 55%遗产税，到 2010 年降为 0%。该税率确实在 2010 年降为 0，但是只要不修订法律，2011 年将重新恢复为
55%。到 2010 年为止，不必为了避免遗产税而投保寿险，因此寿险流向保单贴现市场的预测是合理的，但是不清
楚奥巴马总统是否支持被指优待有钱人的此项税制。

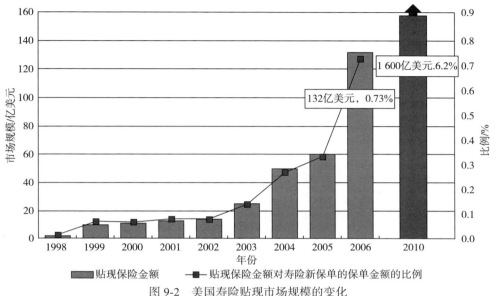

图 9-2　美国寿险贴现市场规模的变化

2010 年数据在图中未完全显示，图中用实心箭头表示省略

资料来源：1998～2004 年数据为 Kamath 和 Sledge（2005）的推算值

第三节　关于寿险贴现制度的课题与规制

一、寿险贴现市场的问题与意义

在寿险贴现市场快速发展的美国，许多问题日益凸显。由于日美的保险商品具有相似性，如果贴现市场在日本诞生，可能会发生同样的问题。美国的贴现市场大致分为三种。第一种是"Viatical Settlement"（VS），1989 年至 1996 年，为了筹集艾滋病患者的高额医疗费，以被保险人的余命在 2 年以内的保单为对象贴现寿险保单。

第二种是"Life Settlement"（LS），VS 市场因为艾滋病治疗法的开发而缩小，受其影响，不以病情严重的患者而以普通保单为对象，属于晚年生活补充型。LS 是当前寿险贴现市场的主要商品，贴现对象除了个人保险，还包括由于资产剥离、高层管理人退休等原因而不再需要死亡保障的经营者保险。

第三种是"Investor-Owned Life Insurance"（IVO，也被称为 Spin-Life：Speculator-initiated Life Insurance），即以 2005 年以后急速发展起来的保险作为投

资对象筹集保单的贴现。这种贴现以老年人（主要是 72 岁到 85 岁，终身保险，保险金额在 200 万美元以上）为投保人（即被保险人）作为征集对象，在筹集到保费后[①]签订保单，然后按既定方案贴现。关于保单贴现的问题大都起因于 IVO。

通过 IVO 形成的寿险不存在被保险利益，由于把被保险人的生命作为投资对象，容易沦为犯罪温床。而且，复杂的制度和不透明的贴现价格，也容易引发欺诈等违法行为。

IVO 被宣传为投保人无需缴纳保费即可加入，并且可以得到现金和许多赠品（即免费保险）。有的赠品还利用美国人虔诚的宗教信仰，宣称把一部分保险金捐给慈善团体。因此出现了滥用这一机制，在投保人贴现保单时签订的贷款合同中，加入收取非法的利息和手续费的条款等欺诈行为。并且，由于加入免费保险的老年人，不但无法得到期待的利益，而且保险公司还将这些事例记录为申请不合法合同，因此出现了以后难以签订新保单等情况。

并且，还出现了销售道德上的问题，如贴现企业、贴现合同中介机构在接受投保人的贴现咨询时，为了获取贴现手续费，明知维持原来保单对保户有利，却建议其贴现等。对此，保险公司的解决办法是考虑提高 70 岁以上的万能保险保费，使与贴现无关的真正需要保险的老年人，利用贴现制度的机会受到限制。

与 IVO 类似的保单贴现制度还有一大问题，就是价格不透明导致的市场效率低下。由于在贴现保单时存在多个中介机构，交易成本极高。在康涅狄格大学与德勤咨询公司共同进行的调查中（2005 年 5 月），估算 2000 年至 2003 年属于保单贴现制度对象的保单的死亡保险金为 2.26 亿美元，贴现价格为 0.45 亿美元，交易费用为 0.96 亿美元。表明保单贴现企业用约为保险金额 20% 的金额贴现保单，它们与其他的中介机构获得的交易手续费总额高达保险金的 42%。股票、债券的手续费率为 0.01%～2%，投资信托的手续费率为 0%～5%，根本无法与保单贴现相比，即使与不动产的 4%～8%、美术品的 10%～15% 相比，保单贴现的手续费率也异常高昂[②]。

虽然这些问题被大肆报道，而另外，出售有被保险利益的保单的 LS，投保人也获益较大。例如，有的保户虽然余命在 6 个月以上，但因重病，在经济上难以继续支付保费的情况下，获取不低于保险公司退保价值的贴现金额来充当治疗费。如后藤牧人（2006）的论文所示，保户为了享受富裕的晚年生活，在重新配置资产投资组合时，利用保单贴现将重视保障的保险转变为金融资产。并且，也有助

---

①　在美国存在一种提供保费贷款的公司，被称为 "Premium Financing"。其融资期间和可争议期间合计为 2 年，主要融资对象为 72 岁到 85 岁的终身保险，保险金为 200 万美元以上的投保人。

②　美国保单贴现协会（The Viatical and Life Settlement Association）根据以下三点，认为试算缺乏客观性，并未反映实际的市场情况：a）计算对象主要是以余命在 2 年以下的 VS，不怎么包括作为主力商品的 LS；b）数据的样本数过少；c）分析对象以终身保险为主，不包括占市场份额 80% 的万能保险。

于尽快确保对非营利组织捐赠保单的资金①。

生存需要特别条款的支付条件（不能用于余命预计在 6 个月以上的人）以及规定的退保价值计算等，从保险公司应该承担的风险的范围及精算学角度来看是合理的行为。但是，这些未必能完全满足保户需求，未得到满足的需求被保险之外的市场吸收，并且该市场在不断扩大。

由此看来，保单贴现制度就被视为"陌生人因被保险人的早期死亡而获取经济利益的机制""保险受益人杀害被保险人的诱因"等，只有负面印象的这种认识是错误的，因此需要重新评价保单贴现制度，并且冷静面对其中存在的问题。

二、用 NAIC 示范法解决保单贴现中存在的问题

由于保单贴现制度有正反两面影响，即使在美国，对于保单贴现的监管也是谨慎进行的。保单贴现制度不仅中介机构多，机制复杂，而且投保人和投资者与保单贴现企业的信息差别也很大，为了公正地运营这项制度，NAIC 制定了示范法②。以生命保险协会（2007）、手岛宏晃（2006）等为参考，对于在示范法中明确监管方针的保护投保人的部分进行了归纳。主要有九点，分别是：①保单贴现合同的定义③；②许可④；③年度报告和检查⑤；④最低贴现价格⑥；⑤冷静期⑦；

---

① 在个人对非营利组织（non-profit organization，NPO）的捐赠中，不仅包括自己的死亡保险金，而且还有生前捐赠保单本身的情况。此时，NPO 面临不规定保费支付义务的保险金的获取时期。由于利用保单贴现制度后，不必支付保费，可以立即获取贴现保险金，取代将来的保险金，因此可以制订稳定的预算和收支计划。并且，还可以享受捐赠减免税与保险金的联邦所得税免税等优惠政策。

② NAIC 示范法表明了保险监督的方向性。但是，要想具有实效性，各州就必须根据示范法制定州法。截至 2007 年 2 月，在全美 50 个州中，拥有与 NAIC 示范法同样规定的州有 39 个，其中，只以 VS 为对象的州有 13 个（生命保险协会，2007）。

③ 保险贴现合同的定义（示范法第 2 条）。"规定了以支付低于预想保险金额的等价报酬来取代投保人转让或遗赠保单的死亡保险金或所有权的书面认可。"

④ 执照［示范法第 3 条 A（1）项］。"贴现公司或中介，如未取得投保人所在州的执照，不得经营相关业务。1 个保单有多名投保人，并且这些投保人的居住地为多个州时，适用占比最大的州的规定。"而且，"签订了未经本法认可的保单贴现合同时，可以吊销营业执照"（示范法第 4 条）。

⑤ 年度报告、检查（示范法第 6 条 A 项）。获得营业执照者必须提交年度报告（保险贴现交易报告书、被保险人死亡状况报告书等）。并且，保险监督官能够以适当的频率检查营业执照者［示范法第 7 条 A（1）项］。

⑥ 最低保单贴现价格（示范法第 5 条）。被保险人出现晚期症状（患有被合理判断为将在 24 个月以内死亡的疾病的状态）或患有慢性病（日常生活所需的基本行动饮食、如厕、入浴等中，有 2 个以上不能自理）时的最低保单贴现价格，根据被保险人的余命设定如下：余命不到 6 个月时，保险金减去投保人贷款后的余额在 80% 以上；余命在 6 个月以上、不到 12 个月时，该余额在 70% 以上；余命在 12 个月以上、不到 18 个月时，该余额在 65% 以上；余命在 18 个月以上、不到 25 个月时，该余额在 60% 以上；余命在 25 个月以上时，为大于生前给付金及退保价值的金额。并且，对于评级（AMbest 公司）在前 20% 以下的保险公司，在上述数字的基础上减去 5%。

⑦ 解除（示范法第 9 条 C 项）。规定自获得保单贴现价款之日起 15 日以内为解除期间。并且，如果被保

⑥健康状况的确认频率[①]；⑦贴现禁止期间[②]；⑧对保户的信息提供[③]；⑨与保单贴现相关的广告规制[④]。可以看出，关于保护保户的规制是在兼顾"自由竞争"与"抑制制度弊端"的平衡的同时，逐步得到完善的。

另外，鉴于投资者与保单贴现公司之间的诈骗性行为日益增加的事态，与保护保户的规制一样，NAIC 也采取了以保护投资者为目的的规制。示范法第 8 条中列举了签订投资合同[⑤]时，以及转让和转移保单时[⑥]，保单贴现公司应告知投资者的信息的内容。

虽然如上所述对投资者进行了保护，但仍存在许多尚未规定必须遵守的重要事项。例如，被保险人余命的判断是否适当，距离保单满期是否拥有足够的时间，该保险公司的财务是否足够健全等。今后，针对投资者保护，有必要制定更加细致的规制。

但是，由于规制是有限度的，利用市场的监督功能来解决保单贴现市场的诸多课题也很重要。为此，就需要透明度较高的合理的贴现价格。从第四节起，将探索贴现价格的结构和合理的贴现价格。

人在此期间死亡，返还贴现价款、贴现公司和投资者支付的保费、贷款及其利息后，可以解除保单贴现合同。

① 对于被保险人的事后确认的频率限制（示范法第 9 条 G 项）。为了判断被保险人的健康状态而与被保险人接触，仅限于已在该州获得营业执照的贴现公司、中介经纪人以及双方的代理人。见面频率为：被保险人余命超过 1 年时为 3 个月 1 次，被保险人余命为 1 年以下时规定为 1 个月 1 次。

② 保险贴现的禁止期间（贴现法第 10 条）。只要不满足配偶死亡等特定条件，自保单发行之日起 2 年以内不得签订保单贴现合同。寿险保单签订后 2 年为"可争议期间"，如果在此期间存在保单签订欺诈行为，保险者可以解除寿险保单。并且，在 2006 年的寿险保单贴现示范规定修正案中，对于以向投资者出售为目的，并且筹集资金的保单，规定了 5 年的保单贴现禁止期间。

③ 向投保人提供信息（示范法第 5 条）。保险贴现合同及披露说明书的格式必须得到认可。并且，保险监督官可以要求贴现公司或中介人提交宣传资料。并且，在第 8 条 A 项中，对于保险贴现公司及保险贴现中介机构，明文规定必须披露以下五点：a）存在贴现方案以外的替代方法，如生前给付金等；b）解除条款；c）对保险贴现金征税的可能性；d）获取贴现金对于医疗补助等社会保障给付的取得资格的影响；e）对于披露个人信息的同意。

④ 关于贴现广告的规定（示范法第 11 条）。禁止使用会导致误解的表现及用语（如 100%安全、联邦法的保证、没有风险、确定的收益率等）。并且，明确规定禁止诽谤中伤其他企业。

⑤ 签订合同时向投资者披露的主要事项：a）被保险人死亡之前不能获得任何利益；b）不能保证投资收益率，并且此收益率在很大程度上取决于被保险人的死亡时期；c）购买的保单不能转卖；d）如果在投资期间内保险者破产，或者退出此项业务时，不能获得利益（信用风险）；e）即使被保险人健康，也有继续支付保费的义务；f）在可争议期间发生保险者解除保单的情况时，需要放弃寿险保单的部分或全部权利；g）利用信托的方式需要负担信托手续费。

⑥ 转让、转移保单时向投资者披露的主要事项：a）决定保单贴现价格时使用的剩余生命表；b）保险种类；c）购入的保险为定期保险等时的更新保费（追加保费）；d）保单是否在可争议期间内；e）签订合同后确认被保险人的状态的人的姓名以及确认频率。

第四节　先　前　研　究

作为全面介绍寿险贴现制度的论文，古泽优子（2005）对美国的贴现业务的机制、被保险人保护等进行了广泛调查。并且，Sachin（2006）从历史的角度分析了贴现制度，表明了监管的必要性以及保单贴现公司加强信息披露的重要性。后藤牧人（2006）也从医疗检查的角度，评论了美国的保单贴现情况。

另外，对于保单贴现制度的个别课题，手岛宏晃（2006）在触及保单贴现合同披露说明书内容的同时，详细调查了 NAIC 示范法。进而提出了根据情况变化灵活修改示范法，根据规定提供信息，及早建立行业组织等。志茂谦（2007）根据实地访问调查，介绍了美国保单贴现市场的贴现当事人的最新动向。并且，Deloitte（2005）做出了结论：在设置相当严格的前提下比较退保价格、贴现价格等，现有保单持有至到期比贴现更为有利。而坂口恭子（1996）以 VS 为重点，调查了美国各州的监管差异。

这些研究，从多个角度介绍了比较陌生的寿险保单贴现制度，意义重大。但是，由于先前研究都以制度概要、提出课题为主要目的，解决贴现市场问题的方法也多局限于法规和规定。因此，本书的重点在于合理评价问题的根源——不透明的贴现价格，从而探讨解决问题的方法。

第五节　两种保单贴现制度

评价保单贴现合同的价格，首先必须把握交易带来的现金流。但是，欧洲与美国的寿险保单贴现市场，性质有所不同，现金流的表现当然也会不同。简而言之，欧洲的保单贴现市场，主要是对储蓄性较强的保险在到期前确定收益率，也就是发挥"保险的流动性市场"功能，而美国的该市场则是对于保障性较高的保险，发挥死亡保险金的"提前支付的市场"功能。下面，对于欧美两种保单贴现制度，验证现金流与投资者收益率。

一、欧洲的寿险保单贴现制度与收益率构造

首先，根据英国的人寿保单贴现公司 Policy Shop 公司的主页（2008 年 7 月 8 日）中的保单贴现合同销售目录，分析欧洲的保单贴现制度。表 9-1 中显示的该公司列表，按合同详细记载了保险到期日、签发保单的保险公司名称、保险金额、年别与到期时的预期分红金额、销售价格等。

表 9-1 POLICY SHOP 公司的保单贴现业务的销售单

序号	契约号	到期日	保险公司名称	①保险金额/英镑	②已支付分红额/英镑	③年分红合计/英镑	④最低保证/英镑	⑤年分红率SA/%
1	60862	2012 年 10 月 15 日	Cooperative	5 000	4 155	4 329	9 155	0.4
2	61059	2013 年 1 月 1 日	Scottish Widows	37 368	10 518	14 612	47 886	1.5
3	80081	2013 年 6 月 1 日	Norwich Union	4 030	7 127	7 301	11 157	0
4	60834	2014 年 4 月 10 日	Liverpool Victoria	15 000	8 003	10 567	23 003	3
5	60965	2014 年 10 月 17 日	Scottishu Widows	10 110	4 940	6 953	15 050	1.5
6	60917	2015 年 2 月 5 日	Norwich Union	6 000	17 030	17 592	23 030	0
7	60841	2015 年 3 月 26 日	General Accident	6 135	4 201	5 007	10 336	0.5
8	61053	2015 年 8 月 14 日	Scottish Amicable	15 525	7 714	10 139	23 239	1.1
9	61049	2015 年 12 月 4 日	Scottish Amicable	11 454	5 440	7 272	16 894	1.1
10	60961	2016 年 5 月 1 日	Prudential	9 450	4 486	6 382	13 936	1.2
11	60906	2016 年 9 月 1 日	Prudential	23 707	9 793	14 452	33 500	1.2
12	60939	2017 年 5 月 1 日	Prudential	9 750	7 844	10 850	17 594	1.2
13	61015	2017 年 6 月 1 日	Prudential	10 000	4 131	6 297	14 131	1.2
14	60707	2017 年 7 月 1 日	Prudential	11 879	4 907	7 507	16 786	1.2
15	60977	2017 年 8 月 1 日	Prudential	12 600	5 205	7 991	17 805	1.2
16	60947	2017 年 11 月 19 日	Scottish Widows	15 095	4 384	8 138	19 479	1.5
17	60890	2017 年 12 月 17 日	Scottish Widows	10 033	2 639	5 071	12 672	1.5
18	60984	2018 年 2 月 1 日	Prudential	11 610	4 161	6 720	15 771	1.2
19	61058	2018 年 8 月 28 日	Norwich Union	10 512	4 511	4 742	15 023	0
20	60952	2018 年 10 月 7 日	Norwich Union	8 220	4 951	5 207	13 171	0
21	80064	2018 年 12 月 1 日	Prudential	17 227	1 839	4 758	19 066	1.2
22	80089	2018 年 12 月 15 日	Scottish Widows	51 850	5 078	16 127	56 928	1.5
23	60729	2019 年 2 月 15 日	Scottish Widows	9 850	941	3 070	10 791	1.5
24	61041	2019 年 4 月 1 日	Norwich Union	7 480	3 842	4 051	11 322	0
25	60421	2019 年 6 月 19 日	Scottish Widows	9 690	879	3 035	10 569	1.5
26	60998	2019 年 12 月 21 日	Norwich Union	17 585	9 031	9 555	26 616	0
27	60909	2021 年 3 月 1 日	Prudential	29 925	6 890	14 570	36 815	1.2
28	60942	2021 年 8 月 1 日	Prudential	17 490	4 027	8 688	21 517	1.2
29	60967	2024 年 4 月 24 日	Norwich Union	9 982	5 127	5 542	15 109	0
30	59085	2025 年 3 月 1 日	Prudential	15 620	3 898	9 603	19 518	1.2
31	60771	2025 年 4 月 3 日	Norwich Union	14 327	6 148	6 676	20 475	0

续表

序号	契约号	到期日	保险公司名称	①保险金额/英镑	②已支付分红额/英镑	③年分红合计/英镑	④最低保证/英镑	⑤年分红率SA/%
32	60775	2025 年 8 月 1 日	Scottish Amicable	6 767	3 362	6 168	10 129	1.1
33	60433	2025 年 10 月 25 日	Norwich Union	14 805	7 604	8 280	22 409	0
34	60650	2026 年 8 月 1 日	Prudential	24 738	5 969	15 842	30 707	1.2
35	80060	2026 年 8 月 3 日	Norwich Union	73 809	25 736	28 131	99 545	0

序号	契约号	到期日	保险公司名称	⑥RB/%	⑦开始时分红预测值/英镑	⑧将来分红预测值/英镑	⑨最终分红率SA/%	⑩RB/%
1	60862	2012 年 10 月 15 日	Cooperative	0.5	40.775	174	155.5	0
2	61059	2013 年 1 月 1 日	Scottish Widows	3	876.06	4 094	34	34
3	80081	2013 年 6 月 1 日	Norwich Union	0.5	35.635	174	369	0
4	60834	2014 年 4 月 10 日	Liverpool Victoria	0.001	450	2 564	37.02	37.02
5	60965	2014 年 10 月 17 日	Scottishu Widows	3	299.85	2 013	40	40
6	60917	2015 年 2 月 5 日	Norwich Union	0.5	85.15	562	734	0
7	60841	2015 年 3 月 26 日	General Accident	2	114.695	806	36	36
8	61053	2015 年 8 月 14 日	Scottish Amicable	2	325.055	2 425	57	57
9	61049	2015 年 12 月 4 日	Scottish Amicable	2	234.794	1 832	57	57
10	60961	2016 年 5 月 1 日	Prudential	2.5	225.55	1 896	111	0
11	60906	2016 年 9 月 1 日	Prudential	2.5	529.309	4 659	105.7	0
12	60939	2017 年 5 月 1 日	Prudential	2.5	313.1	3 006	220.5	0
13	61015	2017 年 6 月 1 日	Prudential	2.5	223.275	2 166	111	0
14	60707	2017 年 7 月 1 日	Prudential	2.5	265.223	2 600	111	0
15	60977	2017 年 8 月 1 日	Prudential	2.5	281.325	2 786	111	0
16	60947	2017 年 11 月 19 日	Scottish Widows	3	357.945	3 754	40	40
17	60890	2017 年 12 月 17 日	Scottish Widows	3	229.665	2 432	40	40
18	60984	2018 年 2 月 1 日	Prudential	2.5	243.345	2 559	111	0
19	61058	2018 年 8 月 28 日	Norwich Union	0.5	22.555	231	113	0
20	60952	2018 年 10 月 7 日	Norwich Union	0.5	24.755	256	145	0
21	80064	2018 年 12 月 1 日	Prudential	2.5	252.699	2 919	67.2	0
22	80089	2018 年 12 月 15 日	Scottish Widows	3	930.09	11 049	34	34
23	60729	2019 年 2 月 15 日	Scottish Widows	3	175.98	2 129	34	34
24	61041	2019 年 4 月 1 日	Norwich Union	0.5	19.21	209	145	0
25	60421	2019 年 6 月 19 日	Scottish Widows	3	171.72	2 156	34	34
26	60998	2019 年 12 月 21 日	Norwich Union	0.5	45.155	524	145	0
27	60909	2021 年 3 月 1 日	Prudential	2.5	531.35	7 680	111	0
28	60942	2021 年 8 月 1 日	Prudential	2.5	310.555	4 661	111	0
29	60967	2024 年 4 月 24 日	Norwich Union	0.5	25.635	415	470	0
30	59085	2025 年 3 月 1 日	Prudential	2.5	284.89	5 705	220.5	0
31	60771	2025 年 4 月 3 日	Norwich Union	0.5	30.74	528	470	0
32	60775	2025 年 8 月 1 日	Scottish Amicable	2	141.677	2 806	191	191
33	60433	2025 年 10 月 25 日	Norwich Union	0.5	38.02	676	520	0

续表

序号	契约号	到期日	保险公司名称	⑥RB/%	⑦开始时分红预测值/英镑	⑧将来分红预测值/英镑	⑨最终分红率SA/%	⑩RB/%
34	60650	2026 年 8 月 1 日	Prudential	2.5	446.081	9 873	220.5	0
35	80060	2026 年 8 月 3 日	Norwich Union	0.5	128.68	2 395	470	0

序号	契约号	到期日	保险公司名称	⑪最终分红预测值/英镑	⑫满期保险金预测值/英镑	⑬TB/%（⑪/⑫）	⑭销售价格/英镑	⑮保费合计/英镑
1	60862	2012 年 10 月 15 日	Cooperative	7 775	17 104	45.5	13 548	835
2	61059	2013 年 1 月 1 日	Scottish Widows	17 673	69 653	25.4	51 120	9 540
3	80081	2013 年 6 月 1 日	Norwich Union	14 871	26 202	56.8	16 413	586
4	60834	2014 年 4 月 10 日	Liverpool Victoria	9 465	35 031	27.0	22 235	5 052
5	60965	2014 年 10 月 17 日	Scottishu Widows	6 825	23 889	28.6	16 843	3 019
6	60917	2015 年 2 月 5 日	Norwich Union	44 040	67 632	65.1	36 340	1 034
7	60841	2015 年 3 月 26 日	General Accident	4 011	15 154	26.5	10 683	1 943
8	61053	2015 年 8 月 14 日	Scottish Amicable	14 628	40 292	36.3	27 870	474
9	61049	2015 年 12 月 4 日	Scottish Amicable	10 674	29 400	36.3	20 104	3 828
10	60961	2016 年 5 月 1 日	Prudential	10 490	26 322	39.9	16 500	3 534
11	60906	2016 年 9 月 1 日	Prudential	25 058	63 217	39.6	38 919	8 835
12	60939	2017 年 5 月 1 日	Prudential	21 499	42 099	51.1	22 251	3 121
13	61015	2017 年 6 月 1 日	Prudential	11 100	27 397	40.5	14 722	5 279
14	60707	2017 年 7 月 1 日	Prudential	13 186	32 572	40.5	18 289	4 815
15	60977	2017 年 8 月 1 日	Prudential	13 986	34 577	28.6	19 656	5 773
16	60947	2017 年 11 月 19 日	Scottish Widows	9 293	32 526	40.4	17 577	8 213
17	60890	2017 年 12 月 17 日	Scottish Widows	6 041	21 145	28.6	12 132	4 411
18	60984	2018 年 2 月 1 日	Prudential	12 887	31 217	41.3	16 785	5 228
19	61058	2018 年 8 月 28 日	Norwich Union	11 879	27 133	47.0	14 402	4 800
20	60952	2018 年 10 月 7 日	Norwich Union	11 919	25 346	43.8	13 700	3 440
21	80064	2018 年 12 月 1 日	Prudential	11 577	33 561	34.5	12 017	12 400
22	80089	2018 年 12 月 15 日	Scottish Widows	23 112	91 089	25.4	39 424	31 000
23	60729	2019 年 2 月 15 日	Scottish Widows	4 393	17 313	25.4	7 226	6 300
24	61041	2019 年 4 月 1 日	Norwich Union	10 846	22 377	48.5	11 402	3 159
25	60421	2019 年 6 月 19 日	Scottish Widows	4 327	17 052	25.4	6 793	6 500
26	60998	2019 年 12 月 21 日	Norwich Union	25 498	52 639	48.4	26 323	7 810
27	60909	2021 年 3 月 1 日	Prudential	33 217	77 712	42.7	28 297	19 784
28	60942	2021 年 8 月 1 日	Prudential	19 414	45 592	42.6	15 835	10 583
29	60967	2024 年 4 月 24 日	Norwich Union	46 915	62 439	75.1	16 248	5 847
30	59085	2025 年 3 月 1 日	Prudential	34 442	59 665	57.7	14 917	14 915
31	60771	2025 年 4 月 3 日	Norwich Union	67 337	88 340	76.2	19 268	8 000
32	60775	2025 年 8 月 1 日	Scottish Amicable	24 705	37 640	65.6	9 030	4 512
33	60433	2025 年 10 月 25 日	Norwich Union	76 986	100 071	76.9	17 230	8 240
34	60650	2026 年 8 月 1 日	Prudential	54 547	95 128	57.3	15 964	16 857
35	80060	2026 年 8 月 3 日	Norwich Union	346 902	448 842	77.3	75 968	43 200

续表

序号	契约号	到期日	保险公司名称	⑯支付总额/英镑	⑰最低保证占比/%	⑱资本收入/%	⑲满期期间/年	⑳利率（IRR）/%
1	60862	2012年10月15日	Cooperative	14 383	63.7	18.9	4.2	4.4
2	61059	2013年1月1日	Scottish Widows	60 660	78.9	14.8	4.4	3.4
3	80081	2013年6月1日	Norwich Union	16 999	65.6	54.1	4.8	9.5
4	60834	2014年4月10日	Liverpool Victoria	27 287	84.3	28.4	5.7	4.9
5	60965	2014年10月17日	Scottishu Widows	19 862	75.8	20.3	6.2	3.3
6	60917	2015年2月5日	Norwich Union	37 374	61.6	81.0	6.5	9.7
7	60841	2015年3月26日	General Accident	12 626	81.9	20.0	6.6	3.0
8	61053	2015年8月14日	Scottish Amicable	28 344	82.0	42.2	7.0	5.1
9	61049	2015年12月4日	Scottish Amicable	23 932	70.6	22.8	7.3	3.1
10	60961	2016年5月1日	Prudential	20 034	69.6	31.4	7.7	4.1
11	60906	2016年9月1日	Prudential	47 754	70.2	32.4	8.1	3.8
12	60939	2017年5月1日	Prudential	25 372	69.3	65.9	8.7	6.3
13	61015	2017年6月1日	Prudential	20 001	70.7	37.0	8.8	4.1
14	60707	2017年7月1日	Prudential	23 104	72.7	41.0	8.9	4.3
15	60977	2017年8月1日	Prudential	25 429	70.0	36.0	9.0	3.5
16	60947	2017年11月19日	Scottish Widows	25 790	75.5	26.1	9.3	2.9
17	60890	2017年12月17日	Scottish Widows	16 543	76.6	27.8	9.3	3.0
18	60984	2018年2月1日	Prudential	22 013	71.6	41.8	9.5	4.2
19	61058	2018年8月28日	Norwich Union	19 202	78.2	41.3	10.0	3.9
20	60952	2018年10月7日	Norwich Union	17 140	76.8	47.9	10.1	4.3
21	80064	2018年12月1日	Prudential	24 417	78.1	37.5	10.3	4.0
22	80089	2018年12月15日	Scottish Widows	70 424	80.8	29.3	10.3	3.1
23	60729	2019年2月15日	Scottish Widows	13 526	79.8	28.0	10.5	3.0
24	61041	2019年4月1日	Norwich Union	14 561	77.8	53.7	10.6	4.5
25	60421	2019年6月19日	Scottish Widows	13 293	79.5	28.3	10.8	3.0
26	60998	2019年12月21日	Norwich Union	34 133	78.0	54.2	11.3	4.3
27	60909	2021年3月1日	Prudential	48 081	76.6	61.6	12.5	4.7
28	60942	2021年8月1日	Prudential	26 418	81.4	72.6	12.9	5.2
29	60967	2024年4月24日	Norwich Union	22 095	68.4	182.6	15.6	7.6
30	59085	2025年3月1日	Prudential	29 832	65.4	100.0	16.4	5.4
31	60771	2025年4月3日	Norwich Union	27 268	75.1	224.0	16.5	8.3
32	60775	2025年8月1日	Scottish Amicable	13 542	74.8	177.9	16.8	7.2
33	60433	2025年10月25日	Norwich Union	25 470	88.0	292.9	17.1	9.4
34	60650	2026年8月1日	Prudential	32 821	93.6	189.8	17.8	7.6
35	80060	2026年8月3日	Norwich Union	119 168	83.5	276.6	17.8	8.9

注：SA 指普通分红率，RB 指最终分红率

资料来源：保单贴现的销售单为英国 Policy Shop 社的主页（2008 年 7 月）的引用，利率（IRR）等的计算由笔者进行

在表 9-1 中，公布了距到期日的时间（简称残留期间）为 4 年到 17 年的共计 35 个销售合同。根据每个合同的记载信息，对保单贴现合同的内部收益率（internal rate of return，IRR）计算，在 9-1 表右边的⑳一栏中记载了其 IRR。计算方法与金融商品的投资分析相同，保单贴现合同与债券相同，在表 9-1 中按照期待收益率这一通用标准来处理。

　　下面来看保单贴现合同的收益率特点。公布销售列表的 2008 年 7 月，正是石油价格飙升带来的物价上涨压力与美国金融系统风险导致的通货紧缩压力同时来袭的时期。受此影响，英国国债的收益率曲线从短期（2 年）到长期（15 年）几乎呈水平。而贴现合同的 IRR 分布则如图 9-3 所示，与投资期间成正比，也就是债券的顺收益率曲线。如果进行定量分析，以销售合同的 IRR 为被解释变量，以残留期间为解释变量，利用最小二乘法进行估算，得到的决定系数为0.557，解释变量（残留期间）的 t 值为 6.673，更有说服力。并且，如果对解释变量用二次函数进行回归，得到的决定系数将上升至 0.756。投资者断定：贴现合同具有保单的保有期间越长不确定性越大的风险结构。这与公司债的"信用风险"结构相类似。

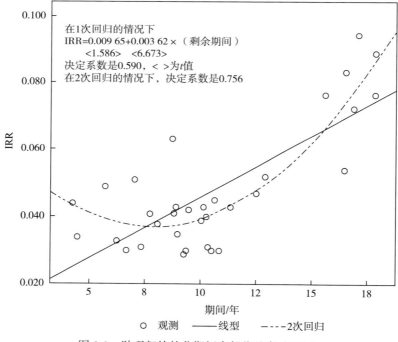

图 9-3　贴现契约的分期间内部收益率（IRR）

　　投资者面对的公司债投资的现金流，由购买金额的支付（投资额），即现金流出，与每期的利息收入及满期时的本金返还，即现金流入构成。而保单贴现合同的现金流，也由合同金额与此后的保费支付，即现金流出，与保险分红和满期保险金（有时为死亡保险金）收入，即现金流入构成。如果公司债的风险（信用风险、利率风险）与贴现合同的风险（保险公司的信用风险、死亡率风险、流动性风险等）的风险溢价，能够反映到债券收益率中，两者就能在资本市场中顺利交易。

　　并且，与以按揭贷款的现金流为标的资产的抵押担保证券相同，亦可组成以寿险的现金流为标的资产的证券化商品。

二、美国的寿险保单贴现制度与收益率构造

　　下面以美国的死亡保障保险保单为中心，分析保单贴现合同的现金流。实力雄厚的保单贴现公司 Advanced Settlement 公司（总部在佛罗里达州，此外还有 Safe Harbor Funds、LLC 等保单贴现公司）的首页显示，"2006 年的保单贴现金额总额为 2.98 亿美元，相关合同的退保价值为 0.7 亿美元，投保人的贴现所得为 2.28 亿美元，保单贴现金额为死亡保险金额的 24%（投保人的贴现所得为死亡保险金额的 18% 左右）"。虽然贴现所得对死亡保险金额的比例较小，但是对退保价值的比例（3.3 倍）却很大，投保人选择保单贴现获得的经济效用比退保大。

　　表 9-2 根据日本寿险协会对该公司直接进行听证时得到的数字，对保单贴现当事人的现金流进行了整理。此案例是保单贴现时被保险人为 85 岁的女性，死亡保险金额为 500 万美元，余命诊断的结果为在 92 岁（7 年后）死亡的保单。保单贴现所得占死亡保险金的比例约为 25%，属于前面所述的该公司主页的平均水平。

表 9-2　寿险贴现业务的现金流（单位：千美元）

主体	以 85 岁贴现、92 岁已死亡为前提	贴现时（85 岁）	对保险金占比	1 年后（86 岁）	…	6 年后（91 岁）	7 年后（92 岁）		12 年后（97 岁）
保险公司	收取保费 支付保险金	324		324	…	324	324 -5 000		
投资者	贴现金的支付 支付保费 收取保险金	-1 250	25%	-324	…	-324	-324 5 000		
	内部收益率（IRR）	—	—	274%	…	12%	8%	…	-1%
保险契约者	出售保险收入 支付保费	800 -324	16%						
贴现公司	手续费收入	300	6%						
FP、保险代理店	手续费收入	150	3%						
年龄别死亡率（日本、女性）		5.7%	—	6.5%	…	11.6%	13.1%		20.5%
86 岁开始的累计死亡率（美国、女性）		—		6.5%	…	43.6%	51.2%		82.2%

　　注：86 岁开始的累计死亡率为，把日本的分年龄死亡率经计算得到的死亡率，用日美累计死亡率的差距进行调整得到的推算值。这个数值与 15~60 岁的日美女性死亡率之间的差距进行调整后得到的数值进行平均得到的结果使表中 51.2%（92 岁）成为 68.9%

　　资料来源：以生命保险协会（2007）调查部报告为基础经笔者计算、补充、修改

　　该寿险保单贴现中出现的当事人是保险公司、投资者、投保人、保单贴现公司、财务规划师（financial planner，FP）。表 9-2 中的"对保险金占比"一栏的数值，表示各个当事人的支付额或所得额对死亡保险金的比例。投保人的所得金额，虽然仅占死亡保险金的 16%，但是仍然是退保价值的约 2.8 倍的水平。保单贴现时发生的手续费，包括余命诊断公司的手续费在内（1 件 300 美元左右），保单贴现公司为死亡保险金的 6%，FP 为 3%。

　　投资者在支付贴现合同购买金额的 125 万美元之外，还要支付从贴现时起至被保险人死亡时止的保费。根据这些数字计算，为期 7 年时，投资者 IRR 为 8%。7 年间的累积死亡率（标准个体）为 51.2%，似乎被保险人生存，不能获得保险金的风险较高，但是即便假设被保险人能够活到 97 岁（累积死亡率为 82.2%），收益率为–1%，大致保本。

　　而且，只是每年的保费（32.4 万美元）的支付人从原来的投保人变为了投资者，对保险公司的收支没有直接影响[①]。

　　但是，如何根据这些数字算出保单贴现公司的利润水平，最为重要的投保人所得额为什么是 80 万美元就不得而知了。要想合理评价保单贴现价格就必须明确这些数值。虽然要尊重市场价格，但是保单贴现市场的信息非常不对称。从其他角度重新验证保单贴现价格，无论是从避免寿险保单的卖方被低价购买的意义上，还是对于今后保单贴现市场的健全发展，都是必不可少的。

第六节　人寿保单贴现的风险评价

　　要在保险事故尚未确定的情况下预付保险金，不仅需要正确预测平均余命，而且需要不确定性风险溢价。重新分析保单贴现制度的风险可知，保单贴现代理商与依据大数法则获得大量保单的保险公司不同，因为只贴现少数特定保单而存在固有风险。第一个风险因素是以标准死亡表为标准估算特定保单平均余命时出现的估算误差。第二个风险因素是只以少数保单为对象而产生的死亡率标准差。从风险管理的观点来看，相当于平均收益率的是第一个风险因素，相当于分散的是第二个风险因素。

　　可以认为第一个风险因素，除了保单贴现公司的医师与平均余命诊断公司的

---

　　① 投资者为了避免保单失效，基本上会缴纳所有保费。因此，在理论上，解约率因为大规模的保单贴现而下降，会影响保险收支。

诊断误差之外，也有计算预期平均余命的"平均余命计算示范"[①]有瑕疵的情况等。VS 可以以相当高的精度预测出被保险人的死亡时间，而 LS 则主要以 65 岁以上且"没有罹患严重疾病的健康群体到亚健康群体的被保险人"为贴现合同对象，因此难以估算死亡率。据 Kamath 和 Sledge（2005）调查，LS 的合同对象的年龄构成为 65 岁以下的 4%、66~70 岁的 21%、71~75 岁的 24%、76~80 岁的 5%、80 岁以上的 16%。可以看到，为了提高死亡率的估算精度，首先把平均余命较短的老年人作为保单贴现的第一候补，然后把死亡率高于健康群体的体弱多病者和慢性病患者的保单作为候补，以控制风险的做法。保单贴现价格不仅取决于医疗审查的精度，而且还受到上述的用平均余命计算示范算出的"预期平均余命"左右。因此，会促使保单贴现公司及经纪人为了提高贴现合同的市场价格而试图缩短预期平均寿命。在贴现合同的交易时，由于该示范的估算精度不明确，不能排除估算结果的标准差与随意性的渗入余地[②]。

　　由于无法介入精算师团队提供的这些示范的内容，本节不再进一步触及第一个风险因素，即平均余命的估算精度，而是将预期平均余命作为已知条件给出。

　　但是，为了把预期平均余命的估算精度大致理出头绪，参考公开了亚标准群体合同的经过别死亡率的清家克哉和田村庆三（1987）的数据。该数据把亚标准群体保单的经过别死亡率分为不满 40 岁与 40 岁以上，而后又分别将其分为特别保费收入法与保险金消减支付法。由于美国的保单贴现的主要对象为 65 岁以上的男性，在类别上，"40 岁以上男性的亚标准群体保单"就很重要。在表 9-3 中整理了此数据。

　　亚标准群体保单总体的平均死亡率为 0.844/‰，约为标准群体 0.364 的 2.3 倍。在其中几类群体中，最小的倍率是削减保险金支付法 1 年级别的 1.4 倍，最大的倍率是特别保费收入法（305~500）的 4.8 倍。

　　因此，在本节中，作为余命诊断公司可以判定的死亡率的代表值，把标准死亡率的 1.5 倍、2.5 倍、5 倍的死亡率作为已知条件给出。

---

　　① 平均剩余寿命模型是美国的精算组织向贴现公司提供的剩余寿命判断系统。据 National Underwriter 2007 年 12 月号报道，采用 2 种模型，用同一个死亡率表分别推算同一个寿险保单，结果发现平均剩余寿命有 23 个月的差距。这个差距相当于 3%的期待收益率。

　　② 如果加上任意性，平均剩余寿命会出乎预料地延长，结果会导致投资收益率的低下。Life Settlement Consulting Managing 公司主张需要比较和评价保单当初设想的平均剩余寿命与实际平均剩余寿命（National Underwriter 2007 年 11 月号）。

表 9-3　标准个体契约的分经过时间死亡率（40 岁以上群体）

项目			经过契约数/件	死亡数/件	死亡率/%	对标准个体/倍
标准个体合计			314 283	2 654	0.844	2.3
	特别保费收入法小计		162 134	1 547	0.954	2.6
		135~150	83 988	760	0.905	2.5
		155~200	59 655	563	0.944	2.6
		205~250	9 399	83	0.883	2.4
		255~300	3 795	49	1.291	3.5
		305~500	5 297	92	1.737	4.8
	保险金消减支付法小计		152 149	1 107	0.728	2.0
		1 年	35 936	177	0.493	1.4
		2 年	69 291	422	0.609	1.7
		3 年	38 608	403	1.044	2.9
		4~5 年	8 314	105	1.263	3.5
标准个体合计			9 337 458	34 033	0.364	—

注：特别保费收入法的数字为，把标准个体作为 100 时的保费水准

资料来源：以清家克哉和田村庆三（1987）的数据为基础笔者做成

　　下面将分析第二个风险因素"以少数保单为对象导致的死亡率标准差"。保险公司采用在标准生命表中采用的 400 万件单位的群体死亡率，但是保单贴现公司只采用以 10 件（单独贴现）到 200 件（以资产证券化为前提的贴现）的少数合同为对象的死亡率。结果在大数法则的风险没有充分分散的情况下承担保险风险。

　　因此，将此种风险的风险溢价定义为不贴现时的责任准备金（根据标准生命表的标准死亡率计算）与贴现时（根据反映了少数样本风险的死亡率计算）的责任准备金之差。并且，在计算少数样本的责任准备金时，采用的不是预测粗死亡率加上特定安全率的惯用保费计算方法（决定论的方法），而是直接估算死亡率风险的概率论的方法。具体内容如下：

　　（1）以 LS 的中心年龄层 65~79 岁（约占贴现保单总体的 80%）为对象，求出因样本数减少而产生的死亡率标准差。

　　（2）计算死亡率时，采用了寿险标准生命表 2007 年的第 1 次修正值[1]，死亡率的标准差采用了根据生命表的粗死亡率修正为第 1 次修正值时采用的二项分布。也就是说，可以将每个被保险人的生死视为二项试验，其死亡率 q 近似服从正态分布 $N\{q, [q \times (1-q)]/n\}$（$n$ 为样本数）。并且，用于计算终身保险的责任准备金的 79 岁以上的死亡率，把第 1 次修正值作为被解释变量，把寿险标准生

―――――――――――

　　① 本来希望使用 2007 年的粗死亡率，由于得到的数据的关系，使用此数据的第 1 次修正值。但是，对模拟结果影响不大。

命表 2007 的死亡率作为解释变量，利用最小二乘法算出。

第1次修正死亡率 = 0.999 08 ×（标准生命表2007年的死亡率）+ 0.032 06

<　435.244 >　　　　　　　　　　　　　　< 0.988 >

自由度调整后的决定系数为1.00，< > 为t值

而且，由于这次估算的目的在于求出死亡率变化带来的责任准备金变化，所以没有把预定利率设为随机变量，而是固定为 2%。

（3）贴现时（65 岁）以后的死亡率，对（2）中求出的各个年龄的死亡率，产生 100 个随机数（随机模拟的期间与样本数，终身保险为 65~107 岁，共 4 300 个=43 年 × 100 个；定期保险为 65~79 岁，共 1 500 个=15 年 × 100 个），设想死亡率的标准差。

（4）求出（3）中求出的各个年龄的死亡率（每个年龄 100 个）所需的责任准备金（称为"必要责任准备金"，保费与初始值相同，利用将来法计算），求出在各种情况下该值与初始责任准备金的比例（必要责任准备金/初始责任准备金 −1，即"必要责任准备金率"）。按年龄将求出的该值以升序排列，以第 5 位的数值为风险回报[①]。理论上与金泽严（2005）一样，对于保费及责任准备金，采用了变形后的法克勒递推公式，即以下关系式。也就是说，以养老保险（定期保险、终身保险也能通过改变此公式对应）的年缴纯保费为基础，养老保险金=1 时，以下的一般表达式成立：

$$V_{x+t+1} = \frac{1}{1-Q_{x+t}} \times \left\{ (V_{x+t}+P) \times (1+I_t) - Q_{x+t} \times (1+I_t)^{\frac{1}{2}} \right\} (t=0,1,\cdots,n-1)$$

式中，P 表示保费的随机变量；n 表示保险期间（常数）；V_{x+t} 表示经过时点 t 的保费积累金额的随机变量；$V_x=0$，$V_{x+n}=1$；而 Q_{x+t} 表示 $x+t$ 岁的人每年的死亡率的随机变量；I_t 表示第 $t+1$ 年的全年资产运用收益率。

下面将对方程式求解，随机变量用小写字母表示：

$$(1-q_x) \times V_{x+1} = P \times (1+I_0) - q_x \times (1+I_0)^{\frac{1}{2}} \qquad (1)$$

$$(1-q_{x+1}) \times V_{x+2} = (V_{x+1}+P) \times (1+I_1) - q_{x+1} \times (1+I_1)^{\frac{1}{2}} \qquad (2)$$

$$(1-q_{x+2}) \times V_{x+3} = (V_{x+2}+P) \times (1+I_2) - q_{x+2} \times (1+I_2)^{\frac{1}{2}} \qquad (3)$$

$$\vdots \qquad\qquad\qquad \vdots$$

$$(1-q_{x+n-1}) \times V_{x+n} = (V_{x+n-1}+P) \times (1+I_{n-1}) - q_{x+n-1} \times (1+I_{n-1})^{\frac{1}{2}} \qquad (n)$$

用式（1）× $(1+I_1)$+式（2）× $(1-q_x)$ 消去 V_{x+1} 求出的终价基础的第 2 保险年度末的等式为

---

① 这是与评价银行经营的健全性、金融商品的风险程度时使用的破产概率几乎相同的概念。一般采用 5% 或者 1% 的破产概率，这里采用评价金融商品风险时经常使用的 5% 的破产概率。

$$(1-q_x)\times(1-q_{x+1})\times V_{x+2}=P\times(1+I_0)\times(1+I_1)+(1-q_x)\times P\times(1+I_1)-q_x\times$$
$$(1+I_0)^{\frac{1}{2}}\times(1+I_1)-(1-q_x)\times q_{x+1}\times(1+I_1)^{\frac{1}{2}}$$

同样的方法消去 V_{x+1}，变为如下形式：

$$\prod_{k=0}^{n-1}(1+q_{x+k})=\sum_{k=0}^{n-1}(1-q_x)\cdots(1-q_{x+k-1})\times\left\{P\times(1+I_k)-q_{x+n-1-k}\times(1+I_k)^{\frac{1}{2}}\right\}$$
$$\times(1+I_{k+1})\cdots(1+I_{n-1})$$

这样，P 可以用下式表示：

$$P=\frac{\displaystyle\sum_{k=0}^{n-1}(1-Q_x)\cdots(1-Q_{x+k-1})\times Q_{x+k}\times(1+I_k)^{\frac{1}{2}}\times(1+I_{k+1})\cdots(1+I_{n-1})+\prod_{t=0}^{n-1}(1-Q_{x+t})}{\displaystyle\prod_{t=0}^{n-1}(1+I_t)+\sum_{k=1}^{n-1}(1-Q_x)\cdots(1-Q_{x+k-1})\times(1+I_k)\times(1+I_{k+1})\cdots(1+I_{n-1})}$$

这时，q_{x+t} 为服从正态分布 $\mathrm{N}\left(q_{x+t},\dfrac{q_{x+t}(1-q_{x+t})}{N_{x+t}}\right)$ 的随机变量。N_{x+t} 表示保单数，"贴现型"为 10 件，"多件转卖型、信托利用型"（图 9-1 的情况 2）为 200 件。q_{x+t} 为 $x+t$ 岁的男性的预定死亡率（标准生命表 2007 年的死亡保险表）的第 1 次修正值。保险商品为定期保险与终身保险（男性 40 岁加入，79 岁缴完）。在定期保险的情况下，不要分子的最后一项。利用这种保费与责任准备金的关系，对比用决定论的方法求出的责任准备金与用概率论的方法求出的责任准备金，求出必要责任准备金率。

首先，对于由 200 件定期保险形成的贴现合同（即标准情形），利用蒙特卡洛模拟法，按年龄求出必要责任准备金率。图 9-4 中，对于模拟后得到的 100 个的情况，从左到右对必要责任准备金率进行了升序排列[①]。纵轴的 0% 的线，表示必要责任准备金与根据寿险标准生命表 2007 年的死亡保险表的死亡率算出的责任准备金水平相同。也就是说，如果不考虑退保扣除额的话，责任准备金水平与投保人的退保价值水平（以下相同，退保价值指的是不考虑退保扣除额的金额）相同，意味着保单贴现公司只能提出与退保价值同等水平的贴现额（投保人所得额）。

因此，负值（A）的部分为死亡率低于生命表死亡率（生存率较高）的标本集合，表明在这个区域，贴现公司如果按退保价值的水平提出贴现价格就会出现赤字。反之，正值（B）的部分为死亡率较高（生存率较低）的标本集合，可以提出高于退保价值的贴现价格的区域。两者的面积比（B/A）为 1.012，几乎等于 1，并且必要责任准备金率的中位数也几乎为 0%，因此模拟情况的分布比较平稳。也就是说，这表示贴现公司（或投资者）出现赤字的概率（责任准备金不足的可能性）约为 50%。

---

① 各种方案均使用从 65 岁到 79 岁（15 年）的各年度的必要责任准备金的平均值，样本本身为 $100\times15=1\,500$ 个。

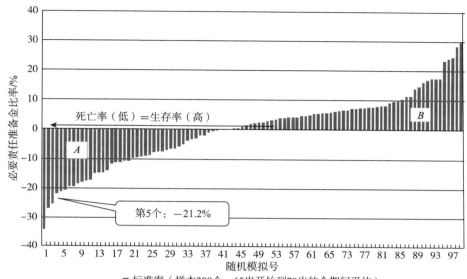

图 9-4　必要责任准备金比率的分布

必要责任准备金比率=伴随贴现的必要责任准备金/初始责任准备金−1

要想将出现赤字的概率控制在 5%以内，就需要另外保有与左起第 5 个必要责任准备金率所相当的资金（即风险缓冲资金）。模拟结果显示，第 5 个必要责任准备金率为−21.2%。保单贴现公司需要选择是另外保有与之相当的风险缓冲资金，提出与退保价值金额同等的贴现价格，还是提出低于退保价值 21.2%的贴现价格。

在这种情况下，贴现交易无法成立。因此，贴现交易商集结了死亡率更高的体弱多病者及老年人的保单，试图使该图表整体上移。图 9-5 反映了集结死亡率为表 9-3 中提出的标准死亡率的 1.5 倍、2.5 倍、5 倍的保单时的必要责任准备金率变化。该图 9-5 中带阴影的部分即为上述的图 9-4 的标准情形。集结了 200 件死亡率为标准群体 1.5 倍的定期保险保单时的必要责任准备金率，在所有的模拟情况下都超过了 0，表示可以提出高于退保价值的贴现价格。如果集结死亡率为标准群体 2.5 倍的保单，可以提出约为退保价值 1.7 倍的贴现金额；如果集结死亡率为标准群体 5 倍的保单，可以提出约为退保价值 2.1 倍以上的贴现金额。

反过来看，相当于该必要责任准备金率为正的部分的责任准备金额，可谓是与进行贴现时的投保人死亡率相应的责任准备金。也就是说，与该责任准备金相当的金额本来就是投保人的获得额（以下为了与投资者的贴现价格区别开来，称之为贴现成本）。

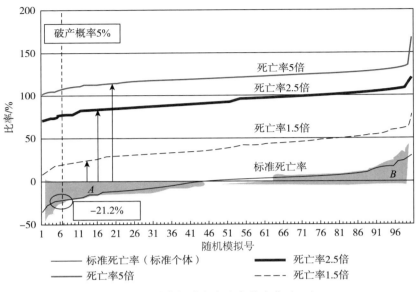

图 9-5　必要责任准备金比率的变化（一）

　　下面，从另一个角度来观察贴现公司的风险变化。风险随着样本数、要贴现的保险商品的种类而变化，其结果如图 9-6 所示。基础情形考虑到贴现合同的证券化，样本数为 200 个，但是也可能存在贴现公司自己承担风险。例如，对 10 个左右的少量保单投资的情况。样本数缩小到 10 个时，样本的标准差进一步增加，必要责任准备金率的变动幅度会变大。与标准情形的–21.2%相比，破产概率为 5%时，样本数为 10 个的必要责任准备金率扩大到–51.5%。保单贴现企业必须集结有更高死亡率的保单。

　　另外，要贴现的保单为终身保险保单时，虽然退保价值较高，贴现利润较少，但是如图 9-6 实线所示，必要责任准备金率（样本数为 200 个）为–2.6%，为标准情形的八分之一，比较平稳。

　　顺便说一下，在美国的保单贴现中为数最多的万能寿险，由于投保人可以随意改变生存保险部分与定期保险部分的比例，很难确定其标准型。假定标准型万能寿险的终身保险与定期保险的比例为 1∶3，其必要责任准备金率线将接近样本数为 200 个的标准情形的定期保险。

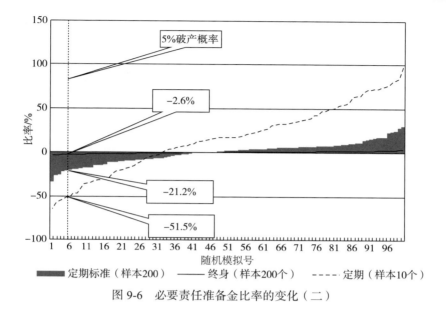

图 9-6　必要责任准备金比率的变化（二）

第七节　保单贴现价格的结构与合理的价格评估
——资本市场与保险市场的风险交换

在保单贴现市场，如图 9-1 所示，出现与保险市场不同的当事人。尤其是投资者（当贴现企业承担风险时为贴现公司）属于资本市场的参与者，把以前与该市场不相干的保险市场与资本市场结合起来。此时，投资者按照同一尺度测算保险风险与金融风险，还以市场价格评价保险价值。发行已在损害保险领域使大规模灾害风险转化为证券的 CAT 债券，投资者从债券投资的角度出发，以获得高于普通公司债的风险溢价（利率）为条件购买该债券。也就是说，在资本市场，自然灾害的发生概率、人的死亡率（贴现时为生存率，生存率=1-死亡率），是按照与公司债发行公司的破产概率（信用风险）相同的尺度，即利率（正确说法为信用风险利差）来评价的。在资本市场，需要与企业破产的可能性（信用风险：期间累积的破产率）相应的风险溢价，同样也需要与该被保险人超过预计期间生存的可能性相应的风险溢价。

只要决定该保单池的生存率变动风险的风险溢价，即可用常规的债券价格计算方法算出投资者的贴现价格。

这次采用的必要责任准备金的计算方法，并非平均死亡率加上安全率的传统方法（决定论的方法），而是采用蒙特卡洛模拟法直接测算风险量本身的金融市场的做法。只要立足于这一平台，即可在同等条件下探讨死亡率风险与信用风险[1]。图 9-7 为两个市场的风险在同等条件下融合的示意图。也就是说，保险市场的（累积）生存率随着时间的延长而下降，而资本市场的（信用风险）破产率则随着时间的延长而上升。在深灰色阴影部分，以往分离开来的保险市场与资本市场相互融合。于是，发生两种风险的交换。

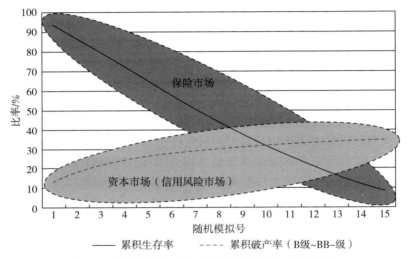

图 9-7　保险市场与资本市场的风险交换（概念图）

当表示保险风险的投资期间内的累积生存率（1−累积死亡率），与表示信用风险的累积破产率相同时，投资贴现合同的投资者要求的风险溢价将与信用风险溢价（同一期间的国债收益率与公司债收益率之差）相同（本来必须考虑与风险特性、其他资产的相关性，为了简化计算，在这次分析中舍去）。

表 9-4 显示了寿险标准生命表的第 1 次修正值（2007 年）的累积生存率与评级公司 S&P 的长期信用风险累积破产率。如前所述，累积生存率随着期间变长（年龄上升）而减少，反之，累积破产率随着时间变长而逐渐增加。这两个数值，在 72 岁（累积生存率<同期的 CCC 级公司的累积破产率）至 77 岁（累积生存率<同期的 BB+级公司的累积破产率）之间相交。信用风险溢价随着景气与金融局势而变化，并非一成不变。但是，考虑到贴现合同对于投资者而言，属于不熟悉的投资对象，投资者可能会要求接近以往上限的理论价差。因此，采用金融机构相继破产、信用

---

① 虽然不能说利用评级对信用风险进行定性评价时一定"基础相同"，但是利用 Black Scholes Merton 模型等信用期权模型、第十三章的信用风险价差评价模型时，是在同样基础上进行的。

风险急剧上升的日本 20 世纪 90 年代的价差。对于这个时期 BB 级至 B-级的公司债，投资者要求的信用风险价差约为 400 基点（＝4%）①。

表 9-4　与金融市场的连动：死亡率与信用风险利差

年龄	标准死亡率	标准死亡率（累计）	5 倍死亡率		5 倍生存率 1-①		信用风险累计破产率		
			累计①	年龄换算			BB+级	CCC 级	BBB-级
65 岁	0.013	0.013	0.065	68 岁	0.935		0.008	0.256	0.003
66 岁	0.015	0.027	0.133	72 岁	0.867		0.025	0.341	0.010
67 岁	0.016	0.043	0.202	74 岁	0.798		0.046	0.390	0.018
68 岁	0.018	0.060	0.273	76 岁	0.727	连动	0.065	0.417	0.028
69 岁	0.020	0.079	0.347	78 岁	0.653		0.084	0.455	0.037
70 岁	0.022	0.099	0.419	80 岁	0.581		0.101	0.456	0.046
71 岁	0.024	0.121	0.489	82 岁	0.511		0.115	0.467	0.053
72 岁	0.026	0.144	0.556	83 岁	0.444	<	0.128	0.473	0.059
73 岁	0.029	0.169	0.621	85 岁	0.379		0.138	0.489	0.063
74 岁	0.033	0.196	0.683	86 岁	0.317		0.146	0.498	0.069
75 岁	0.036	0.225	0.739	87 岁	0.261		0.157	0.505	0.074
76 岁	0.039	0.225	0.790	88 岁	0.210		0.166	0.513	0.079
77 岁	0.044	0.288	0.836	89 岁	0.164	<	0.171	0.519	0.085
78 岁	0.048	0.322	0.876	90 岁	0.124		0.172	0.525	0.094
79 岁	0.055	0.359	0.910	91 岁	0.090		0.173	0.525	0.100

注：死亡率为，寿险标准生命表（2007 年）第一次平滑死亡率、男性的数值；信用风险累计破产率采用的是反映了 S&P 2007 年的评级变化后的累积破产率；1997 年信用风险增强情况下的 BB+级的信用风险利差，约 400 基点

　　下面将利用上述分析，明确贴现合同的价格构成，探讨投保人获利的可能性。以死亡率为标准情形 5 倍的定期保险（40 岁加入 40 年期满，保单贴现时年龄为 65 岁的男性，保险金为 100 万日元，样本数为 200 个）为对象②。

　　表 9-5 表示了其价格结构。首先，定价的出发点，即投资者要求的收益率（期待投资期间 10 年，因被保险人的余命而异）是过去 15 年的 10 年国债平均收益率 2% 加上前述的风险溢价 4%（400 基点），即 6%（IRR=6%）。用 6%进行现价计算得到的 100 万日元保险金的贴现价格为 502 940 日元（死亡保险金的 50.3%）。投资者的投资额为该贴现价格加上 70 600 日元（由于缴纳保费的年数因被保险人的死亡时间

---

　　① 室町幸雄（1999）在金融体系动荡加剧的 1998 年，JFE 条钢、长银、日债银等（评级为 B 级至 BB 级）经营破产的可能性较高的企业，信用溢价曾为 350～450 基点。并且认为表示信用风险，在东京金融交易所上市的 CDS 比率超过 400 基点的企业，破产可能性较大。

　　② 标准情形显示与美国万能保险相似的必要准备金比率的特性，并且，当把 65 岁到 80 岁的死亡率乘以 5，几乎得到与标准情形 68 岁到 91 岁相同的死亡率，属于 LS 的中心保单年龄带。因此认为标准情形的通用性最高。

而异，特意省略现价换算）后得到的 573 540 日元。投资后 1 年被保险人死亡时，投资收益率高达 96.1%；反之，被保险人寿命较长，投资期间延长到 15 年时，投资收益率则降到 3.6%。并且，在保险期满（期间 16 年以后：被保险人年龄为 80 岁）后，由于定期保险不存在责任准备金，无法收回投资额 608 840 日元（初始贴现价格+15 年的保费）。此时的累积死亡率为 91%，赔本的概率为 9%。

其次，给贴现相关当事人间分配投资者的出资额（贴现金额）。当事人为：①保险公司（收取保费与支出保险金）；②投保人（得到贴现原价）；③贴现公司（收取贴现手续费及被保险人的后续服务费，与表 9-2 一样假设为 6%+1%）；④FP 等介绍人（收取介绍手续费，与表 9-2 一样假设为 3%）；⑤余命诊断公司（收取诊断手续费：根据对各个团体听证的结果，假设为 1%）等。因此，从投资者的投资额中减去对这些当事人支付的金额，即为贴现公司的毛利。

最为重要的投保人的净收金额，即贴现原价，根据本章第六节的模拟算出的必要责任准备金比率计算，为 161 743 日元。这相当于死亡保险金的 16.2%，是美国全部贴现合同的平均水平。而且，此数值相当于退保价值的 2.1 倍。

从投资者的投资额中减去（1）到（5）的费用得到的贴现公司的毛利为 211 197 日元，是死亡保险金的 21.1%。销售毛利率（毛利占投资者投资额 573 574 日元的比例）为 41%。死亡率波动风险全部被转移给投资者，贴现公司可以把一部分毛利用在人工费等固定费用、贴现合同的募集、销售成本等方面。即便如此，贴现公司还是很有可能留下很多利润，对投保人的回报余力很大。

可以通过贴现制度的设计来促进对投保人的利润回报。首先，要尽量披露表 9-5 中列举的贴现价格结构，发挥市场的监督功能。投资者与投保人等，根据这些信息鉴别劣质贴现公司。而且还有一点很重要，就是要披露贴现公司在签订合同时提出的预想余命与实际投资者到获得保险金为止的期间，并验证余命的预测结果。

其次，可以采取措施压缩应对贴现公司风险的成本。例如，培养可以正确评价亚标准群体合同风险的余命诊断公司，增强贴现公司的资本实力（只允许资本实力在一定标准以上的企业从事贴现业务）等。

并且，不仅要加强对贴现公司的管制，还要让保险公司采取应对措施。对于可以成为 VS 对象的重症投保人，只要满足一定条件，即可以死亡保险金为担保，得到比退保价值更高的贷款，探讨这样一种新的投保人贷款制度也是很重要的。

将来，在日本导入贴现制度时，需要加以管制，在提高贴现价格透明性、充分发挥市场监督功能的同时，禁止组成没有被保险利益的保单。不要坐等市场自然出现，而要主动培养市场，这种态度很重要。

表9-5　寿险贴现契约的价格结构（单位：日元）

<收入>

参加者	内容	死亡保险金比率	1年（65岁）[契约时]	2年（66岁）	3~8年	9年（73岁）	10年（74岁）	15年（80岁）
（1）投资者 出资额	①贴现现金	-50.3%	-502 940	IRR=6%	...		（收入保险金） 1 000 000	（收入保险金） 1 000 000
	②支付保费	-7.1%	-7 060	-7 060	...	-7 060	-7 060	-7 060
	③投资者收益率	—	96.1%	39.3%	...	6.8%	6.0%	3.6%
（IRR：10年，6%）		（合计57.4%）						

<支出>

参加者	内容	死亡保险金比率	1年（65岁）	2年（66岁）	3~8年	9年（73岁）	10年（74岁）	15年（80岁）
①保险公司	①收入保费	7.1%	7 060	7 060	...	7 060	7 060	7 060
	②支付保险金				...		-1 000 000	-1 000 000
②贴现人	贴现原价	16.2%	161 743					
③贴现公司	①最低手续费	6.0%	60 000					
	②后续成本费	3.0%	30 000					
④介绍者（FP等）	介绍费	3.0%	30 000					
⑤余命诊断公司	最低手续费	1.0%	10 000					
		（合计33.3%）						
（2）贴现公司的毛利	（收入-支出）	21.1%	211 197					

通过随机模拟计算出②

①对象契约为40岁男性，40年定期，全期支付计算值

②161 743日元为，以贴现契约数200件，死亡率5倍为前提，相当于破产概率为5%时的必要责任准备金的值

③后续成本费为，贴现后被保险者进行定期健康状况检查的成本

第八节 结 论

作为老年人剩余财产的寿险，也许可以利用贴现制度促进经济价值提升，因为寿险存在无法用保险精算学体现的潜在价值。如果这样，就必须完善 2005 年 11 月东京地方法院判决①附带意见中表明的法律法规，并早日统一保险人能否同意的标准等。

当然，寿险公司为了满足变化的保户需求，一直引进保单转换制度，销售生存需求特约等，扩大了服务范围。但是基本上没有开始开发基于精算学难以承担风险的领域（如对余命在 6 个月以上的保单预付死亡保险金）的商品与服务，扩大保险与金融相结合的服务（如前面所述的死亡保险金担保贷款）等。

因此，强行让保险公司在该领域开展业务，无论是从维护保险公司健全性的观点，还是从成本的观点来看，都是有问题的。把风险委托给可以承受范围更广、数量更多的风险的资本市场，探索对策，这种做法应该更为合理。现在需要一种能动的制度设计，充分发挥资本市场的深厚包容性与保险的互助机制本质，将二者融为一体。

拙作如果能够为多方面探讨日本寿险贴现制度提供一个良好的契机，将倍感荣幸。

---

① 2005 年 11 月 17 日，东京地方法院对寿险贴现的判决（其后 2006 年 3 月 20 日东京高等法院支持东京地方法院的原判，2006 年 10 月 12 日驳回上诉），关于投保人及保险金获得者变为贴现公司时的保险者的同意，断定寿险公司拒绝同意不属于滥用权利及违反公平正义原则的行为。该判决认同保险人具有较大范围决定权，但是作为附带意见，对于原告（契约者）的困境表示了一定程度的理解，提出了"今后有必要完善包括针对保单贴现企业的管制在内的保单贴现法律，以及进一步讨论保险者同意的可否标准"的问题。

第十章 环境保险与资本市场

【摘　要】　在日本,利用民间的环境保险(这里将环境污染赔偿责任保险、土壤污染净化费用保险、医疗废弃物排出者责任保险、工业废弃物排出者责任保险,统称为环境保险)来应对土壤污染等环境风险的情形并未多见。主要的原因在于,日本用于评价环境风险的政府法规、公共补偿制度等尚不完善。例如,2003年日本实施的《土壤环境对策法》,在责任原则的严苛程度、污染后的净化标准、资金补助以及实施主体的认定等方面,远不如 1980 年美国实施的《联邦超级基金法》规定得合理与详细。

面对这种情况,日本企业多以自我承担风险(自我保险)的方式来应对环境风险。这种方式对于财务实力较强的大公司还可以勉强接受,但对于规模较小的企业,潜在风险的存在可能给企业经营造成沉重的负担,影响企业的生存。

一般来说,环境保险具有以下三个功能:①确保企业资金赔付的能力;②补偿受害者;③跟踪监控企业行为、发挥保险公司的环境监督作用。环境保险的开展与普及对国民经济的发展有益。鉴于此,本章以环境保险为切入点,在分析环境保险未能普及的原因的基础上,提出加速环境保险产业发展的对策。

【关键词】　道德风险　超级基金项目　土壤污染净化

第一节　环境保险尚未普及的原因

从理论上来看,环境保险尚未普及,既有保险需求方(购买保险的企业)的原因,也有保险供给方(销售保险的企业——保险公司)的原因。需求方不愿参保的原因主要在于:①签订保单前进行的第三方审查中必须提交污染源的相关数据;②事前的审查手续需要花费大量的时间;③签订保单后企业需继续负担保险公司后续跟踪监控环境的费用;④虽支付了高额保费,但发生问题时,企业仍需承担部分保险支付金;⑤环境风险带来的损失难以估测;⑥管理层对环境风险认识不足，过于低估环境风险可能带来的损失；⑦规避风险的成本过高等。而供给方不愿开展环境保险业务主要因为：①逆向选择（即污染风险越高的企业越希望加入保险）与道德风险（即参保后降低污染风险的动力变小）并存；②环境污染的事例过少，合理测算保费的难度较大；③没有对环境风险承保的再保险公司；④环境污染发生时，确定责任人与受害人需花费大量的时间和精力；⑤对渐进式的污染事故（残留性风险）的风险评估难度大；⑥受法规变化的影响大（若环境污染法规有变化，补偿范围也要随之变化）等。

但是，这只是从理论的角度对环境保险尚未普及的缘由进行分析，实际原因并不明确。在环境保险市场中，保险公司要先对参保企业的环境风险进行评估，再根据评估结果设计具体的补偿内容与保费额度等。因此，保单中大多会涉及企业的商业机密性内容，自然地，可公开查询的信息也就非常的少。

在这里，以桑名谨三（2007）等对保险公司的问卷调查为依据，结合其研究结果，从其反面，分析保险公司在这种环境下依然开展环境保险业务的理由。

桑名谨三等的问卷调查结果中，列举了保险公司不愿承保环境保险的四点理由：①标本数量过少，定量分析环境风险比较困难；②难以通过再保险来降低风险；③无法排除逆向选择与道德风险的存在；④事故发生时，需要有大量的专业知识、花费大量的精力来评估损失等。这与前面的预想基本一致。有意思的是，即使如此，依然有保险公司愿意开展环境保险业务。

在日本国内，存在多家销售环境保险的公司。这些公司愿意承保，主要与财险公司的经营战略有关。一般的，日本的法人财险市场，是一个各家公司的市场占比基本固定、缺乏弹性的市场。想要凭借差别化的产品来异军突起并非易事，主要还是要通过满足企业的需求、与企业建立长期友好的合作关系来提高市场占比。而风险程度和发生频度都无法确定的环境保险就是实行差别化战略、提高市场占比的重要一环。当然，提供包括环境保险在内的"一揽子业务"，也有条件限制：①当环境风险造成的损失高于预期时，保险公司可以运用资产收益进行弥补；②非常看好环境保险市场的前景，保险公司愿意进行早期投资；③承保风险较高的环境保险的同时，也承保同一企业的其他保险业务，提高市场份额；④可以通过开展环境保险业务，对公众进行环保宣传，提高保险公司品牌的知名度；⑤获得投保企业风险顾问的地位。

换句话说，日本的保险公司虽然质疑单独承保环境保险的可行性，但如果提供一揽子的保险服务，且这些服务满足一定的条件，保险公司依然愿意开展如环境保险之类的业务。这样一来，只要可以有效控制保险公司的风险，环境保险就有普及的可能性。

第二节　与环境保险普及相关的法律制度的完善

本部分立足于国际视角，对几个有利于控制保险公司风险、加速环境保险业务普及的环境法案进行了概述。在欧美，正是这些严苛的环境法案的应用，才得以让环境保险业务的普及成为现实。

一、法律的完善——美国的超级基金法与环境保险

美国于 1980 年制定的超级基金法，对环境保险市场的影响非常大。这一法案以应对有害物质污染灾害为目标，对污染者提出了三个严苛的原则。它们分别是：①污染者的自身责任原则；②污染关联人员的连带责任原则；③责任方有恢复原状的义务。因为法案非常严苛，应用后虽引起一定程度的混乱，但效果也很显著。这一法案的应用，从法律上明确了"由责任人将污染现场恢复原状这一原则"；使 750 处污染较严重的现场（超级基金现场）得到了净化；并实现了净化费用的 70% 由责任人（而非国家与各州）负担。与这一联邦计划同时推行的还有以州为单位的小规模的超级基金项目，它们对污染程度较低的污染现场采取更灵活的归责制度，更有针对性地应对环境污染。

不过，随着超级基金法的应用，问题也开始显现。因为恢复原状的标准设定较高，且不同责任者间的责任认定难度较大，使责任者间的诉讼增加，拖延了净化时间，也增加了净化费用。同时，严苛的污染责任原则和连带责任原则，无形中加重了实力较弱的中小企业的负担。而且，如果不能确定污染者，法案会将这一费用强加于嫌疑企业的所属行业，由其负担，其结果是，费用最终会被转嫁到产品的使用者、消费者身上，法案的合理性堪忧。鉴于此，这个只有 15 年时限的法案，未能得到议会的延长许可。现在，恢复原状的费用主要由政府的一般收入来负担。2002 年美国超级基金项目的预算为 1 500 亿日元，其中约一半来源于联邦政府的一般预算，就说明了这一点。上述超级基金法的基本概要和问题点等，参照表 10-1。

表 10-1　超级基金法的概要与发生的问题点

项目	超级基金法（联邦法）	发生的问题点
背景	对有害物质污染灾害的国民的关心	
对象	国内污染最严重的污染现场（约 1 200 处） （不算太严重的污染用州的基金法解决）	①责任认定时间长、净化的延迟及费用的膨胀 ②中小企业者负担沉重 ③加速对有污染可能性用地的疏远

续表

项目	超级基金法（联邦法）	发生的问题点
基本原则	①污染者负担主义 ②除了污染排放者以外，搬运者、储藏者、处理者等都有责任，并且负有连带责任与溯及责任	①适用基准没有统一性 ②费用效率性低 ③由于污染工程带来的区域印象恶化
运营主体	①EPA（联邦环境保护厅）为中心、公布优先净化顺序表 ②平均净化修复期间为12年	
恢复财源	①原则上由责任当事者负担 ②当事者不明时，由此产业目的税支付 ③一般预算	①向产业征税的理由薄弱 ②产业税归根结底被转嫁为由消费者、利用者负担

资料来源：根据日本政策银行纽约在员事务所（2002）、EPA主页等由笔者做成

1995年，通过对上述事项进行反思，美国环保署（US Environmental Protection Agency，EPA）制定了《布朗菲尔德行为准则》，用以缓和原来过于严苛的超级基金法的责任原则，这一准则被沿用至今。除此之外，为了减轻中小企业的负担，2002年又针对中小企业制定了《布朗菲尔德再活化法》。这一法案允许为善意的责任主体免去赔偿责任，且要求相关费用由州政府预算来负担。这样一来，在短时间内，大部分的污染处理事项都被交由州政府来承担（又称为超级基金项目），EPA直接负责的超级基金现场只剩下约1 200个。而日本政策投资银行2002年的报告也显示，截止到2001年3月，位于纽约州的联邦超级基金现场为101个，其中有25个已恢复原状。相较之下，隶属于纽约州政府的超级基金项目约有800个，资金承担比例分别为责任者62%、联邦政府12%、纽约州政府16%。

通过对州政府超级基金项目的完善以及灵活运用，地方政府可以就近对居民的健康与自然环境进行保护，大大提高了环境保护以及将污染现场恢复原状的效率。

超级基金法的制定，对在这之前就开始销售企业赔偿责任保险的保险业界产生了巨大影响。污染责任方按照超级基金法的要求，承担恢复原状的义务或支付损害赔偿时，花费的部分费用可以要求由已购买的商业综合责任保险（commercial general liability insurance，CGL）来负担。收到保险理赔申请的保险公司，开始陷入对免责条款解释的混乱之中。CGL，一般是承保企业因事故致使他人残障或财物承受损失的一类险种，其中通常包含如下免责条款："因向土壤、大气、水域、河流、海洋和湖泊等排出或泄漏污染物质而造成的损失不适用本保险。"而且，对予以赔偿的污染损失也有要求，突发性的、偶然发生的污染损失属于CGL的承保范围，"渐进式的污染事故"（前面所述的间接受害）可以免责。超级基金法的对象多为"渐进式的污染事故"，按照本合同条款，保险公司其实可以免责。

保险公司在 1986 年修订了 CGL 的条款内容，不过对于在这之前签订的合同的条款解释以及修订时间等，污染责任方与保险公司出现了分歧，也因此发生了多起污染责任方状告保险公司的事件。保险公司应对诉讼的费用总额达到了每年 600 亿日元，这对保险公司而言，是非常沉重的负担。吉川英一（2002）的论文中提到，1985 年 CGL 的保费收入总额为 3 500 万美元，支付的保险金额却达 9 000 万美元，差额可见一斑。在这之后，保险公司又对环境保险的产品进行了修订，在明确免责条款的同时，扩大了保险的适用范围，将设施造成的伤害与残疾、净化费用、工程项目拖延损失、担保价值下降与名誉损害赔偿、法律纷争费用等也都纳入承保范围。这次修订并未能改变环境保险成本过高这一基本印象，但在减少与居民的分歧、灵活处理污染事件等方面却有了长足的进步。通过这些努力，至少可以将企业因污染环境遭受的打击限制在最小的范围。

另外，如果从污染关联人员连带责任的观点来看，那些为污染企业发放贷款的银行同样要承担连带责任。因此，民间的保险公司开始向贷款给污染企业的银行销售"贷款者保护保险"，目的是当企业因污染环境导致担保价值下降、无法履行债务时，可以保护金融机构的利益。与此同时，议会也于1996 年放宽了贷款者的责任，制定了"贷款者责任、存款保险保护法"，来对未实际参与污染企业资产运营的金融机关免责。

如此一来，环境法规的新设与变更不仅影响了环境政策，而且还改变了已售出保险的保障范围，以至于使已售出保险的保障范围超出了保险公司预期的范围。反过来，民间保险公司在商品上所下的工夫也会促进新法规的制定，有利于促进环境政策的完善。保险公司在法规改变时一方面要想办法不让自己置于过度的风险之下，另一方面也要利用自己的智慧，来促进环境政策的完善，二者共同作用，形成了良性循环。

二、法律制度的完善——欧洲的环境法规与环境保险

欧洲于 2004 年出台了《环境责任指令》（2004/35/EC），将环境污染中企业的赔偿责任正式明确为企业的义务。这一指令提出了污染者负担原则，欧盟各国开始以这一指令为范本，加速国内法的制定。西班牙的国内法，要求那些可能造成环境污染的企业，于 2010 年 4 月以后，对未来可能发生的环境污染所需支付的赔偿费用进行金融保证。要求金融保证的目的是敦促企业借助准备金或者购买环境保险的方式来应对未来可能发生的环境风险，因此无论制度如何设计，都可能提高环境保险产业的需求度。现在，欧洲的保险业普遍认为，欧洲保险委员会（Comite European des Assurances，CEA）规定的指令是合理

的，对开发适合此指令的环境保险业务也非常有信心。该指令的基本原则有三点：①无论是已获得经营许可的企业，还是已采用最新环境技术的企业，都不能免除其损失赔偿责任；②基于连带责任的原则，即使当事者只负有部分责任，也要承担全部的损失赔偿责任费用；③对环境风险负有金融保证的义务。根据上述原则，保险公司可以制定更合适的产品，最大限度地帮助企业抑制环境风险。同时，因为企业负有金融保证义务，环境保险市场不仅可以针对大型企业，还可以将经营对象的范围扩展到实力相对较弱的中小企业，环境保险的发展前景可人。

在德国，早在欧盟指令实施之前就已经制定了环境法规。1990 年通过的《环境责任法》(Umwelthaftungsgesetz) 的第一条中写道："当设施造成的环境污染足以致人死亡、影响人的身体健康、或引发财物损失时，设施的经营者必须按照无过失责任原则，对设施污染事故造成的损失进行赔偿。"即使经营者已充分监管设施，且在当时的技术水平下尚无法判断该经营行为是否会引发环境污染，环境污染亦符合法律规定的正常运转下的污染情形，经营者也不能被免责。也就是说，在认定责任时，环境风险的发生是责任判定的唯一要件，无需过多考虑经营者是否存在过失行为。同时，为了确保经营者履行赔偿义务，此法的 19 条还规定，设施经营者有义务把以下三者中的任何一个作为赔偿资金的来源：①留存收益；②联邦、州政府的保证；③银行的保证。如果不履行这一义务，政府有权利强迫其停产，并对其进行刑事处罚（此法第 19 条第 4 项、第 21 条）。

对此，德国损害赔偿保险者协会与保险公司提出了将正常生产运转中发生的"渐进式的污染事故"，如由大气、水、土壤污染导致的人和物的损失、行政上的净化费用、防止损失费用等也列入担保范围的环境赔偿责任保险的模型方案。

三、法律制度的完善——日本的《土壤污染对策法》

日本在 2002 年 5 月通过了《土壤污染对策法》，于 2003 年 2 月 15 日正式实施。该法案中明确规定，用于处理有害物质的特殊设施在停用、废弃时，有被调查的义务。同时要求：①如果发生了污染，都道府县（相当于省级行政单位）有责任对污染地区进行记载和公示；②可以明确污染者时由污染者、不能明确污染者时由土地所有人等来采取土地净化措施。调查主要分为两类：一是以废弃的特定设施为对象的三条调查；二是以高污染地区的土地为调查对象的四条调查。

该法案同时规定，受污染的土地在被完全净化（挖掘移除、原位净化）后，政府可解除对这一区域的控制。但如果采取的是隔离、密封（原位置填埋密封）

等方式来消除土地污染，该区域将不能被解除控制。法案的风险类型由土壤摄取风险（含有量标准）与地下水饮用风险（洗脱标准）两部分构成。

除此之外，每个都道府县都制定了关于土壤污染的相关条例。东京都的《东京环境确保条例》规定，不论是否与有害物质有关，只要对 3 000 平方米以上的土地进行变更，就有接受土壤调查的义务。广岛县也在《关于广岛县生活环境保护等的条例》中规定，当 1 000 平方米以上的土地进行手续变更时，有接受调查土地履历的义务。土地调查的结果中如果显示此土地过去曾是有害物质的特定生产场所（土壤关系特定生产场所），就需要对土壤的污染状况进一步确认（土壤污染确认调查）。如果确定有污染，在土地变更时，还要求一并提交防止污染扩散的计划书（防止污染扩散计划书），规定新的使用人负有实施必要措施的义务。

根据环境厅公示的《都道府县以及主要城市土壤污染的调查情况》，土壤污染调查的件数每年都在增加。如图 10-1 所示，1991 年 8 月 23 日制定土壤污染标准时，土壤污染的调查件数仅为 40 件，其中超标件数有 8 件，约占总件数的 2 成。而 2007 年，调查件数达到了 1 371 件，其中超标件数大幅度增至 732 件，超标比例达 53%，占总数的一半以上。在这之中，基于上述《土壤环境对策法》的第 3条、第 4 条调查的件数为 243 件，占总数的 18%。

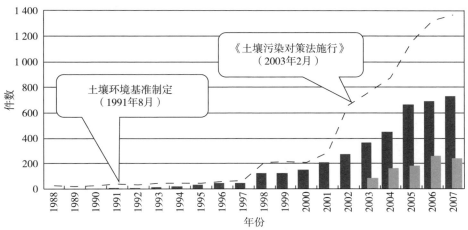

图 10-1　土壤污染调查件数的推移

资料来源：根据日本环境厅《关于平成十九年土壤污染的对策法的实施状况及土壤污染调查、对策事例的调查结果》由笔者加工完成

随着法规的完善，调查件数呈现飞速增长，法规对环境对策的影响由此可见。

第三节　迫切需要改善的环境基准

一方面，谨慎界定法规中的环境基准非常重要。从本章第二节的论述可知，法规能够加速环境保险市场的扩大，但其前提条件是，法规中设定了可以判定环境风险的合理的基准值。

以土壤污染为例，土壤污染具有明显的残留性，即使在特定时点有效抑制了污染物的排放，残留在土壤中的污染物质也会继续污染环境。土壤中的化学物质，不仅会对土壤的摄取者产生直接危害，通过挥发、风吹等还会对大气造成污染，同时这些化学物质还有可能渗透至地下，污染地表水或地下水，并对附近的农作物造成间接危害。这样一来，将现行的环境标准直接用于评价土壤污染风险就有些行不通。在日本，现在共有《土壤污染对策法》《农用地土壤污染对策法》《二噁英对策法》三个法案对土壤污染风险进行评估与管理。尽管如此，依然不能说用于评估污染程度及环境风险的标准已完全建立，法案可管理的风险范围依然是有限的。

例如，评估直接污染时，与二噁英类相关的土壤的摄食量标准一般为成人 100 毫克/日、儿童 200 毫克/日。这个数值并不是日本的调查结果，而是直接引用国外的标准，这样一来，就可能发生儿童的摄食量达到成人 10 倍以上的情形。另外，《土壤污染对策法》中要求调查的区域只是横纵 10 米的正方形（100 平方米）中的一处。事实上，土壤污染的事件中，100 平方米以下的污染事件也非常多，这在都道府县的调查中多次被报告，因此污染地域被错过的可能性也比较高。

间接污染的评估更加困难。《土壤污染对策法》中以土壤中的有害物质溶解到地表水与地下水中以后、被当做饮用水饮用的风险为基础，设定了溶出量基准值；《农用地土壤污染对策法》中以经由农作物污染的风险为基础，设定了相关基准值。但是，对于那些经由其他途径造成的环境污染，其风险评估体系还未能建立，如通过挥发或风吹等方式进入大气的污染物质还尚未被列入风险评估的范围。今后，在设定基准值时，除了要考虑土壤中有害物质的含有量，还可以尝试将土壤样本装入密封容器中，参考其挥发出的气体浓度等，以使基准值的设定更具合理性。顺便说一句，如果因生态环境的污染物质或体内的污染物质发生了化学变化，而对身体健康造成损害，环境污染的风险评估体系会更难建立。

一旦法规中的污染基准值发生变化，对提出健康损害诉讼的居民们的补偿额就有可能发生变化，把这一污染作为对象的环境保险也因此可能无法发挥作用。

第四节　促进环境保险普及的配套措施的完善

一、环境调查手法的改善

促进环境保险普及的另一个要点是，简化签订保险之前对企业进行的环境调查。2002 年 T 公司销售的土壤净化费用保险，就没有一味拘泥于用惯常的方法来调查土壤污染，而是采用了更简便的"土壤污染简易调查手法"，大大减轻了企业配合环境调查的负担。

另外，如本章第三节所述，现阶段环境风险的评估体系尚未健全，评估基准还有可能发生变化。根据可能改变的污染风险基准来评估风险固然可行，但相较之下，以企业的净化环境行为或环保意识等为基准进行评估或许更有效率。例如，可以尝试集合一些环境优质公司来组成投资信托（即环保基金），以此来减轻净化费用的负担。在这里，可以引入用于评估企业对减轻环境负担努力程度的"环境评级"制度。"环境评级"制度，是以国际上先进的环境集团提出的国际指导方针为基础，结合多个要素对企业应对环境的努力程度进行评估的一种制度。

表 10-2 中归纳了这一制度的基本概要。评级的主要依据是，企业环境报告书的发布频度与包含范围，对温室气体、土壤污染的对策，由第三者评价等的透明性以及环境记分卡的得分等要素。在这之中，占比重较大的环境记分卡制度，是以加拿大国际环境机构——国际可持续发展研究所（International Institute for Sustainable Development，IISD）发布的环境手册以及加拿大特许会计师协会提交的《环境工作报告》（*Reporting on Environmental Performance*）中提出的标准为依据，对企业的环境得分进行估算的制度。

表 10-2　环境评级的基本构造

环境评级	评级的含义	环境报告书的发行	分数牌的得点	包括的范围	个别领域		行动内容的信赖性、透明性	ISO14001 认证的取得
					针对土壤污染采取的行动	针对削减温室效应气体采取的措施		
AAA ~ AA	积极采取措施保护环境，将来发生重大环境问题的风险非常小	定期发行	45~40	包括子公司等合并公司，环境管理系统的统合水平非常高	分工厂对污染状况进行定量情报公示，公开对策进行状况	CO_2 排出量与 1990 年的基准相比，绝对量在减少	关于信赖性有第三者验证及审查或相当的行为	包括子公司等合并公司在内、几乎全部制造事务所取得

续表

环境评级	评级的含义	环境报告书的发行	分数牌的得点	包括的范围	个别领域		行动内容的信赖性、透明性	ISO14001认证的取得
					针对土壤污染采取的行动	针对削减温室效应气体采取的措施		
A~BBB	环境保护活动良好，发生重大环境问题的风险较小	定期发行	40~25	包括子公司等合并公司的一部分	公开污染状况的概要	CO_2排出量比起1990年的基准，绝对量在减少	基于验证顺序，有第三者意见	个体公司的约半数的制造事务所取得
BB~B	环境保护活动有不足之处，有发生重大环境问题的风险	有	25~以上	包括子公司等合并公司的一部分（BB）及部分事务所（B）	没有提及	CO_2排出量比起1990年的基准，绝对量在减少	在信赖性，透明性上逊色	个体公司约半数的制造事务所取得（BB）~没有取得（B）
CCC~C	对环境保护活动非常消极，有已经发生重大环境问题的可能性（CCC）。发生重大规模土壤环境污染等重大环境问题，修复困难（C）	有	25~以上	部分事务所	没有提及	没有采取措施	缺乏信赖性与透明性	没有取得

资料来源：以华永会计师事务所审查评价机构的主页内容为基准，经笔者补充修正

　　一般来说，环境评级主要采用问卷调查的方式，根据企业对 8 类问题的回答，对企业作出评估。具体来说，由企业的全貌（10 分）、环境报告书的做成（15 分）、环境负担与统计量（20 分）、环境管理（20 分）、财务与环境效率（10 分）、与利益相关者的关系（10 分）、沟通（10 分）、第三方视角（5 分）这 8 部分组成。采用环境评级制度得出的结果虽然有些粗糙，但基本上可以满足评估企业污染风险的需求。

二、金融担当的重要角色

　　在促进企业采取降低环境风险的措施、减轻环境评估负担的过程中，金融发挥的作用不容小觑。以上述环保基金为基石，开展社会责任投资（socially responsible investment，SRI）可行且重要。SRI 的特点在于，不只依照传统的投资效率与投资风险等决定是否投资，还结合企业采取环保行为的程度、环保的方法、对员工的考虑以及对地区社会的贡献等指标，综合判断投资的可行性。20 世纪 90

年代美国的"401K"计划以及公共养老金就采用了这种投资手法。欧洲的英国，也以 2007 年 7 月其保险法的修订为契机，将上述行为明确规定为养老基金受托人的责任和义务。由于这一方式在选择、持有和售出股票时，将"企业是否考虑了社会、环境和伦理"等作为投资决策中的关键要素，会促使企业不断努力、并积极披露相关信息。这样一来，有意维持股价的企业，很容易会形成较高的环境保护意识。

　　不可否认，日本投资信托的环保基金也发挥了如上作用，但长期以来，这类信托占全部信托的比例不足 1%，发挥的作用有限。表 10-3 中列示了日本、美国、英国 3 国 SRI 的情况。2005 年年末，日本的 SRI 投资余额约为 2 600 亿日元，相较之下，美国仅 SRI 投资信托一项就达 21 万亿日元。如果包含其他种类的 SRI 投资，总金额可达到 274 万亿日元。即使考虑经济总量的差异，对相关数值进行经济总量差异的调整，日本的 SRI 投资仍只相当于美国的 0.28%。另外，与英国的 22.5 万亿日元的 SRI 投资总额相比，日本亦相形见绌。

表 10-3　日本、美国、英国的社会责任投资的规模

项目	日本（2006 年 3 月末）		美国/万亿日元（2005 年）	英国/万亿日元（投资信托 2005 年，其他 2003 年）
	投资规模/亿日元	对美国的占比/%		
SRI 投资信托	约 2 600		约 21	约 1.1
其他的 SRI	没有数据（少）	—	约 253	约 21.4
合计	约 2 600	0.28	约 274	约 22.5

注："对美国"栏的数值根据人均名义 GDP，用日美经济规模差进行了修正
资料来源：根据日本环境厅《关于环境与金融的座谈会》的资料，笔者补充修正

　　为了改善这种状况，日本政策投资银行等在贷款审核的过程中，开始将环境风险作为判定经营风险的指标之一，在对土壤污染等环境风险进行调查的同时，注重经营者是否在自主进行有益于环保的经营管理，如是否致力于对环境影响较小的供应链管理及商品开发等，将这些也纳入了衡量批准贷款与否的范围。

　　国际金融中的项目融资，以"赤道原则"这一自愿关注社会和环境风险的原则为基础，展开运营。赤道原则是 2003 年 6 月，由世界上主要 10 家银行以国际金融公司的主要责任方针为基础，共同制定的一项原则。这项原则中，针对在发展中国家等地区进行的大规模水坝建设、石油开采、飞机场/公路建设等投资规模在 50 万美元以上的项目，制定了 3 个阶段的环境评估标准。现在，采用这一原则的金融机构日本有 13 家，国际上共 40 家。除此之外，联合国环境规划署金融行动机构和联合国全球合同机构还提倡机构投资者在进行投资判断时，将"责任投

资原则"纳入评估基准。责任投资原则的宗旨在于将环境（E）、社会（S）和企业治理（G）的问题集中反映在投资决策中。具体包括：①将 E·S·G 问题纳入投资分析、投资决策以及所有权的政策和实践中去；②在投资业内推动对这些原则的认可度和实施力度；③分享贯彻、执行这些原则的活动和进程的报告等。

其他的金融机构也在积极努力中。三菱 UFJ 银行等面向大、中型企业设立了用于环境关联投资的环境基金，设定了环境融资的框架，同时制定了"以 ISO14001、环保行动 21 的认证"为条件，对中小企业发放低息贷款的制度等。地方性银行的滋贺银行也以地区企业为中心，制定了相应的环境贷款制度，目的是预防水质污染、防止土壤条件恶化等。由于土壤污染对策在今后还将继续增加，土壤污染的商业市场潜力非常大，这也给融资市场带来了无限商机。今后，效仿欧美的方式，在"401K"等企业养老金的受托人责任中加入环境因素的同时，通过一些方式，让自发选择这种基金的员工理解社会责任投资的意义，可谓是大势所趋。

三、巨大的土壤污染市场中的保险与资本市场的融合

本章图 10-1 中列示了公共团体统计的土壤调查的基本情况。但如果从市场的角度来看，有必要再加上来自民间的土壤污染调查（自愿调查）件数。根据社会法人土壤环境中心 2008 年实施的调查结果显示，2007 年受委托并实际被调查的土壤污染件数共 100 件，受委托的件数共 12 426 件。受委托调查的土地中：①因土地买卖委托的有 7 031 件（占 57%）；②因土地变更委托的有 691 件（占 6%）；③为开展土地资产评估委托的有 1 057 件（占 9%）；④由国际标准化组织（International Organization for Standardization，ISO）自行调查的有 1 511 件（占 12%）。可见，在土地买卖时，将土壤污染调查看做必要条件的案例呈增长趋势。

图 10-2 列示了调查结果中受委托污染调查件数与受委托污染调查金额的变化情况。从时间上来看，2002 年，受委托调查的件数只有 2 731 件，到 2007 年，这一调查件数已增长至 12 426 件，增长了约 4.5 倍。同时，委托调查金额也从 2002 年的 553 亿日元增长至 2007 年的 1 641 亿日元，增长了约 3 倍。

图 10-2 虚线显示的平均每件的调查费用从 289 万日元下降到了 147 万日元。由于委托调查中、小规模土地的件数有所增加，可以分析出，土壤污染市场的纵向范围正呈扩大趋势。

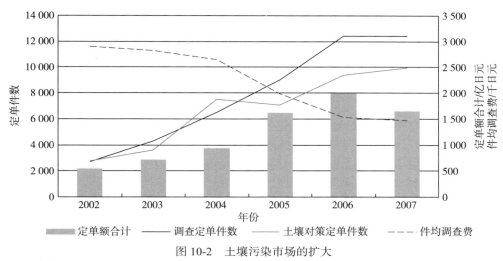

图 10-2　土壤污染市场的扩大

资料来源：根据社团法人土壤环境中心《平成十九年土壤污染调查、对策事业定单实绩》由笔者做成

　　日本环境厅对那些治理成本高，虽还没有到需要调查的程度，但被认为已遭受污染的土地（以下称之为棕色地块）规模进行了估算。如表 10-4 所示，棕色地块的面积约为 2.8 万公顷，相当于东京都面积的一半，资产总价值达 10.8 万亿日元。棕色地块的定义是，"由于存在土壤污染或可能存在土壤污染，使其在实际利用时产生的价值明显低于其原本应有的潜在价值，或直接被废弃的地块"。同时，除了棕色地块，还存在另外两种情况：①发生土壤污染的可能性极高（存在土壤污染）的土地；②根据以往土地的利用情况来看，可能已遭受污染的土地。据估测，前者的面积为 11.3 万公顷，资产总价值达 43.1 万亿日元，后者的面积为 27.2 万公顷，资产总价值达 94.0 万亿日元。棕色地块与发生土壤污染可能性极高的土地的净化费用合计约 21.1 万亿日元，从土地有效利用的角度来看，土地污染潜在的商业市场规模非常之大。

表 10-4　土壤污染的市场性

分类	说明	面积/万公顷	土地资产额/万亿日元	净化费用/万亿日元
棕色地块	由于处理土壤污染费用过高，买卖可能比较困难的土地	2.8	10.8	4.2
存在土壤污染	实际上存在土壤污染的可能性较高的土地	11.3	43.1	16.9
可能存在土壤污染	通过土地的用途来推测，有可能已遭受污染的土地	27.2	94.0	—

资料来源：日本环境厅关于土壤污染灰色地带对策周报的调查检讨会资料

　　最初，棕色地块是因为土地的所有者因污染治理费用占土地资产价值的比例过高，放弃实施净化措施而产生的。不过从根本来看，这不仅仅是放置污染不管，任由污染土地的存在还会对人体健康造成危害，且会减弱当地社会的魅力与活力。同时，在土地担保仍发挥重要作用的日本，融资市场也会因此缩小。

今后，金融机构可能会在不动产担保评估中将土壤污染的净化费用纳入评估范围，同样，在企业会计中，也可能会将土壤污染确定为债务。这样一来，由土壤污染造成的环境风险，就超越了环境问题的范畴，可能会影响企业与银行间的金融交易与融资，成为影响经济与金融的问题。

用于控制环境风险的保险，在这里与资本市场得到了融合。例如，对于那些按照保险公司指定的土壤污染治理公司提出的土壤改良方案实施土壤改良的买家，可以保证土壤改良以公平的价格进行，且在事前决定净化费用（费用差额，没有超额负担），由土壤污染治理公司的事前调查判定为不需要进行土壤改良的土地，可以对在交易成立后发现的污染的净化费用等进行担保。这样的话，计划用银行贷款来购买污染土地的顾客，就可以不必顾虑较高的额外费用与对第三方的赔偿责任，金融机构的融资也会因此变得容易。

而且，虽然现在大多数的土壤改良，都采用费用较高但可以完全清除污染的完全净化法，但如果参照民间财险公司 S 公司的提案，根据土地的用途，采用覆盖或密封等费用较低的方式来清除污染也并非不可行。由于土壤净化费用过高而产生的棕色地块也因此可能会大幅缩减。

此外，还可以考虑将污染土地的融资合同集中起来，开发用于分散风险的证券商品。差别性较强的环境问题借由加入保险，得以更好地在资本市场中转移风险。在这里，资本市场与保险得到了融合。

四、再保险对环境保险普及的影响

由于环境保险需要对不同类型的企业进行风险评估，故保险公司在承保时会格外慎重。但是，如果可以将承保的特定部分进行再保险，就能大大压缩保险公司承担的风险。如前所述，因各国环境法规的差异较大，再保险公司对环境保险的承保多露出难色。在这种情况下，有必要探讨并利用法律上认可的"再保险基金"制度。再保险基金是以那些保险市场尚未成熟、保险事故的发生率尚不稳定的险种为对象，建立的用以提高保险业界整体应对风险的能力，设定合适的保险费率，推进承保、理赔处理等相关信息的共享等的制度。换句话说，是一种法律上认可的对保险风险的协同处理机制。在美国，针对南部的飓风灾害，州政府已强制设置了这一保险基金，法国也设立了相关的环境保险基金。

在日本，《保险业法》中的第 101 条第 1 项第 1 号规定的 1 号基金，现常被用于发生概率较低但损害赔偿数额巨大的航空保险与核保险等领域。由于可以根据保险基金来设定保费额度，大大削减了保险公司在风险评估与设定保费中花费的费用。不过，这也被认为是一种价格垄断机制。如果想在在不违反垄断法的前提下将再保险基金用于环境保险中，有必要对现行的保险法进行修正。

同样，在《保险业法》第 101 条第 1 项第 2 号中还提到了不具备设定保费权限的 2 号基金。这意味着，再保险的协同承保可以被认可，但协同制定保费这一权限无法被认可。现在，机动车对人保险基金，机动车 BI、ELC 基金就属于 2 号基金。一旦设立环境保险的 2 号基金，各家公司就需要分别制定保费额度。换言之，在减轻保险公司的风险评估成本方面，2 号基金并不具有优势。但因为不需要修正法规，只要获得金融厅的认可即可设立，相较之下，2 号基金也更具灵活性。

第五节　促进环境保险普及的建议

由于社会对环境保险的需求潜力巨大，环境保险未来很可能会普及。鉴于此，有必要消除保险公司与企业在参与环境保险时存在的障碍。就这一问题，笔者提出如下方案，方案主要由以下四部分构成：①完善用来明确环境风险基准的相关法律制度；②通过量化风险等来减轻企业的环境评估负担，同时促进保险公司承保风险方式的多样化，ART 与资本市场的灵活运用；③注重政府与保险公司间的协调，设立环境保险基金等来提高风险的容忍度；④如果出现超大型的环境污染，且①~③的方案无法应对，建议政府直接进行援助。

这些措施并非独立存在，需要相互配合与协调，共同发挥作用。图 10-3 列示了该方案的基本概况，图中的柱状图表示环境风险的累积，特别是土壤环境污染残留风险的累积以及之后这一风险发生的可能性。风险的累积可能会持续数年甚至更长的时间，在这里分三期对风险累积的情况进行描述。如果风险真正发生了，可以将风险分为以下三种情况：①企业预想范围内的风险；②保险范围内的风险（收到保险赔偿申请的保险公司能够承担的风险）；③超过保险范围，由再保险基金承担的风险。其发生的概率参照图 10-3 中右边部分的正规分布曲线。图 10-3 中①与②的面积较大，表示这两类风险发生的可能性较大。在图 10-3 的第 4 期到第 6 期，风险范围超过了①与②两种风险的范围，意味着③的风险增大了。另外，因环境法规的变更或以前无法评估的环境风险的显性化造成的爆发性的环境危害也有可能发生，当然这在现实中非常少见。这在正规分布的最下端得到了展示。

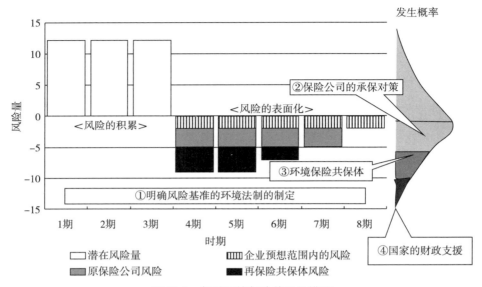

图 10-3　促进环境保险普及的措施

现在，假设图 10-3 中列示的环境风险的潜在化与发生无法避免，如此一来，就有必要通过完善相关环境法规来明确评估风险的基准。相关基准的制定，可以参考美国的超级基金法，以及在这之后用于规范棕色地块管理的环境法规。要想让企业有更强烈的动力去抑制环境风险，当事人责任、原状恢复义务、对承担赔偿责任的金融保证缺一不可。

此外，为了更好地将金融保证应用于环境保险中，通过减小企业的环境监管负担、完善环境评级制度等来合理评估风险，减少环境保险的成本是非常重要的。在环境保险商品的选择上，建议多销售那些保险公司只承保有限风险的环境保险险种，少销售那些承保全部风险类的险种。所谓有限风险的险种是指，只针对某一保险事故、某一年的事故、或只在某一保险理赔额度内对保险期间发生的事故进行赔付的险种。这种险种在发生损失时，只会将一部分损失转移给保险公司。同时，根据保险期间的损失实际发生额，会发生退款或追加保费的情况。这类险种不仅可以降低保险公司承担的风险，还可能会降低保费。可以说，是一类将 "风险持有" 与 "风险转移" 相结合，将损失与利益由企业与保险公司共同分担的风险分配方法。如此一来，原本保险公司无法处理的特殊风险，就有可能通过这种方式得到化解。可以预期到，企业在购买这类险种后仍有持续减小风险的动力，也因此抑制了保险公司所担心的企业道德风险的发生。这相当于图 10-3 中②部分的保险公司承担的风险部分。另外，保险公司与土壤改良公司一起，对企业在土壤改良施工过程中发生的额外费用以及对第三方的损害赔偿进行承保也至关重要。这种情况下，保险公司可以考虑把承保的风险分散给自保公司，或将其证券化，将风险转移给资本市场，以分散风险。

　　一般来说，评估保险对象的环境风险在技术上是存在难点的，可以想象按照大数法则设计的个别保单，可能会超出保险公司的承保能力，加重保险公司的运营风险。如果发生这种情况，可以考虑利用保险基金来分散风险。即设立图 10-3 中③列示的环境保险基金。

　　最后，如果因环境风险的评估基准发生改变，导致保险公司被迫承受巨额的保险金赔付，图 10-3 中①~③的风险承保机制就会失效。这时，对于超额损失的部分，需要由国家的财政资金来填补。当然这种情况发生的概率非常低，不过建立图 10-3 中④这一机制依然重要。环境风险原本应该由当事人来承担，但因为环境风险有扩散的可能性，把风险摊薄、由全体国民共同承担同样可行且重要。

　　像这样，把图 10-3 中①~④的部分有机整合起来，基本可以满足环境保险普及的条件需求。

　　如果相关配套措施已经完善，环境保险就会得到普及。可以预见到上述的污染土地会被重新利用，被冻结的资产也会重新焕发活力，这对国民经济而言，蕴藏着巨大的经济利益。以保险为中心，在环境领域让保险、金融市场和资本市场有效融合，市场会焕发新颜。

第十一章　长期信用风险评价

【摘　要】　寿险公司的资产运用中融资所占比重正在下降。对于寿险公司而言，融资不仅仅是资产运用的一个对象，其现金流还与保险金、给付金等支付所对应的预定利率部分积累及每年的红利支出等保险负债之间相匹配，也就是说从 ALM 的观点来看同样是非常重要的。融资市场是由两方面因素决定的。一是企业对资金的需求等需求因素，二是与银行和信用社之间等竞争的供给因素。供给一方的银行及机构投资者一般会通过期权模型与信用评分模型等对信用风险进行评价。

本章观点——生命保险公司在融资市场的缺陷不仅来源于资金的需求因素，更在于金融机构等供给一方，从这一角度明确了融资市场的现状以及机构投资者与评级机构利用期权模型的课题。

【关键词】　ALM　景气循环　期权模型

第一节　融资市场的现状与寿险公司的动向

寿险公司在资产运用领域中最大的问题主要有以下三点：第一，寿险公司具有比较优势的资产运用对象的减少；第二，运用 ALM 观点制作出的，与长期保险负债相匹配的资产运用投资组合的现状；第三，对变额年金最低保证利益的风险评价。在本节所涉及的"融资"与上述第一个、第二个问题密切相关，是影响保险公司经营产生的最大因素之一。

在寿险公司资产运用中与同样发生现金流的债券投资相比，融资虽然在手续方面较为烦琐，但是其信用风险溢价（融资利率或者债券投资收益率与同期国债间的利率差）较高。即使考虑流动性风险因素，同样较债券溢价具有优势。融资所持有的流动现金等于保险公司的负债，也就是为支付保险金而每年累积的与保险公司的法定储备金相关的流动现金基本上具有一致性。也就是说，如果在总资产中对应于负债的资产融资比例较高，并且具有充分的信用风险溢价时，就可以在很大程度上抵消利率风险。并且，当融资利率高于预定利率时，就可以得到平稳性与收益性并存的稳健资产运用投资组合。

为此，有必要确保两点。首先是相当于负债中过半以上责任准备金的足够大的贷款总量；其次是与信用风险相应的利差。其量与质双方的确保上很大程度取决于，寿险公司擅长的长期贷款中，能否进行公司自有的信用风险评估。

在融资市场中，由于公司融资方式的增加，以及由日本净贷款与净借款的差额所导致的企业部门资金盈余，人们认为资金需求太小。如图 11-1 所示，若用国民经济核算（system of national accounts，SNA）来分析融资环境时的确会发现，直到企业资金需求强烈的 20 世纪 90 年代前半期，企业部门与政府部门的不足是由家庭部门进行补充的。然而 20 世纪 90 年代末起这种结构趋于瓦解，企业部门出现了资金盈余。企业部门与家庭部门一起补充政府部门的资金不足，从而变为资金盈余部门。因此从宏观角度来说，在这种环境下企业资金需求总量减少也属于极其正常的现象。

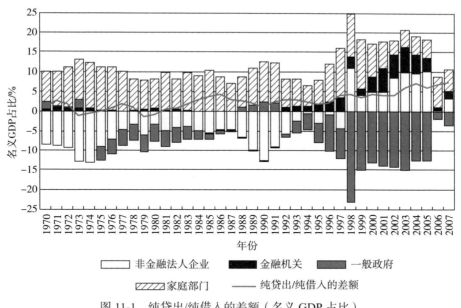

图 11-1　纯贷出/纯借入的差额（名义 GDP 占比）

但是，在 2009 年 3 月的日本银行短期观测融资判断 DI 指数可以发现，共计 32 个行业中有 26 个行业数据（全部企业）显示融资困难企业在数量上超过了融资容易的企业。特别是在中小企业范围，除信息通信行业外其他行业的所有回答均为融资困难。中小企业融资判断 DI 指数为负值的这种状况从 1990 年一直持续到现在。不仅如此，中型企业的 DI 指数在这期间也仅有几年为正值。由于所需资金总额与需要资金的企业数之间存在差别，因此可以断言需要资金的企业依然很多。所以在此还不能断言融资市场缩小了。

　　先来观察融资市场（这里指都市银行、外资银行、地方银行、第二地方银行、信用社、寿险公司的贷款余额的合计）中各个金融机构的动向。其融资市场的规模在 1986 年为 300 兆日元，泡沫经济时期的 1991 年超过 500 兆日元。进入泡沫经济清算时期后仍持续增加，在 1996 年达到顶峰为 542 兆日元。那之后，转为下降趋势，2004 年减少至 472 兆日元。随后虽然随着经济复苏逐渐回转，但在 2008 年的贷款余额也仅为 504 兆日元。

　　接下来将从长期的视角观测银行融资余额的迁移。由于需要应对 BIS 规制（资本充足率规制）的原因，都市银行试图从存贷业务收入向服务业务进行转移，若把最高值视为 100，其 2006 年的融资余额仅为 87。另外，占全体三分之一的地银（合并了地方银行与第二地方银行）的融资余额在此期间处于 185 兆日元左右，几乎呈水平变化。各个金融机构自 1982 年开始 25 年间的占比如图 11-2 所示，可以看出"都市银行+外资银行"的减少额是由地方银行负担的。

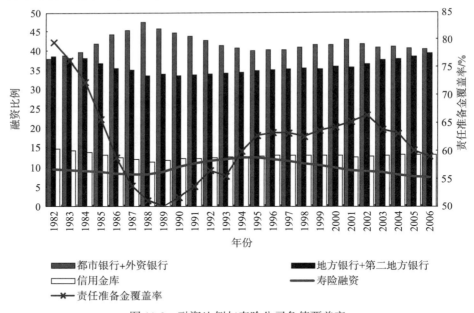

图 11-2　融资比例与寿险公司负债覆盖率

　　图 11-2 中寿险公司（粗实线）在这期间的融资所占比重存在较大幅度的下降趋势。其融资余额在 1996 年为 65 兆日元，而在 2006 年则减少到一半左右仅为 35 兆日元。在融资市场中与其处于竞争状态的银行通常通过活期存款等每天进行的交易，在企业贷融资的获取竞争中，与寿险公司等相比处于有利地位。此外，

由于大多数银行对不良债券的处理作了一定考虑，进而有了可以重新对当地企业进行融资的可用储备，可以认为这也是寿险公司在贷款市场处于劣势的又一个原因。

在这种背景下，再来观察一下寿险公司资产运用中融资所占的比例。如图 11-3 所示，20 世纪 70 年代时总资产的约 7 成被运用在融资业务上。可随后由于外国证券及短期投资的增加，融资比重持续下降，在泡沫经济顶峰时期的 1990 年降低至整体的 4 成左右。不仅如此，在企业资金需求低迷与史无前例的低利率状况持续保持不变的情况下，2006 年仅占整体的 2 成左右。

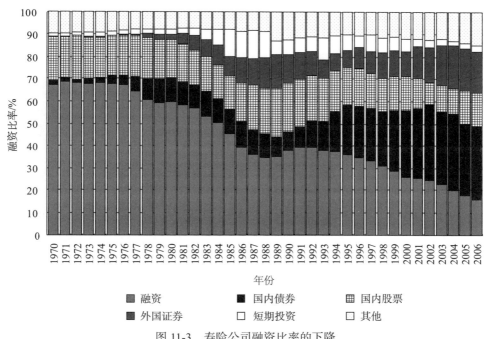

图 11-3　寿险公司融资比率的下降

寿险公司利用国内债券来填补融资资产运用中的减少部分，从资产与负债（责任准本金）的平衡，即从 ALM 的角度来看，竭力将贷款与国内负债合计占总资产比例维持在 6 成左右。寿险公司通过采取这种手法，间接保持了利率变动的免疫性。如图 11-2 所示，责任准备金覆盖率［（国债+地方债+公司债+贷款）/责任准备金］以 2002 年为转折点开始下降，2006 年已降低至不到整体的 6 成。另外，在国内债券中，通常情况下与长期负债相匹配的、债券期限相对较长的品种较受青睐。但是由于信用风险溢价与融资相比较小，因此收益上并没有达到超过保有保单的平均预定利率水平。

在化解当前这种欲增加融资却又无法增加的局面时，最重要的是以以往信用风险评价为基础，提供区别于金融机构那种保持无变动的利息供给，创造一种新的利率体系。在集结多种融资对象来分散风险的同时，通过灵活运用寿险公司的融资长期性的这一资金特征来对信用风险进行重点推广，予以进行信用风险的量化控制并提高融资收益率。具体来说，首先要导入明确反映长期融资不可避免的由景气循环所致信用风险的评价方法。其次，不应停留在企业有无破产可能性上，而是进一步算出对应融资期间的信用风险利差。

第二节　机构投资者运用的两个计量模型

　　银行与机构投资者通常通过两个领域的计量模型进行定量的信用风险评价。它们是以上市公司为对象的期权模型与以中小、中型企业为对象的信用评分模型。进而结合利用模型计算出的定量信息与定性信息（财务报表之外的数据及评级公司的评级），判断融资条件（融资金额、融资期限等）和决定融资与否。

　　利用企业资产价值及其波动来测算资产现在价值的分布后，求出此值低于负债的概率（破产概率）即为期权模型。此模型主要分为"结构模型"和"感应式模型"。小林孝雄（2003）明确并总结了两个期权模型的长处与短处，提出了转换公司债的评价模型。丰田泰士和大野高裕（2005）提出了利用感应式模型对融资组合进行评价的方法。此外，须田一幸和竹原均（2003）提出了不需要对未来进行预测的剩余收益模型（residual income model），其中仅使用净资产、净利润、股利这些会计指标即可对股票价值进行评价。

　　期权模型，出于几何布朗运动这个前提，而遵从此运动的随机过程在时间上进行连续的变化。因此，不存在跳跃过程，从而很难应对企业无预告的突然破产这一缺点。对此，Zhou（2001）提出在随机过程中参入跳跃可能性的模型。Duffie 和 Lando（2001）则提出在模型中参入会计信息的不完全性等，在多方面不断对模型进行改良。

　　另外，信用评分模型中使用分类评定模型（logit model），以破产概率（生存=0，破产=1）为被解释变量，有息负债率等多个财务报表上的数据作为解释变量的定性选择模型。Dietsch 和 Petey（2002）认为评分模型的破产概率需要通过景气循环因素与个别企业因素进行说明。关于重要的数据库，Banasik 和 Crook（2004）用英国 13 000 家公司的数据除去以往的融资项目，说明仅用现在的数据进行推算也能得到没有样本偏差这个结果。此外，在以日本市场为对象的实证研究中，莲见亮和平田英明（2008），用 Moody's Rick Calc Ver.1 模型与东京商工研究的数据库，证明了此模型的利用能使贷款组合全体的收益力提高。同时指出，由于很难避免过小评价具有较高说明力的变量以及粉饰财务数据，由此会出现具有良好分数的企业反而破产等模型的局限性。

　　像这样，虽然两种模型都仍然残留有需要改进的地方，但日本银行在 2006 年实施的考查执行方针中提出，银行需要确立基于计量模型计算结果的内部评级的精度检验以及反映景气循环的长期信用评价方法。

　　因此，将在接下来的第三节中证明在信用风险评价中参入景气循环的重要性，第四节则对最具代表性的期权模型——期权定价模型（black-scholes-merton 模型，BSM 模型）及 First Passage 模型（简称 FP 模型）算出的破产概率进行检验。

第三节　景气循环的圆滑导入

　　一般而言，经济复苏通常会使当前企业财务报表的数值有所改善，信用风险也会降低。处于恢复时期的评级上升企业的增加与处于后退时期的评级下降企业的增加在各个时期都可以进行观察。融资期限超过 1 个景气循环期间（平均 4 年）的融资，在融资后会面临信用风险的变动问题。

　　图 11-4 中显示了 1971~2008 年 38 年间日本的景气循环与信用风险的变化。阴影部分表示的是以内阁府的景气基准日期为基础的经济衰退期，实线部分的折现图表示的是代替信用风险的破产率相对前年的变化率。破产率是由东京商工调查显示的破产件数除以国税厅的普通法人数得到的值。破产率从破产景气的顶点到最低点的时期有很大程度的上升，破产率的变化率（实线）与景气循环存在密切关联。

　　在此，从影响破产量的多个变量中，选择内阁府的景气动向指数（先行指数）与 1 年前的日经平均股价对破产率进行推算。将 1971 年开始到 2008 年（2008 年 4 月到 12 月）这一期间作为推算期间，为避免序列相关，在此使用了在多元回归分析中加入残差的自回归分析的模型。通过 AIC 与 t 值进行对解释变量的选择。破产率受到 1 年前的日经平均变动影响这一点暗示了以股价为基础的推算破产概率的期权模型具有一定的合理性。

　　图 11-4 中破产率的推算结果由虚线表示。虽然不能充分解释 1987 年到 1993 年的泡沫经济的形成期以及此后的泡沫经济清算期的变化，但较高程度地解释了除此以外的情形。由于国际金融动荡及全球经济衰退的影响，2008 年左右的推算

值大幅度上升，这也表示今后日本的破产率会进一步提高。

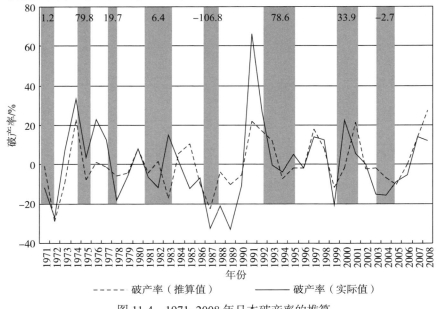

图 11-4　1971~2008 年日本破产率的推算

破产率的变化率 $= 0.354\,37 - 0.006\,50 \times ($ 景气动向先行指数 $) - 0.023\,2 \times ($ 1年前的股价变化率 $) + 0.188\,23$
$<-3.987>$　　　　　　　　　$<-2.361>$　　　　　　　　　$<-1.070>$
$\times ($ 破产率的变化率 $) + 0.006\,50 \times [$ 景气先行指数 $(t-1)] + 0.023 \times [$ 1年前的股价 $(t-1) - 0.354\,37]$
其中 $<\ >$ 为 t 值

　　此外，图 11-4 中上侧的数字表示景气顶峰时点及其后 5 年间破产率的累积变化率。在 1971~2008 年的 38 年间，依据 8 次景气循环的平均值，在景气顶峰时期之后 5 年间的破产率增加了 13.7%，破产率增加的概率为 75%。在资金需求较高的景气顶峰时期进行长期融资时，与融资时点相比其信用风险增大的可能性较高。

　　这说明，对长期信用风险进行评价的模型，需要考虑景气循环这个因素。

第四节　利用期权模型计算破产概率

　　本章第三节中已涉及股价先行影响信用风险的部分，是基于股价数据使用期权模型，进而对算出的破产概率的稳定性进行了探讨研究。在此则使用代表结构模型的 BSM 模型及 FP 模型。两种模型的不同之处为，相对于 BSM 模型算出 5 年后 1 个时点的破产概率（公司债的偿还风险），FP 模型可求出在融资期间的 5 年内即便发生一次破产的概率。也就是说，前者接近美式期权模型，后者更接近欧式期权模型。

BSM 模型的原理为，如果企业价值（市价总额）低于负债余额（市价总额–自有资本）就定义为破产。这里为了进行简化，假设企业只发行一种额面为 D、偿还日为 T 的贴现债券，如果在偿还日企业价值 At 低于额面 D，就意味着破产。也就是说设定企业价值 At 随时间推移的概率模型来计算在未来某个时期 T 对企业价值 At 低于额面 D 的概率。如果用 μ 表示企业资产的预期增长率（过去 3 年间各个月的市价总额的增长率），σ 表示 At 的波动率的话，那么从现在时点 t 到将来时点 T 的企业生存概率 $p(t, T)$，用下式进行表示：

$$p(t,T) = \varPhi\left[\frac{X_t + m(T-t)}{\sqrt{T-t}}\right]$$

并且，FP 模型中的现在时点 t 到将来时点 T 的企业生存概率 $p(t, T)$，用以下数式来表示，在 BSM 模型中加入第二项：

$$p(t,T) = \varPhi\left[\frac{X_t + m(T-t)}{\sqrt{T-t}}\right] - e^{-2m X_t} \varPhi\left[\frac{-X_t + m(T-t)}{\sqrt{T-t}}\right]$$

式中，$X_t = \dfrac{\log(A_t / D)}{\sigma}$；$m = \dfrac{\left(\eta - \dfrac{\sigma^2}{2}\right)}{\sigma}$，$\eta$ 为企业价值的预期增长率（市价资产与上个月比的年率换算值），σ 为同样概念的波动率（标准偏差）；$\varPhi$ 表示标准正规分布的累积分布函数；X_t 表示市价的资产相对于负债的比率除以风险（标准偏差）得到的值，也就是"到破产的距离"。

这次，以东京证券交易所第一部的上市股票为基础，求出了期限为 5 年的破产概率 $1-p(t, T)$。对象为 2005 年 10 月到 2007 年 6 月期间的各个月破产概率。图 11-5 显示了计算出的全部行业（BSM 模型、FP 模型）及基于财务省法人企业统计大分类的 20 个行业中的电气机械行业（BSM 模型）、金融业（BSM 模型），以及属于电气机械行业的个别企业夏普的（BSM 模型）破产概率的变化结果。这里所说的 20 个行业分别为渔业和农林业、矿业、食品、纤维制品、纸浆和造纸、化学、医药品、石油煤炭、橡胶制品、玻璃和土石、钢铁、有色金属、金属制品、普通机械、电气机械、运输机械装置、精密机械、其他生产品、金融、建筑业。

从 2005 年到 2006 年进行反复变化的破产概率，在美国次债危机开始受到金融市场关注的 2007 年以后，明显转变为上升趋势。图 11-5 中柱状图所显示的全行业的破产概率，在 BSM 模型下几乎稳定在 5% 以下，而 FP 模型在 2007 年以后急速上升超过了 30%，在 5 年以内破产概率急速上升了。

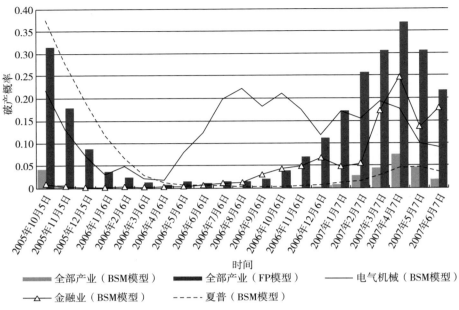

图 11-5　根据期权模型推算出的破产概率的变化

　　分行业来看，电气机械行业虽然总体来说变动较大，但只是循环反复波动。与此相对，金融业在 2007 年以后破产概率有了急速上升。图 11-5 中虚线表示的夏普，在整体产业激烈竞争的影响下，虽然 2005 年破产概率很高，但 2006 年以后在全球股价上升的背景下趋向于较小的破产概率。相对整体产业的破产概率，这样的变化较为稳定。而产业与企业所面临的环境变化，可以通过股价使破产概率瞬间发生变化。比起 BSM 模型，被预测在实际中运用的 FP 模型的变动更大。观察这 5 年的破产概率可以发现，不仅该变动大，而且由于在实际运用中不能直接使用模型中得出的数据，因此有必要导用其他分析计算结果的模型。

　　综上所述，期权模型虽然在短期内能捕捉到景气循环的变化，但是使用同样的模型是很难去评价长期信用风险的。

第十二章　长期现金流预测模型的提案

【摘　要】　机构投资者在定量掌握信用风险时，多使用金融手法评价破产率，或者利用贴现现金流（discount cash flow，DCF）法，把将来的现金流折算为当前价值后计算企业价值。前一种方法存在由模型计算出的破产概率的变动较大，模型中无法反映定性的甄别能力等问题。本章将运用克服了这些问题的宏观模型，提出企业的将来现金流预测模型。

【关键词】　景气循环　破产率　现金流　压力测试

第一节　信用风险评价的精确化要求

贷款债权与公司债等具有信用风险的商品，在保证获得利息的同时却发生债务违约的情况下，利息与投资本金都无法收回。并且，虽然公司债可以在市场上进行买卖交易，但是预期相对贷款债权却由于债权转让等法律手续需要花费时间，实际上不具有流动性。并且，寿险公司等机构投资者，不能像银行那样把握经常账户的变动，造成了其自主建立贷款投资组合的局限性。

因此，机构投资者往往试图通过增加借款人来分散风险，或者通过较长的融资期间来提高收益率。评价信用风险的方法非常广泛，如使用评级结果及财务数据的分析方法、使用数学规划法的方法等，但基本上主要是使用期权理论的信用风险模型法、用 DCF 法评价该企业将来现金流的方法。不过，由于前者如第十一章所述，存在求出的破产概率振幅较大，不一定适合评价长期信用风险，以及难以利用机构投资者擅长的以往财务报表分析方法等问题，机构投资者比较容易接受后者。不动产与证券化产品的投资，以及信用违约掉期溢价的计算，也使用 DCF 法。但是，由于 DCF 法难以预测将来现金流，有时也准备多个单纯沿用过去的实际收益的情形取而代之，精度参差不齐。

一般来说，由交涉交易来决定的贷款，由于信息不对称等，与公司债相比，价格设定较为灵活，比较容易产生价差。并且，由于市场时刻处于竞争状态，一般来说，贷款时经营状况似乎较好的企业，日本国债（Japanese government bonds，JGB）价差（贷款利率与国债间的零率差）小于必要价差；反之，经营状况似乎较差的企业，JGB 价差则相对较大。因此，只要具备充分的信用风险评价能力，收益超过公司债的机会应该较多。

本来机构投资者的贷款对象，评级相当于 Baa 到 Ba 左右级别，超出债券投资合格范围的也很多。特别是中等级别以下的公司，往往本来就不存在价格评级、市场的 JGB 价差，此时，与证券化商品的价格评估、不动产投资的盈利能力评估一样，有必要进行单独的信用风险评价。

也就是说，机构投资者要想确保贷款的收益性，只进行"会不会破产"的评价是不充分的，与债券的价格（=利率）一样自己设定"贷款价格"，选出比较便宜的公司群构成贷款的投资组合是很重要的。也就是说，不要受景气变化与贷款竞争左右，而要独立于市场，另外计算与企业的风险与贷款期间相应的必要 JGB 价差。特别是多种价值观冲突的长期贷款，算出的相关企业的价差不同于该企业的市场价差，才是自然的。

在本节，对于虽然有很高的财务分析能力，但是在企业信息方面逊于银行的机构投资者，提出弥补其不足的"现金流预测模型"。并且，虽然在用宏观因素计算破产概率的先前研究中，有太田三郎（1994）、森平爽一郎（1996）、Wilson（1997）等，但是都是根据 GNP 的变化率及失业率等直接计算破产概率的。这次提出的模型，首先根据宏观因素预测企业与行业的现金流，然后把此结果应用于信用风险评价中。

第二节　长期现金流预测的重要性

长期现金流预测，对于企业价值和企业的健全性评价，以及在本章第一节中看到的测算信用风险对景气循环带来的影响是不可或缺的。

一般来说，企业价值是按照考虑到不确定性（风险）的适当折扣率计算企业将来创造的利润后得到的当前价值来评价的。由于折扣率使用了资本成本，企业评价从"资本成本的推算"与"利润的测算与预测"两方面进行。前者的加权平均资本成本有须田一幸和竹原均（2003）等多种推算方法，而后者除了证券分析师进行最优预测之外，没有其他方法。确实，关于企业价值评价，推出了不需要将来预测的剩余收益模型，也开发了只根据净资产、本期净利润、股利等会计信息计算股票价格的方法。但是，这种剩余收益模型也只停留在评价短期股票价值上。寿险公司的股票投资与贷款所需的企业长期的股票价值与信用风险评价，还是需要现金流预测。

并且，在健全性评价与企业价值的最大化相反时，决定企业评价时，现金流预测很重要。例如，一个企业现在的财务状况，也许外部借款较少，健全性较高，但是资本成本较高，企业价值较低。今后，采取增加负债、减少资本成本的战略时，在某个时点，会出现企业价值的增加与企业健全性相反的情况。图 12-1 大致表现了这种情况。从起点 S 开始增加负债时，资本成本下降到 C 点为止，投入资本收益率大于资本成本，因此最好增加负债。但是，由于从 C 点到 B 点，超过程度逐渐缩小，负债比率一直增高，因此出现企业价值的增加与企业健全性相反的情况。图 12-1 中的投入资本收益率，虽然画成直线，但在现实中是随时间变化的。在贷款期间计算、预测投入资本收益率，只能预测企业的现金流。信用风险管理中必须做到：在贷款时，应当确认企业的投入资本收益率始终处在高于资本成本的 A、B 之间；在贷款期间，持续观察其动向与负债比率。

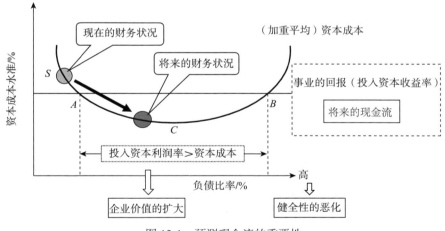

图 12-1　预测现金流的重要性

另外，日本银行在《关于 2006 年度的考察实施方针等》中，认为落实重视未来展望的风险管理和经营管理对银行非常重要，银行应当在贷款中广泛应用 DCF 法的观点。但是，在长期贷款中应用 DCF 法时，不能无视景气循环的影响。由日本银行金融机构局担任事务局的"信用风险管理高度化学习会"的第二次学习会，也就"景气循环给信用风险带来的影响"进行了讨论。

经济复苏使当前的企业财务报表得到改善，使信用风险降低，凭直观就能理解。在经济复苏阶段评级上升的企业增加，在经济衰退阶段评级下降的企业增加，这是在经济的每个阶段都会看到的现象。并且，前者的贷款金额急剧扩大，而后者的该金额则猛然缩小。以机构投资者为主的长期融资，即贷款期间至少在 1 个景气循环周期（平均 4 年）以上的贷款，面临景气变化引起的信用风险变化，无视这一点的信用风险评价，存在许多问题。一般来说，景气循环有一种倾向，就是在大规模经济增长后产生大的调整，在小规模的经济增长后产生小的调整。不过，总观过去的景气循环，可以发现变动较大，并且每个阶段的情况都不同。只用贷款前 5 年左右的以往财务数据，难以评价将来的景气循环的影响。已经通过图 11-4 的推测确认了这一点。

并且，如果考虑贷款时机与景气循环，可以认为景气高峰阶段的贷款，在贷款期间内信用风险有可能增加；反之，景气低谷阶段的贷款，信用风险有可能减少。对景气高峰时的贷款具有的贷款期间内信用风险的变化实际进行了简单验证，其结果见表 12-1。表 12-1 显示了从景气高峰年度的下一年开始 3 年、5 年的破产率变化幅度累计结果。在 1970~2005 年的 9 次景气循环中，景气高峰时的后 3 年的平均破产率比贷款时增加 12%，后 5 年的平均破产率增加 20%。并且，破产率上升的概率也是后 3 年为 68%，后 5 年为 78%，破产率随着贷款期间的长期化而上升。长期贷款需要制定考虑到景气阶段的贷款战略并慎重评价信用风险。

表 12-1　景气循环与信用风险的变化（单位：%）

景气的顶峰年度	后 3 年间破产率的变化幅度	后 5 年间破产率的变化幅度
1972	44.1	79.8
1975	17.3	19.7
1978	−4.2	−1.1
1983	−17.4	−71.1
1987	−75.6	17.8
1990	93.1	94.4
1994	17.0	8.9
1996	5.8	33.9
1999	28.1	−2.7
单纯平均	12.0	20.0
恶化概率	67.0（6 回/9 回）	78.0（7 回/9 回）

注：景气的顶峰年度为景气动向指数达到峰值的年度；正值表示破产率的恶化，负值表示改善

第三节　过去业绩的简单延长带来的评价风险的增加

即使理解了景气循环与信用风险的重要性，也难以将其纳入企业未来现金流的预测中。采用不反映景气循环，单纯地用过去的销售额、利润的增长率递推的方法（即单纯递推法）代替的时候较多。下面验证一下此时的预测精度。

例如，从基准时点（这里为2000年）开始观察，用今后3年的设想值（2001～2003年的平均值，称为预测值）替代过去3年的销售额的平均增长率（1997～1999年的平均值，称为实际值）时，用"前3：后3"来表示。以"后3"为被解释变量，以"前3"为解释变量的一次函数的近似结果如图12-2所示。斜率为0.495，被低估了（本来斜率应为1），可见低估程度较高。并且，截距也为0.012（本来应为0），偏差较大。

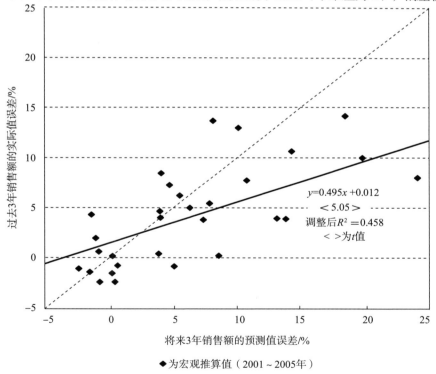

$$y=0.495x+0.012$$
$$<5.05>$$
调整后 $R^2=0.458$
$<\ >$ 为 t 值

◆为宏观推算值（2001～2005年）

图12-2　把过去3年实际值当做将来3年预测值的情况下的误差（1973~2003年）

如表12-2所示，单纯递推法大致上是期间越长预测精度越高。但是，即使在"前10：后10"的情况下，斜率也只上升到0.6多一点，存在相当大的误差。另外，在后述的产业别现金流预测模型的预测值（即宏观推算）的情况下，虽然评价方法略有不同，但是斜率为 0.88，截距为 0.002 2，稳定性较高。

表 12-2   单纯延长推算与宏观推算值的差

过去实际值→将来预测的前提	系数（斜率）	t 值	截距	标准误差	自由度调整后决定系数	DW	对象样本数
前 3 平均→后 3 平均	0.495 1	5.06	0.012 1	0.098	0.458	0.890	30
前 3 平均→后 10 平均	0.435 4	6.14	0.001 6	0.071	0.625	0.606	23
前 5 平均→后 5 平均	0.630 7	7.46	−0.049 8	0.085	0.686	0.557	26
前 10 平均→后 10 平均	0.622 2	8.12	−0.028 3	0.077	0.812	0.740	16
宏观推算：每年的实际值→推算值	0.881 4	18.47	0.002 2	0.048	0.916	2.619	32

注：前 3→后 3 是指全产业的销售额，由基准年之前的 3 年平均值（实际值）与其后的 3 年平均值（推算值）每年计算所得；宏观推算值为每年的实际值与推算值；系数越接近于 1，截距越接近于 0，标准误差越小，则表示预测值越准确

并且，单纯的递推法，为了对应下降风险，根据任意的发生概率分配含有较大负收益率的多个情形，综合判断信用风险。此时，如果使用的情形的概率较低，组合后的情形就没有意义。只要观察下降风险，就有必要另外准备"压力测试"，如以过去最萧条的泡沫经济清算阶段等的收益结构为预测期间的"压力测试"。

全部行业在过去 45 年（1961～2005 年）的营业利润变化率的标准差为 17.1，显示了与日经平均股票价格的同期标准差 18.3 一样剧烈的变化（名义 GDP 的同期标准差为 5.6）。因此，即使理解了企业现金流的重要性，不加任何其他部分，仅凭当前的财务信息很难画出将来的营业利润线，长期预测在一定程度上以可行的宏观分析及产业分析为基础，然后预测各个企业的利润，这一点很重要。

也就是说，评价超过 1 个景气循环的长期信用风险时，把影响破产率的宏观经济和产业要素与表示企业将来现金流的收益结构模型整合起来的模型是有效的。因此，提出"现金流预测模型"，以宏观模型为基础，计算行业与企业的未来现金流。在制作模型时，以发挥机构投资者具备的定性判断优势，可以进行压力测试等为必要条件。

第四节   长期现金流预测模型的概要

企业的附加值（企业的利润）的总和就是行业的附加值，各个行业的附

加值的总和就是 GDP。此模型试图反过来根据 GDP 推算各个产业附加值（利润）及同一产业中的主要企业的附加值（利润）。模型的基本概念见图 12-3。使用的统计数据为内阁府的国民经济核算年报、财务省的法人企业统计（金融、保险以外的 25 000 家企业，2006 年 9 月）、NLI 研究所的《中期宏观预测》（2006 年 10 月公布）。

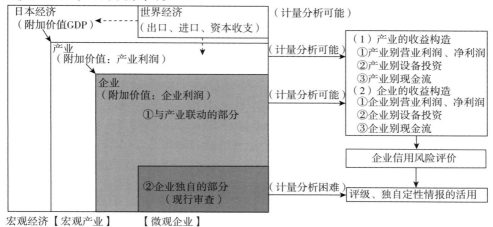

图 12-3　现金流预测模型的概念图

　　当然，如图 12-3 中用阴影部分表示的企业部分所示，企业的利润由两个部分组成，即与行业别利润联动的可计量分析部分，以及与企业特点较强的定性判断部分。虽然后者难以用计量模型测算，但是机构投资者根据以前的贷款经验，掌握了可以进行定性判断的信息与分析手段。通过使定性信息能够轻易变换为定量信息，形成了将定性、定量两种判断融为一体的模型。并不直接推测净利润，而是分阶段计算销售额、成本、销售管理费、经常利润率和净利润率等，成为使各个阶段的定性判断容易定量化的灵活结构。

　　分析对象基本上是法人企业统计的大分类，即 22 个行业，各行业的现金流预测模型，依次推算销售额、成本、销售管理费、营业利润、经常利润、净利润、折旧额、设备投资额，然后计算现金流（这里定义为净利润+折旧额）。并且，也可以不以法人企业统计的行业分类为准，而是把有相似经营领域的企业集中起来，作为一个行业，推算该行业的利润结构（即疑似行业）。推算期间基本为 1970 年到 2005 年（有数据限制的行业为 25 年）。在用最小二乘法推算时，德宾−沃森统计量（DW 统计量）值较小，存在序列相关的可能性较高，结构式使用多重回归模型与自回归模型组合而成的下面的模型。选择结构式时，以 AIC、解释变量等的 t 值以及 LB 检验（Ljung-Box 检验）的 p 值等为标准。

产业别模型的基本结构为

$$R_t = \alpha_1 + \alpha_2 \mathrm{GDP}_t + \alpha_3 \mathrm{PP}_t + r_t,\ r_t = \alpha_4 r_{t-1} + u_t$$

$$E_t = \beta_1 + \beta_2 \mathrm{GDP}_t + \beta_3 \mathrm{PP}_t + r_t,\ r_t = \beta_4 r_{t-1} + u_t$$

$$C_t = \gamma_1 + \gamma_2 \mathrm{GDP}_t + \gamma_3 \mathrm{PP} + r_t,\ r_t = \gamma_4 r_{t-1} + u_t$$

$$P_t = R_t - E_t - C_t$$

$$\mathrm{PK}_t = \theta_1 + \theta_2 (R_t \times R1_t) + r_t,\ r_t = \theta_3 r_{t-1} + u_t$$

$$R1_t = \rho_1 + \rho_2 (P_t \div R_t) + \rho_3 I_t + r_t,\ r_t = \rho_4 r_{t-1} + u_t$$

$$\mathrm{PT}_t = \omega_1 + \omega_2 (R_t \times R2_t) + r_t,\ r_t = \omega_3 r_{t-1} + u_t$$

$$R2_t = \chi_1 + \chi_2 (\mathrm{PK}_t \div R_t) + r_t,\ r_t = \chi_3 r_{t-1} + u_t$$

$$\mathrm{DEP}_t = O_1 + O_2 \mathrm{FIX}_t + O_3 \mathrm{FA}_t + r_t,\ r_t = O_4 r_{t-1} + u_t$$

$$\mathrm{CF}_t = \mathrm{PT}_t + \mathrm{DEP}_t$$

式中，R 为销售额；E 为成本；C 为销售管理费；GDP 为实际国民收入总额；PP 为企业物价指数；P 为营业利润；PK 为经常利润；$R1$ 为经常利润率；PT 为净利润；I 为国债认购者投资收益率；$R2$ 为净利润率；DEF 为折旧额；FIX 为设备投资额；FA 为有形固定资产余额；CF 为现金流；r 为残差；u 为白噪声；t 为年度。为提高预测精度，对于 R、E、C、DEF、FIX、FA、GDP、PP，没有使用变量的实际值，而是使用它们的同比增长率（2 年移动平均）。并且，为了便于进行行业间比较，"销售额–成本–销售管理费"的解释变量以实际 GDP（数量因素）及企业物价（价格因素）为基本，根据行业特征进行了部分变更。22 个行业别模型的结构式约有 200 个。

企业的现金流预测模型，对于销售额、成本、销售管理费、折旧额、设备投资额，基本上以行业模型的同样变量为解释变量来推算。单独企业的营业利润，根据"销售额–成本–销售管理费"求出，用销售额除以结果得到营业利润率，然后推算经常利润率与净利润率，加上净利润与折旧额，算出现金流。

第五节　全部行业的长期现金流预测模型

全部行业的现金流预测模型的推算见表 12-3。首先，看一看全部行业的结果。解释变量之一"实际 GDP"的 t 值，销售额为 11.127，成本为 11.299；另一个解释变量"企业物价指数"的 t 值，销售额为 19.892，成本为 21.684，解释力很高。并且，表示自回归合理性的 BL 检验，滞后 16 期以前的数值均为良好，残差为白噪声。从实际参数值来看，销售额的实际 GDP 为 1.582 874，成本的实际 GDP 较低，为 1.530 936；反之，销售管理费的实际 GDP 较低，为 0.862 34，得出日本经济的增长推升了企业利润的合理结果。

表 12-3 现金流的预测模型（全部产业）的系数

项目		解释变量 ①	解释变量 ②	定数	ρ	AIC、LB 检验
全部产业	销售额	实际 GDP（移） 1.582 874 11.127	企业物价（移） 1.119 842 19.892	-0.006 09 -1.175	0.242 249 1.355	-184.542 0.403~0.854
	原价	实际 GDP（移） 1.530 936 11.299	企业物价（移） 1.162 979 21.684	-0.007 14 -1.458	0.243 263 1.134 1	-193.581 0.468~0.967
	销售管理费	实际 GDP（移） 0.862 34 3.108	企业物价（移） 0.686 133 6.415	0.037 726 2.145	0.771 715 7.186	-154.856 0~0.796
	经常利润费	营业利润率 1.018 626 20.625	国债利率 -0.001 283 -4.721	-0.002 62 -0.693	0.961 454 22.512	-366.571 0.582~0.940
	净利润费	经常利润率 0.736 394 17.29		-0.007 36 -3.82	0.910 199 15.171	-488.27 0.115~0.905
	折旧额	有形对象资产（移） 0.917 634 9.276		0.005 418 0.456	0.552 17 4.208	-202.89 0.114~0.636
	设备投资	GDP 设备投资（移） 0.917 634 9.276		-0.017 65 -1.488	0.368 423 2.141	-120.918 0.521~0.999

注：LB 检验为 Ljung-Box 检验的推算值从 1 期到 16 期的有效概率；（移）为当年与前一年的 2 期移动平均；解释变量栏的中间行数字为参数，最下行数字为 t 值

利用该参数推算的全部行业的营业利润与营业利润率如图 12-4 所示。到 2006 年为止的实际值与推算值的差距较小，模型的精度较高。该模型虽然没有反映出以次贷危机为起点的全球金融危机，但却暗示了日本经济将进入衰退阶段。

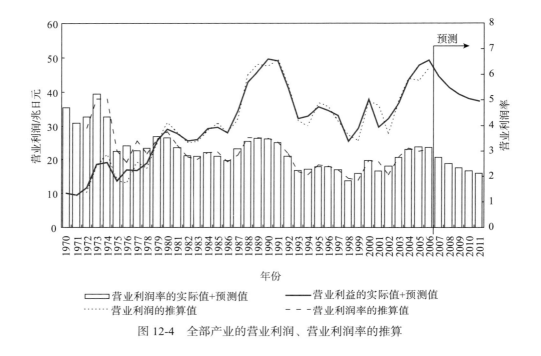

图 12-4　全部产业的营业利润、营业利润率的推算

第六节　钢铁行业的现金流预测模型

与全部行业一样，制作钢铁行业的现金流预测模型。由于钢铁行业是一个国际市场化行业，具有收益变动非常剧烈的特点。但是，如表 12-4 所示，说明销售额、成本、销售管理费的两个解释变量的 t 值都较高，得出了平稳的推算结果。对于解释变量，即销售额、成本、销售管理费，使用了属于数量指数的实际 GDP 的变化率与属于价格指数的企业物价指数的变化率。可以发现，材料行业的收益结构与宏观经济指标的亲和性较高。

表 12-4　钢铁业的现金流预测模型

项目	被解释变量	解释变量①	解释变量②	定数	ρ	AIC、LB 检验
钢铁	销售额	实际 GDP（移） 2.456 378 4.241	企业物价（移） 2.140 91 9.732	-0.065 386 -1.194	0.871 508 9.144	-109.307 0.163~0.665

项目	被解释变量	解释变量①	解释变量②	定数	ρ	AIC、LB 检验
钢铁	原价	实际 GDP（移） 1.161 962 2.296	企业物价（移） 1.896 116 9.695	−0.028 359 −0.956	0.744 146 5.507	−118.589 0.407~0.946
	销售管理费	实际 GDP（移） 1.675 977 5.000	企业物价（移） 1.228 083 9.308	−0.037 1 3.226	0.663 98 0.402	−124.88 0.264~943
	经常利润率	营业利润率 0.928 142 22.197	国债利率 −0.003 796 −4.495	−0.004 3 −0.796	0.657 832 4.795	−256.916 0.063~0.702
	净利润率	经常利润率 0.876 958 18.871		−0.007 967 −2.020	0.722 938 7.082	−322.775 0.257~0.767
	折旧额	有形对象资产（移） 0.711 247 5.632		0.011 641 0.905	0.191 818 1.231	−120.941 0.008~0.742
	设备投资	GDP 设备投资（移） 1.066 47 4.262		−0.318 56 −0.713	0.040 846 1 2.834	−30.964 0.002~0.118

注：（移）为当年与前一年的 2 期移动平均；解释变量栏的中间行数字为参数，最下行数字为 t 值

图 12-5 是用表 12-4 的参数预测钢铁行业的营业利润与现金流的结果。从营业利润的推算值（点线）与实际值（实线）的偏离状况来看，虽然也有在市场化行业容易出现的业绩急速上升、急速下降的阶段，两者发生偏离的情况，但是大体上是追随的，充分显示了钢铁行业的结构。一般来说，对于计量模型难以推算的特殊衰退阶段，如日元急速增值直接打击了出口行业的 1985 年的日元升值不景气阶段、20 世纪 90 年代前半期亚洲各国竞相追赶阶段、21 世纪初期世界 IT 不景气阶段等，也很好地表现了出来。反之，也很好地解释了 2002 年以后由中国等亚洲国家带动的世界粗钢需求急剧增加的空前繁荣阶段。

2006 年以前钢铁行业的情况是以强大的国外需求为背景，通过增加销售额和控制销售管理费，达到了史上最高的营业利润率水平。就基本曲线而言，由于投入成本上升，加上 1995~2006 年持续压缩的营业管理费无法进一步降低，营业利润较高的状况持续到 2010 年后，预测利润水平将转为下降。至于反映金融危机的影响等意想不到的宏观经济环境，将利用后述的压力测试来解决。

下面，根据钢铁行业的行业别现金流预测模型来推测属于该行业的个别企业的现金流。重点为能否很好表现比行业变动更激烈的单个企业的收益结构，作为最终目标的企业现金流的实际值与推算值的偏离程度是否合适这两点。这次虽然对钢铁行业的 3 家高炉企业与 1 家电炉企业共 4 家企业进行了推算，在

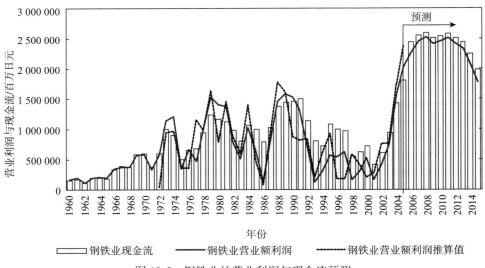

图 12-5　钢铁业的营业利润与现金流预测

这里还举出同为高炉制造企业但是业务结构大为不同的 S 铁与 K 钢两家企业，对模型的通用性进行了验证。S 铁是行业领军企业，粗钢产量在销售额中所占的比重较大，K 钢除了粗钢之外，也有建筑设备等其他业务，正在进行经营多样化。图 12-6、图 12-7 分别表示了 S 铁与 K 钢的现金流随时间的变化。折线图所示的现金流的实际值（实线）与推算值（虚线），S 铁的相当一致，K 钢的虽然在 1994 年、2000 年有了大幅度的下落，出现了一定程度的偏离，但是依然表现了追随。两家企业在设备投资行为上有很大不同。S 铁基本是在现金流的范围内进行设备投资，而 K 钢则如 20 世纪 90 年代后期所示，进行超出现金流范围的积极投资。说明企业设备投资的全部行业的设备投资参数，S 铁为 0.55，K 钢为 0.59，同样的常数项分别为 0.029 与 0.069，可见 K 钢的设备投资行为更加活跃。

　　如上所述，此模型充分表现了 S 铁和 K 钢两家企业的特征——设备投资行为的差别，在自由现金流的动态方面，也明确反映了两家的个性。在根据行业的宏观推算值推算个别企业的收益结构时担心的收益结构形变，在这两家企业没有看到。

　　最终的现金流预测值，是在这个纯粹的计量推算值上加入证券分析师的定性判断来决定的。证券分析师在自己的定性判断中能够反映通过计量把握的两家公司的投资行为的差别。证券分析师的定性判断，很有可能是以这个计量推算值得到的数值为基础，认为 S 铁很有可能把大量自由现金流用于在巴西等外国正式建设工厂、与外国公司合作以对抗 M&A 的威胁，反之，K 钢则很有可能考虑到今后经营环境的不透明，在现阶段控制大胆的设备投资行为。

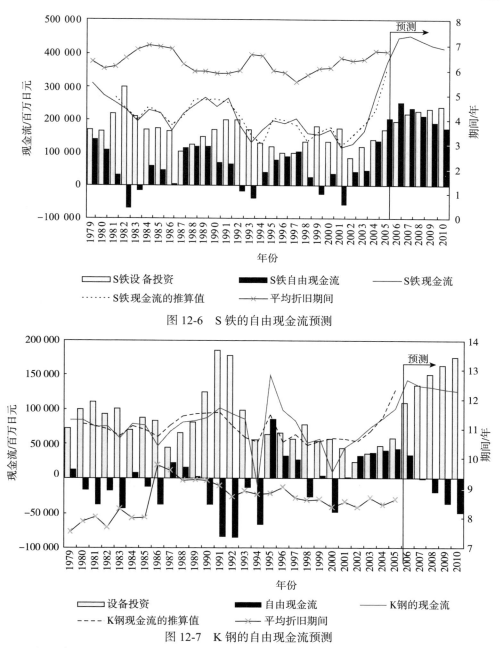

图 12-6　S 铁的自由现金流预测

图 12-7　K 钢的自由现金流预测

　　为了合理地进行定性判断，作为基础的计量推算值是不可或缺的。现金流预测模型，不仅使证券分析师的当前财务分析有了深度，而且有助于根据由过去平均行动递推出的将来预测线，提出可能性更高的现金流预测线。

第七节　电力产业的现金流预测模型

与钢铁等材料产业不同，电力产业属于与经济景气的联动性相对较小的行业。并且，是地区垄断企业，具有反映地区性的收益特点，较易受原材料价格的影响，原材料价格上升会转移到其后费用（审批事项）上，导致销售额激增情况的发生。近来的资源价格的上升，导致 2002~2005 年的收益结构中，销售额增加对利润的贡献为 6.1%，而成本增加对利润的贡献则为 -8.3%，按毛利计算的利润为 -2.2%。今后，如果预想原油价格会缓慢下降，可以认为电力行业的现金流也将在今后得以改善。

电力产业虽然是具有比较平稳的收益结构的行业，但意外的是各家公司的收益结构有很大不同。这次，取业务范围涵盖大城市的 3 家大型企业（T 电力、K 电力、CHB 电力）与 1 家以地方为地盘的公司（CHG 电力）进行了推算。推算方法有两种，分别是：依次推算销售额、成本、销售管理费，根据结果求出营业利润；根据整个行业的营业利润直接推算各家公司的营业利润。这次选用后一种方法，推算结果如表 12-5 所示。虽然同是大型企业，行业龙头的 T 电力的营业利润参数，相对于整个行业营业利润的增长率为 0.900 3，较为平稳，而 CHB 电力的该参数为 1.130 15，变动较大。反之，在设备投资方面，T 电力的参数值 0.718 42，而 CHB 电力则为 0.606 183，由此可见 T 电力进行积极的设备投资行为。

表 12-5　电力产业以及个别电力企业的现金流预测模型的推算结果

项目	被解释变量	解释变量①	定数	ρ	AIC、LB 检验
电力	销售额（移）	名义 GDP 1.504 14 4.213	-0.015 08 -0.51	0.427 17 2.603	-78.277 0.031~0.292
	原价（移）	名义 GDP 1.786 65 4.571	-0.029 31 -0.884	0.079 0.413	-80.058 0.021~0.159
	销售管理费（移）	名义 GDP 0.755 03 5.706	0.028 48 2.615	0.389 8 2.46	-140.695 0.08~0.553
T 电力	营业利润系数 t 值	电力产业营业利润 0.900 3 11.978 5	-0.002 6 -0.236	-0.211 76 -0.967	-60.233 0.794~1.00
	设备投资系数 t 值	电力产业设备投资 0.718 42 6.038	0.018 65 1.054	-0.335 08 -1.968	-36.528 0.711~0.995

续表

项目	被解释变量	解释变量①	定数	ρ	AIC、LB 检验
K 电力	营业利润 系数 t 值	电力产业营业利润 0.970 257 9.085	−0.001 876 −0.196	−0.097 338 −0.447	−71.501 0.593~0.985
	设备投资 系数 t 值	电力产业设备投资 0.726 15 4.274	0.008 85 0.271	0.205 94 1.202	−28.58 0.464~0.955
CHB 电力	营业利润 系数 t 值	电力产业营业利润 1.130 15 6.476	0.014 71 1.155	−0.482 04 −2.39	−43.723 0.043~0.578
	设备投资 系数 t 值	电力产业设备投资 0.606 183 4.118	0.002 301 0.101	−0.172 126 −0.954	−27.653 0.332~0.950
CHG 电力	营业利润 系数 t 值	电力产业营业利润 0.909 471 5.567	−0.003 398 −0.284	−0.471 933 −2.415	−47.061 0.078~0.403
	设备投资 系数 t 值	电力产业设备投资 0.515 777 2.398	0.049 635 1.17	0.203 417 1.192	−9.758 0.691~0.986

注：LB 检验为 Ljung-Box 检验的推算值从 1 期到 16 期的有效概率；解释变量栏的中间行数字为参数，最下行数字为 t 值

在根据推算的参数把握企业行为特性的基础上，预测规模最大的 T 电力与规模最小的 CHG 电力的自由现金流。如图 12-8 所示，可以看到包括 T 电力的 3 家大型公司，有现金流的平稳推移与设备投资的减少带来的自由现金流增加这一基本模式。另外，图 12-9 所示的 CHG 电力，设备的折旧期间逐渐长期化（10 年，2004 年），今后需要增加设备投资。由于净利润的增长率下降，现金流慢慢减少，因此预测自由现金流今后将有所减少。

由于计量分析值所示的 T 电力的自由现金流增加，使今后设备投资增加的可能性较高，对图 12-8、图 12-9 的计量推算线进行定性修正，完成自由现金流的预测线。

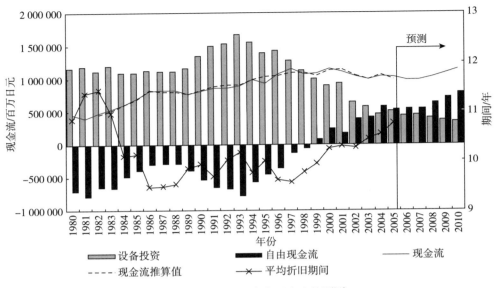

图 12-8　T 电力的自由现金流的预测

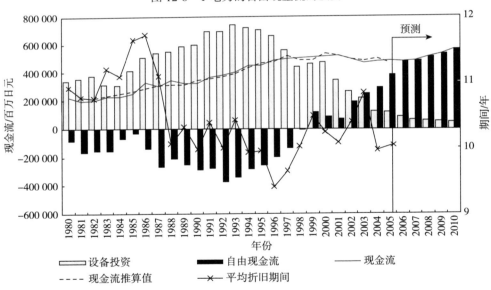

图 12-9　CHG 电力的自由现金流的预测

第八节　重机产业的现金流预测模型与压力测试

　　像电机产业那样，涵盖从家电到重型电机、电子部件的多种行业产业，难以根据法人企业统计的"电机产业"推算个别企业的现金流。此时，如前所述，与法人企业统计的产业不同，抽出销售额结构及领域相似的企业，把它们集结在一起作为疑似产业进行推算。本书提出了法人企业统计的大分类中不存在的产业"重机产业"。重机产业把重机的销售额占比较大的 7 家（合并报表基础）企业集结为一个产业，出口依存度高，解释变量没有使用很多其他模型使用的名义 GDP 与企业物价指数，而是只采用名义出口（GDP 基础）。表 12-6 为推算结果。该解释变量的 t 值也较高，模型的解释力较平稳。

表 12-6　重机产业以及个别重机企业的现金流预测模型的推算结果

项目	被解释变量	解释变量	定数	ρ	AIC、LB 检验
重机（子公司等包括在内）	销售额	出口（移） 0.892 804 5.132	−0.022 246 −0.948	0.660 93 3.881	−70.088 0.351~0.557
	原价	出口（移） 0.838 375 5.115	−0.018 421 −0.0861	0.646 577 3.789	−72.462 5 0.256~0.754
	销售管理费	出口（移） 0.744 586 3.223	−0.027 31 −0.974	0.613 5 3.22	58.651 0.221~0.779
	净利润率	营业利润率 0.863 036 7.377	−0.018 934 −4.093***	0.287 98 1.298	−150.014 0.613~0.929
	折旧额	折旧对象资产（移） 0.933 786 7.786	−0.004 456 −0.45	−0.089 243 −0.376	−64.885 0.311~0.912 2
	设备投资	全资产设备投资（移） 2.114 180 8 4.178	0.032 413 0.393	0.514 873 2.042	−6.056 0.256~0.591
M 重工（子公司等包括在内）	销售额	重机销售额（移） 1.300 011 24.331	−0.007 733 −1.922	−0.620 634 −3.603	−85.318 0.107~0.848
	原价	重机原价（移） 1.360 703 19.920	−0.006 699 −1.37	−0.565 3 −3.105	−78.676 0.039~0.80

续表

项目	被解释变量	解释变量	定数	ρ	AIC、LB 检验
M 重工（子公司等包括在内）	销售管理费	重机销售管理费（移） 1.307 318 19.920	−0.012 284 −1.867	−0.114 982 −0.473	−80.112 0.692~0.990
	净利润费	营业利润率 0.846 655 9.09	−0.016 72 −3.64	0.049 523 0.223	−146.883 0.481~998

注：LB 检验为 Ljung-Box 检验的推算值从 1 期到 16 期的有效概率；（移）为当前与前一年的 2 期移动平均；解释变量栏的中间行数字为参数，最下行数字为 t 值

　　但是，模型体系是顺序决策模型，并且各个结构式的推算方法并非一般化最小二乘模型，而是包括残差自回归模型的单纯的最小二乘模型，因此各式可能会积累误差。于是，关于最终目的数值——自由现金流（现金流–设备投资额），用图来比较根据上面的结构式算出的推算值与实际值的差异，评价其精度。图 12-10 是重机产业的自由现金流的实际值与推算值，以及设备投资额的柱状图。虽然在泡沫经济设备投资急剧增加的时期，以及金融系统性风险显现的 20 世纪 90 年代后期，可以看到两者的偏离，但是大体上是吻合的。

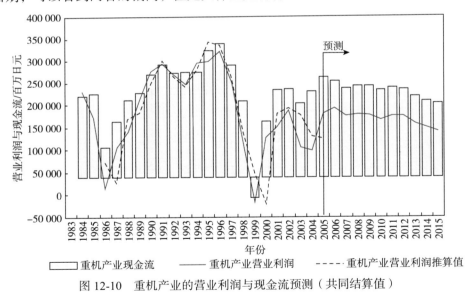

图 12-10　重机产业的营业利润与现金流预测（共同结算值）

　　根据重机产业的产业别现金流预测模型，预测属于该产业的企业现金流。本书制作了构成重机产业的规模最大的 M 重工的模型。以 M 重工的销售额、成本、销售管理费等为被解释变量，以重机产业的该变量为解释变量进行推算。如表 12-6 所示，各个解释变量的 t 值较高，LB 检验也没有问题。M 重工的销售额与成本的

参数均超过了 1.3，表明该公司的收益结构比产业的收益变动要大。由于重机产业的销售额、成本的解释变量为出口，表明 M 重工与同行业其他公司相比，容易受宏观经济出口的影响。

　　单个企业面临着预料不到的经营环境变化。对于信用风险评价而言，这种异常情况发生时的收益预测是不可或缺的。这次制作的 M 重工的现金流预测模型，可以预测将来经营环境恶化时的风险水平，即"压力测试"。图 12-11 为推算 M 重工的销售额、成本、销售管理费后，得到的营业利润（销售额－成本－销售管理费）。该公司为该产业的代表性企业，实际值与推算值非常吻合。预测部分的实线图为根据 NLI 研究所的中期预测推算的结果。该风险情形在这个基本推算上追加了两个风险情形，假设过去利润水平大幅度下降的 1997~1999 年的衰退期（亚洲金融危机、世界经济衰退：情形 1）与 1985~1986 年的衰退期（《广场协议》之后的日元升值不景气：情形 2）当时的出口平均增长率将持续 10 年。可见最严峻的情形 2：2005 年净利润水平 943 亿日元，在 5 年中基本上下降到接近零的水平。

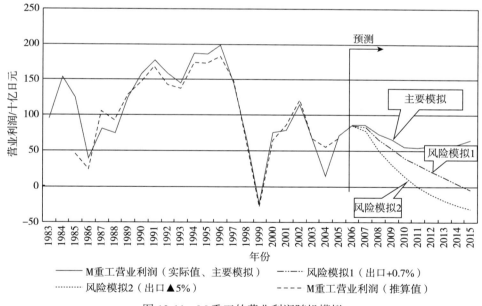

图 12-11　M 重工的营业利润随机模拟

　　风险情形也可以假设其他情况，如 2008 年以后的国际金融危机等。压力测试的推算结果加上定性判断，决定单个企业将来的现金流。

第九节　结　　论

对于运用资产规模较大，由于有价证券投资受到市场规模的制约无法充分提高业绩的机构投资者来说，贷款是把信用风险评价差异化与运用能力差异化顺利联系起来的重要投资对象。特别是寿险公司，持有长期的保险负债，从 ALM 的角度来看，长期贷款的现金流与保险负债的现金流比较容易匹配，容易提高贷款的竞争力。

要在这个贷款市场获得超额收益，就不能以"会破产""不会破产"来进行信用风险判断，而必须上升到根据破产概率来计算"贷款价格"的高度。要得到计算贷款价格的前提——高精度的破产概率，就必须提高企业现金流的预测精度。这次提出的"长期现金流预测模型"，采用独特的评价方式，可以进行不同于评级机构的信用风险判断。从这种独特的信用风险判断中产生的独特的信用风险利差，通过与市场利差的差异，给机构投资者提供了获得较大收益的机会。

第十三章 信用风险价差评价模型的提案

【摘　要】　对于机构投资者，特别是对于寿险公司来说，信用风险利差（与贷款及公司债相同期间的国债之间的投资收益率之差）的评价，在资产运用效率化及第三章所述的将来寿险贴现业务的价格评价中都是有必要的。

本节将提出按期间评价信用风险的"信用风险价差评价模型"。模型由现金流预测模型与价差预测模型构成，本书将对于后者，分析以煤气行业为对象制作的该模型的概念及问题。

【关键词】　信用风险价差　资产负债表的方法　蒙特卡洛随机模拟

第一节　对金融机构加强风险管理的要求

金融机构及机构投资者，不仅要面对贷款市场的借款需求低迷，还要面对 3 个新的环境变化。

第一个是应对"内部监控"。由于受到美国的《企业改革法》（SOX 法）通过以及接连不断的粉饰事件的影响，日本也在 2006 年 6 月通过的《金融商品交易法》中，加进了有关内部监控的报告义务，并且在同年 5 月通过的《公司法》中，也要求资本在 5 亿日元以上，负债在 200 亿日元的企业必须完善内部监控体制。关于其运用，虽然与规定了严格的报告义务的 SOX 法有明显区别，比较灵活，但是要求企业自身在遵守法规的同时，为了有效地开展业务，制定了规则及手续等，并且要求切实发挥作用。

大体框架包括四个目的及六个基本要素。四个目的包括：①业务的有效性与效率型；②财务报表的可信性；③法规的遵守；④资产的保障。六个基本要素包括：①监控环境；②风险评价与应对；③监控行动；④信息与传播；⑤监视；⑥应对 IT。目的与要素的范围都比较广，并且基本上都要求按部门、活动单元完善体制与报告。

　　机构投资者的贷款审查业务，由于个别性、专业性较高，一般来说完善了"公司内评级"这种评分方法的审查标准。但是，鉴于上述目的的"业务的有效性与效率性"及基本要素的"风险评价与应对"，在导入精度更高的企业未来现金流分析等方面，也存在较多需要改善之处。

　　第二个是企业会计标准委员会的活动。该委员会分析讨论日本如何追随欧美正在探讨的国际会计准则的融合（相互承认）。其中，作为日本的概念框架，正在探讨：①有益于投资者预测的披露企业实际情况；②在财务报表中导入基于资产和负债评估的综合收益（净资产的变动部分）与相当于"投资成果"的净利润；③灵活使用基于投资性质的评测尺度等。并且，在进行投资决策时，要求分为四个阶段进行：①基于不确定性的投资价值的评估；②通过与替代性投资机会对比的投资价值评估；③对于事前期待值测定事后的成果；④将事后信息反馈到（今后投资的）期待形成。

　　并且，这里所说的"投资成果"是指有望获得资本收益的投资的保有资产的市场价值变动部分；有望获得业务成果的投资的现金流的评估。对于贷款，由于尚未发行公司债、获得评级的企业较多，有必要与替代性投资机会比较，最好事先算出贷款的市场价格。并且，融资的"投资成果"，可以认为是与商业投资同样的现金流的现在价值。

　　第三个环境变化是在日本银行 2006 年的考察（检查）实施方针中看到的考察方针的变化。新的考察角度是"考虑到企业业绩、市场利率、资产价格等各种不确定性，实践重视将来发展的风险管理、经营管理"。与此相对应，提出了以下五点：①把握所有的保有资产、金融交易的经济价值和风险；②完善并应用综合风险管理；③能动的信贷组合管理；④确保结算顺利及持续经营；⑤确立内部监控。

　　并且，在上述①中注明"关于贷款，广泛应用 DCF 法（现金流折现）的观点，包括银团贷款及不动产无追索权贷款等新品种的贷款，力求在（日本银行）与金融机构之间统一对经济价值和风险评估的认识"。DCF 法为贷款、投资评估的标准。

　　具体的考察重点项目，提到内部评级制度，根据与过去的偿付不能实绩的偏离程度验证（内部评级制度的）精度。并且，通过计算、分析贷款投资组合期待损失（expected loss，EL）、非期待损失（unexpected loss，UL），评价信贷集中风险及景气循环的影响等，讨论信用风险控制及放贷利率的设定。

　　要进行达到这种水平的信用风险评价，无论如何需要加入了景气循环因素的企业现金流预测与细致的信用风险价差评价。

第二节　对提高贷款盈利的要求："贷款价格"的定价

与公司债不同，贷款具有在进行贷款时的金融机构之间竞争与低流动性的特点，取得信用风险价差的方法也不同。本来，由于信息不对称，在相互交易中决定的贷款价格，与市场交易所决定的公司债价格相比，容易产生价格差。由于始终处于竞争状态，一般来说有一种倾向：任何人都认为良好的企业，信用风险价差低于理论价差；反之，看起来不太好的企业，该价差相对较大。

因此，如果具有充分的信用风险评价能力，贷款收益在公司债以上的机会就很多，通过发现乍一看似乎不错的企业的问题，看出乍一看似乎很差的企业的实力，提高贷款的收益性。但是，为了获得这种投资机会，单从借款企业"会破产、不会破产"的角度判断是不够的，必须设定与债券价格（通常用利率高低来衡量）同样的"贷款价格"。如果有市场价格的贷款，也能以此为参考定价（利率及期间），但是市场的错误判断也有很多，并且中等级别以下的企业，很多都不存在评级与信用风险利差。

也就是说，必须独立于市场，独自计算与企业的风险、贷款期间相应的信用风险利差。换言之，算出与市场所示的利差不同的利差，将成为收益的来源。

贷款的现金流基本上与公司债相同（除去流动性溢价）。但是，可以认为对于5~10年的长期贷款期间中发生的将来环境变化，该企业往往也未假设（也未纳入该企业的中期计划中），所以压力测试[①]以及纳入了景气阶段的现金流预测是十分重要的。

第三节　计算 JGB 价差时的两大障碍

信用风险评价的障碍有两个。第一个障碍为第一节所述的对影响现金流预测的景气循环的处理。第二个障碍为对信用风险价差的期间结构的把握。众所周知，评级越低，JGB 价差就越大。另外还要注意的一点是：评级越低，每个级别的期间别利差会扩大。例如，为期7年的Baa2级公司债的信用风险价差为53基点，而高一级的Baa1级则为44基点，相差9基点（2007年1月5日时点，价差因阶段而异）。另外，同级

---

① 压力测试是一种检验发生例外却有可能性的事件时，风险因子的变动对金融机构财务状况带来的潜在影响的方法。

（Baa2）的 10 年公司债价差为 64 基点，与 7 年公司债相差 11 基点（与 5 年公司债相差 8 基点），比起 1 个等级间的"等级间价差"，"期间价差"的差距较大（表 13-1）。但是，即使能够直观理解贷款期间的长期化会提高信用风险，也难以评估信用风险的期间结构，如风险实际上在多大程度上、以什么形状增加等。

表 13-1 不同级别以及不同期间的价差

评级	3 年	5 年	7 年	10 年	20 年
Aaa	0	−23	1	1	2
Aa1	0	−21	0	0	6
Aa2	0	−20	1	1	8
Aa3	−1	−20	0	1	11
A1	0	−18	2	3	17
A2	−2	−12	3	6	28
A3	−1	−10	4	7	31
Baa1	−3	0	7	15	57
Baa2	−3	8	8	19	72
Baa3	−3	17	12	26	105
Ba1	−7	25	21	44	128
Ba2	−25	138	34	63	163
Ba3	−7	325	31	—	—
实际额	<42>	<45>	<53>	<64>	<117>

注：以 Baa1 级期间 5 年的价差是 0 为前提，各栏数字为与其相比推算出的价差；< > 为 Baa2 级别的不同期间价差的实际额；以上均为 2007 年 1 月 5 日的实际值

本书将以纳入了景气循环因素的"现金流预测模型"与其现金流为前提，提出由计算 JGB 价差的"信用风险价差评价模型"构成的长期信用风险评价模型。

第四节　信用风险价差评价模型的类型与该模型的基本构造

虽然信用风险评价模型存在许多类型，但是大体上分为"资产负债表法"与"归纳法"。资产负债表法也被称为结构模型，著名的有穆迪公司的破产概率预测模型（即 KMV 模型，是利用以往的实际数据改良布莱克−斯科尔斯−默顿模型的产物）。虽然有很多变形，但其基本概念如图 13-1 所示。将违约概率定义为将来 T 期（如公司债的到期日）股票价值低于负债的概率，根据现在的企业价值（股票市价总值）及其变动率及利率等，求出现在 t 到将来 T 的企业存续概率。并且，不把时点限定在 T，当企业价值低于负债水平时就判断为破产违约的首次通过模型，也属于该类

型。资产负债表法具有容易理解及根据市场数据容易算出破产违约概率的特点。

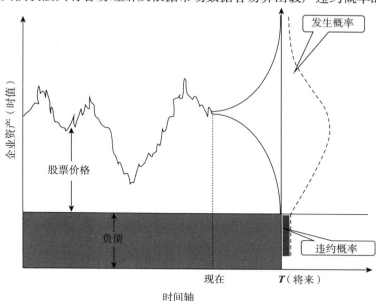

图 13-1 信用风险的基本模型的概念图（构造型模型）

而归纳法则把破产违约本身视为不可预测的现象，不以决定破产违约概率的结构为问题，而是以外生函数或概率模型的形式进行求导（如泊松过程：①$\lambda \Delta t \rightarrow$②$(1-\lambda \Delta t) \cdot \lambda \Delta t \rightarrow$③···）。即所谓的把破产违约概率黑盒化的模型。

一般来说，采用资产负债表法的模型，被认为强调计算的前提假设，近期的破产违约极端低下等，偏离实际的市场情况。虽然只要以企业根据一定的目标值进行负债管理为前提即可解决，但是与归纳法相比，初期的破产违约概率变动较大。

而归纳法的结果虽然令人信服，但就其过程而言，存在不能发挥机构投资者具备的企业审查能力的缺点。

因此，制作信用风险评价模型时，以下列三点为目标：①能够与机构投资者的企业审查过程配合；②以长期贷款为前提，明确纳入景气变动因素；③抑制模型的理论值与市场实际情况的偏离。模型采用了资产负债表法的易于理解的概念与归纳法的破产违约概率的外生函数结构相结合的结构。

也就是说，给根据企业别现金流预测模型计算出的各年度的营业损益，赋予根据以往的平均收益率与标准偏差制作的 100 个随机数（1 家企业，100 个 × 10 年＝1 000 个随机数），求出发生经常赤字的概率（经常损失的发生概率）。然后，根据该"经常损失的发生概率"与"股东持股比例"按期间推算信用风险价差（破产概率）。

期权模型的原理是根据"股票价值"与"负债"的关系定义"破产"的，而本模型则根据"经常损失"与"股东资本"的关系来定义破产。具体来说，就是将破产概率定义为以下两个认识：①将累积经常赤字高于股东资本的情况视为破产，将模拟情形数除以破产件数的比例作为破产概率；②单年度的经常损失发生概率越高，而且股东资本比例越小，破产概率越高。这次提出的模型虽然能够满足以上两点，但因本书以计算信用风险价差为目的，所以利用上述②的定义。

也就是说，如图13-2所示，破产违约定义为经常损失超过股东资本，或者其大半部分损失的情况。通过蒙特卡洛模型模拟发生的经常损失的发生率越高，破产率就越高。

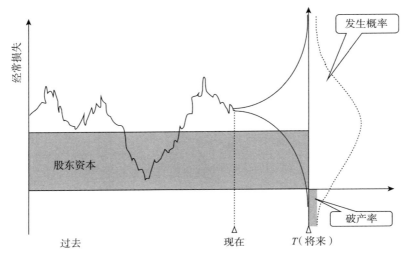

图 13-2　本书研究提出的信用模型概念

累计经常损失＞股票资本时的概率作为破产率，使用这个概率推算信用风险价差；
通过经常损失发生概率与股票资本比率直接推算信用风险价差

具体步骤如下：首先，根据行业别现金流预测模型计算出整个行业的营业利润结构与该行业的个别企业的营业利润结构的弹性值，推算个别企业的经常损失发生概率。然后，对于整个行业的营业利润的增长率，使每个年度都产生100个随机数，制作非人为的营业利润变化率的模拟情形。然后，根据该弹性值按模拟情形、按企业计算每个企业的营业利润额（蒙特卡洛模拟）。根据过去25年的营业利润/经常利润比率，将这样算出的营业利润额换算为经常利润，并按期间累计发生经常损失的次数。随后，按年度求出模拟发生情形数与经常损失情形数的比例，即"经常损失发生概率"。并且，对于经常损失情形，检验累积赤字额对自有资本的损毁程度，判断是否发生了破产。

最后，根据经常损失概率与股东持股比例，完成信用风险价差的推算。

这次的分析对象为煤气行业，求出其中的主要企业东京煤气、大阪煤气、东邦煤气、北海道煤气、西部煤气五家公司的经常损失概率与期间别信用风险价差。

第五节 营业利润变动情形的设定

对于根据产业别现金流预测模型（煤气行业）求出的"营业利润变化率（主模拟情形）"与前25年的"该实际值的标准偏差"，在正态分布的前提下产生随机数。由于加上了正态分布的约束，变化率略受抑制。由于模拟情形数为每个年度100个，模拟期间为2006年到2015年的10年，所以模拟情形总数为100个×10年=1 000个。

图13-3是将100个模拟情形中序号为1~10（10×10年=100个营业利润的变化率）的营业利润的变化率图形化的结果。这个模拟情形群，在大体上可以充分说明景气变化带来的营业利润变化，并且涵盖了可以预想到的情形。

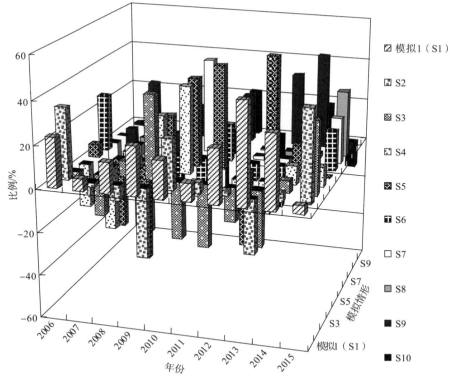

图13-3 煤气产业营业利润变动模拟

一、营业利润的变化率固定时的"经常损失发生概率"

图13-3中的营业利润模拟情形是以现金流预测模型计算出的营业利润预测值为基础的。但是，评级机构的信用风险评价，往往使用按照固定利润率算出的期间别破产率与压力测试等。因此，为了协调与公布了的评级的计算标准，要完善分析基础。首先，假设过去5年煤气行业营业利润的平均增长率今后仍将持续，计算"营业利润增长率固定"时的经济损失发生概率。图13-4显示了5家企业的企业别和期间别经常损失发生概率（期间别、累积）的变化情况。

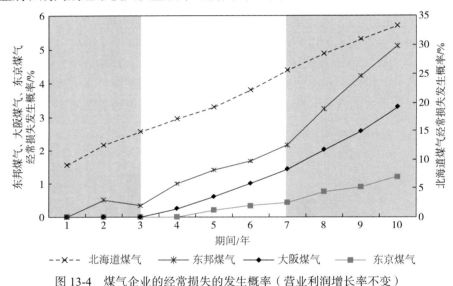

图13-4　煤气企业的经常损失的发生概率（营业利润增长率不变）

一般来说，经常损失发生率的变化比破产率剧烈。有以下三个特点：

（1）一般来说，贷款期间越长，经常赤字的发生概率越加速上升。

（2）就个别企业而言，东京煤气的经常赤字概率为1.2%（10年累计），而最高的北海道煤气（右坐标轴）则为33%，差距比印象中的要大。虽然序列与评级顺序接近，但是西部煤气由于营业利润的稳定性较高，发生经常损失的概率较低（但是，在直接求出经常损失的模型中，西部煤气的破产率是上升的）。

（3）在贷款期间为3年与7年的时点存在断层，对于超过经常损失概率上升的7年的贷款，要求确保充分的信用风险价差，并进行后续跟进。

但是，经常损失发生概率最高的北海道煤气也有充分的股东资本水平，并不会马上导致破产违约。该公司2006年9月末的股东资本为278亿日元，从其减损情况来看，弥补累计赤字后的股东资本在200亿日元以下（减损额约在80亿日元以上）的模拟情形为 4 个，在 100 亿日元以下的为 1 个（余额为 79 亿日元，表示约有 200 亿日元用于弥补赤字）。一般来说，确保自由度较高的现金流，在股东资本大幅减损时期难以做到，在 100 亿日元以下的 1 个将认定为实际破产（破产概率在 1% 以下）。实际上，如果考虑土地未实现收益与税务影响，以及补充煤气产业作为基础设施行业的信用，可以认为只要自由资本不为负值就不至于破产。也就是说，"会破产"还是"不会破产"的判断结果为"不会破产"。

另外，尽管在评级间级差（西部煤气 A+、北海道煤气 A）很小，为 1 个等级，也有必要正视这种程度的变动差异是潜在的。如果进行更高度、更细致的信用风险判断，实际上，同一等级之中也可能存在较大差异。有必要把差异部分纳入信用风险评价之中。其结果，信用风险评价不只是"会破产"还是"不会破产"，将有助于计算网格更精细的"信用风险价差"。

二、反映景气循环的"经常损失发生概率"

下面将计算反映景气循环的"经常损失发生概率"。以 NLI 研究所的中期经济预测为基础，以使用产业别现金流预测模型算出的 10 年营业利润结构为前提，评估信用风险。

用该模型算出的煤气行业的主模拟情形，从 2006 年开始的 3 年左右，由于原油价格居高不下等成本上升与景气调整的影响，营业利润停滞不前。另外，在下一个景气扩张阶段即 2012 年以后，营业利润有了 10% 左右的增长。因此，与前述的营业利润变化率固定的情况相比，营业利润变化加大，整体的经常损失发生概率上升。表 13-2 显示了反映景气循环的各个煤气公司的期间别"经常损失发生概率"与变化率固定的"经常损失发生概率"的差距。

观察个别企业可知，东京煤气的经常损失发生概率比固定模拟情形上升了 0.2%，大阪煤气也上升了 2.8%。而且就上升幅度的差距而言，各家公司对于煤气行业营业利润的弹性值，东京煤气为 0.867，而大阪煤气则较大，为 1.279（表示大阪煤气的营业利润变化大于东京煤气）。

用图形表示上述结果的是图 13-5。与前面出现的图 13-4 的图形相比，图 13-5 形显得更加上凸，这是由于贷款期间后半期的营业利润增加率较高，随着贷款期间的长期化，经常损失发生概率受到抑制。

虽然整个图形的形状变化不大，但是两种模拟情形（图 13-4、图 13-5）之差的峰值出现在第 6 年至第 9 年。例如，东京煤气与固定模拟情形之间的差距在第 7 年达到最大值后变小。并且，在变化率固定的情况下，虽然大阪

表 13-2 主要煤气公司的经常损失发生率的推移（单位：%）

贷款期间	东京煤气		大阪煤气		东邦煤气		西部煤气		北海道煤气		基本营业利润变化率
RI 评级	AA+	一定的模拟之间的差	AA+	一定的模拟之间的差	AA	一定的模拟之间的差	A+	一定的模拟之间的差	A	一定的模拟之间的差	
穆迪斯	Aa1		Aa2		Aa3		—		—		
企业内评级	S2		S2		S2		N1		N2		
1	0.00	0.00	1.00	1.00	1.00	1.00	0.00	0.00	5.00	−4.00	−3.93
2	0.00	0.00	0.50	0.50	0.50	0.00	0.00	0.00	12.50	0.00	−5.95
3	0.00	0.00	0.67	0.67	1.00	0.67	0.33	0.33	18.67	3.67	−2.57
4	0.00	0.00	1.00	0.75	1.50	0.50	0.50	0.25	23.50	6.25	0.53
5	0.20	0.00	2.00	1.40	2.20	0.80	1.20	0.60	26.80	7.60	−1.03
6	0.50	0.17	3.17	2.17	3.17	1.50	2.00	1.17	30.33	8.17	2.25
7	0.71	0.29	4.29	2.86	4.00	1.86	2.71	1.57	33.00	7.43	7.51
8	1.00	0.25	5.00	3.00	4.88	1.63	3.13	1.38	35.00	6.63	9.45
9	1.22	0.33	5.56	3.00	5.78	1.56	3.33	1.22	35.78	4.89	11.66
10	1.40	0.20	6.10	2.80	6.30	1.20	3.80	1.40	36.40	3.20	11.88
股东资本比率	43.2		47.0		44.1		23.9		27.8		—

注：贷款期间为从 2008 年年初开始起算的期间，单位为年

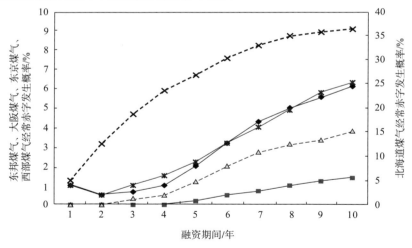

图 13-5 煤气企业的经常赤字发生概率（主要模拟）

煤气在整个期间的经常损失发生概率都比东邦煤气低，但是在反映景气变化的主模拟情形中，10 年累计从 3.3% 上升了 2.8 百分点，达到 6.1%，与东邦煤气的 6.3% 几乎持平，信用风险的形状有所变化。

第六节　信用风险价差的计算

只要算出的"累计经常损失"高于股东资本即可视为破产违约，但是即使未到那种程度，较高的经常损失发生概率也意味着构成破产违约的因素较高。破产违约的构成因素的高低，将被反映到评级的信用风险利差中。表 13-3 显示了不同贷款期间的各个公司的经常损失发生概率与各个公司间的市场价差（这里用与东京煤气之间的差距来表示，采用 2007 年 1 月 5 日的实际值）。与东京煤气对比，是为了消除利率水平变化的影响。一般来说，如果期间相同，评级越低，而且期间越长期化，对东京煤气的信用风险价差就越扩大。

表 13-3　经常损失概率与 JGB 价差

贷款期间	东京煤气	大阪煤气		东邦煤气		西部煤气		北海道煤气	
RI 评级	AA+	AA+	与东京煤气对比	AA	与东京煤气对比	A+	与东京煤气对比	A+	与东京煤气对比
穆迪斯	Aa1	Aa2		Aa3		—		—	
企业内评级	S2	S2		S2		N1		N2	
1	0.00%	0.00%		0.00%		0.00%		9.00%	
2	0.00%	0.00%		0.50%		0.00%		12.50%	
3	0.00%	0.00%	1	0.33%	4	0.00%	6	15.00%	13
4	0.00%	0.25%		1.00%		0.25%		17.25%	
5	0.20%	0.60%	1	1.40%	5	0.60%	8	19.20%	15
6	0.33%	1.00%		1.67%		0.83%		22.17%	
7	0.43%	1.43%	2	2.14%	5	1.14%	11	25.57%	20
8	0.75%	2.00%		3.25%		1.75%		28.38%	
9	0.89%	2.56%		4.22%		2.11%		30.89%	
10	1.20%	3.30%	2	5.10%	6	2.40%	13	33.20%	26
股东资本比率[1]	43.2%	47.0%		44.1%		23.9%		27.8%	

1）股东资本比率为 2006 年 9 月末实际值

注："与东京煤气对比"栏的数值代表信用风险价差（2007 年 1 月 5 日实际值）

可以看出该价差反映了很多信用风险的有关信息。从众多候选项中选出了经常损失发生概率与作为损失发生时的缓冲器的股东资本比率，作为影响该价差的因素，以这两个因素为解释变量，推算煤气行业的相对信用风险价差。分析时，采用了按贷款期间累计每个企业的横截面数据的面板分析法。

推算结果见表 13-4。自由度调整后的 R^2 为 0.936，作为解释变量的经常损失发生概率的 t 值为 12.93，股东资本比率的该值为 5.23，属于解释力较高的结构式。参数中，经常损失发生概率为 0.546，股东资本比率为 0.281，经常损失发生概率上升 1%时的必要价差增量约为 0.5 基点；股东资本比率上升 1%时的必要价差增量约为 0.3 基点。使用该参数，即可算出改变企业的经营环境与贷款条件时的必要价差。

表 13-4　对 JGB 必要价差的推算

企业	期间/年	对东京煤气 JGB		解释变量	
		市场基础	推算价差基础	赤字概率/%	自己资本/%
大阪煤气	3	1	1.82	0	47
	5	1	2.15	0.6	47
	7	2	2.60	1.4	47
	10	2	3.63	3.3	47
东邦煤气	3	4	2.82	0.33	44.1
	5	4	3.40	1.4	44.1
	7	5	3.81	2.1	44.1
	10	6	5.43	5.1	44.1
西部煤气	3	6	8.32	0	23.9
	5	8	8.65	0.6	23.9
	7	11	8.94	1.1	23.9
	10	13	9.63	2.4	23.9
北海道煤气	3	13	15.39	15	27.8
	5	15	17.68	19.2	27.8
	7	20	21.16	25.6	27.8
	10	26	25.33	33.2	27.8

必要价差=15.042 5+0.546 270 ×（经常损失发生概率）−0.281 248 ×（股东资本比率）
　　　　　　<7.228 25>　　　　<12.931 1>　　　　　<−5.226 96>

注：以上价差为各煤气公司与东京煤气的价差，各煤气公司的信用风险价差为此数值加上各期间与东京煤气的信用风险价差所得值；价差的市场实际状况根据 2007 年 1 月 5 日的三菱 UFJ 证券的数据计算得到；自由度调整后 R^2=0.936，选择随机效应模型，< >代表 t 值

并且，如果对比市场实际的每个评级的价差与推算价差，可以看到前者略为稳定，存在未能灵活表现信用风险变化的可能性。例如，大阪煤气的 10 年推算价差为 3.63 基点（1 基点=0.01%），而市场的价差却为 2 基点，市场信用风险被低估了。反之，西部煤气的 10 年期间的推算价差为 9.63 基点，而市场价差却被高估为 13 基点。可以认为，恐怕市场显示的该价差是随着短期经济环境的变化或市场事件而变化的，推算值表示其平均值，即长期均衡点。

另外，还存在课题。在理论上，该模型虽然适用于属于以现金流预测模型为对象的行业的企业，但是由于行业别现金流预测模型以财务省的法人企业统计的行业分类为基础，即使被分在同一行业，对于企业业务内容大相径庭的企业，推算精度有下降的可能性。这时，需要另外聚集业务内容相似的企业群，组成小行

业（疑似行业），针对该行业重新制作现金流预测模型。

并且，要稳定测算经济损失发生概率，现有的各年 100 个模拟情形就显得有些不足，最好是 500~1 000 个（也就是 1 000 个 × 10 年=10 000 个）左右的随机数处理。

第七节　信用风险价差模型的启示

使用此模型，将 17 家企业的期间从 1 年到 10 年的期间别信用风险价差（2007年 1 月 7 日，三菱 UFJ 证券公布的市场利率）面板化（标本数为 170 个=17 家 ×10 年），分析了其结构。推算方法使用了最小二乘法、固定效应模型及随机效应模型，根据 F 检验、Hausman 检验等，选择了随机效应模型。

其结构式为

信用风险价差=18.257+58.509 6 ×（经常损失发生概率）–20.612 38 ×（股东资本比率）

　　　　　　　　<9.306 57>　　　　　　　　　　　　<–4.708 76>

自由度调整后决定系数为 0.573，作为解释变量的破产概率与调整自有资本比率的 t 值也较高，属于合理表现了破产率的模型。

按企业、按期间图示这一分析结果的是图 13-6。就推算值（图 13-6 中点线）而言，大阪煤气、新日铁、日立、松下等高评级企业的信用风险价差较小，同一企业中，期间越长该价差的评价越高，显示了与市场价差相同的倾向。

但是，推算值与市场实际值有两个变动差异较大的部分。第一，对于高评级企业，价差的实际值大大低于推算值。第二，期间越长该差距越扩大。例如，新日铁具有经常利润振幅较大、累计的经常赤字容易突破自有资本的财务结构。但是，为期 10 年的推算价差为 35 基点，与之相比，市场的价差只有 6 基点，差距将近 30 基点。并且，该倾向随着时间变长而加剧。这说明在市场上，财务结构之外的因素对信用风险评价产生了影响。在市场上，有可能对品牌形象等进行了过度的信用补充。

因此，将 17 家企业分为龙头企业组和其他企业组，重新推算了信用风险价差。其结果如表 13-5 所示。龙头企业组的经常损失发生概率的参数为 12.016 8，为其他企业组的四分之一。经常损失增加 1%，其他企业组的信用风险价差提高48 基点，而龙头企业组的该价差只提高 12 基点。也可以认为：龙头企业确实具备品牌力量及无形的风险应对能力。例如，在紧急情况下，像此次金融危机一样注入公共资金等。并且，与市场价差联动的评级，不仅与财务结构，也与许多其

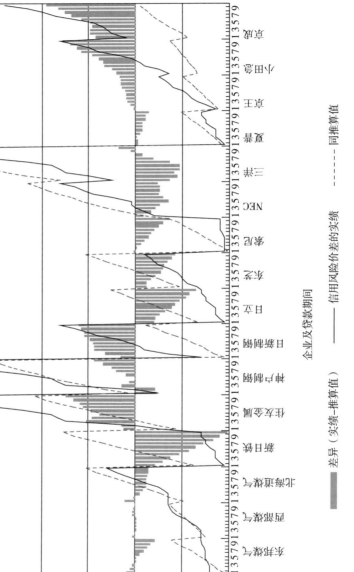

图13-6　分期间信用风险价差的推算

他因素有关，需要对其进行综合判断。但是，即使平常如此，一旦市场中出现怀疑的眼光，状况就会完全改变。评级公司赶不上市场变化，对于即将破产的企业，评级公司未能及时降级的事例也屡见不鲜。

表 13-5　信用风险、价差模型的参数

项目	全体					
	参数	t 值	龙头企业（样本数 40）		其他企业（样本数 130）	
			参数	t 值	参数	t 值
经常损失发生概率	58.506 9	9.306 57	12.016 8	10.289 2	47.327 1	5.382 82
自己资本比率	−20.613 8	−4.708 76	−2.844 92	−3.899 68	−49.205 3	−7.641 11
常数项	18.257	4.560 82	3.014 8	5.365 71	41.126 3	7.384 88
调整后的决定系数	0.573 118		0.868 654		0.456 828	

注：关于面板分析，从 3 个模型中选择了随机效应模型；关于自己资本比率，由于考虑到期间越长担保效果越弱，用 7% 的现价率进行调整；龙头企业为大阪煤气、新日铁、日立、索尼这 4 家企业

　　市场过于高估财务结构之外的因素，高评级企业的价差过小，存在这种评级偏差的可能性很大。

　　机构投资者将评级机构的评级用作定性判断的材料之一，此时，也考虑这次提出的模型等定量评价的信用风险管理是很重要的。

第八节　结　　论

　　利用容易制作模型的期权模型算出的破产概率，容易受到股价变化的影响，往往需要重新解释推算结果的附加模型。这次提出的"不使用股价"的信用风险价差评价模型，虽然模型制作比较麻烦，但是结果的稳定性较高。并且，由于在预测企业现金流的阶段，可以插入机构投资者的定性判断及压力测试，尤其在长期信用风险评价时，可以得到说服力较高的结果。

　　同时，该模型还暗示了存在评级公司的评级低估特定公司的信用风险价差种"评级偏差"的可能性。机构投资者需要通过使用多种模型，消除这些偏差，确立独特的信用风险评价标准。

参 考 文 献

クレア・スミス. 2003. 英国生保販売チャネルの動向. 生命保険経営, 第 71 巻第 6 号: 54-70.

スイス再保険会社. 2006. ソルベンシーⅡ: 欧州保険会社のリスク統合アプローチ. Sigma, 第 4 号: 1-42.

スイス再保険会社. 2006. 証券化―保険会社と投資家にとっての新たな好機. sigma, 第 7 号: 1-40.

デロイト・トウシュ・トーマツ. 企業の環境報告書スコアーカード: 1-28.

リスク管理モデルに関する研究会事務局. 1999. リスク管理モデルに関する研究会報告: 1-72.

安井信夫. 1998. アメリカにおけるエイズと人保険. 生命保険協会会報, 第 256 号: 1-24.

坂口恭子. 1996. 米国における保険買取ビジネスの動向と各州の対応. 生命保険経営, 第 64 巻第 4 号: 107-124.

北坂真一. 1996. 生命保険業における規模と範囲の経済性. ファイナンス研究, No.21: 61-83.

北坂真一. 2002. わが国生命保険会社の組織形態と経済性. 生命保険論集, 138 号: 1-23.

茶野努. 2002. 低成長移行後のわが国生命保険業の効率性. 予定利率引下げ問題と生保業の将来. 東洋経済新報社: 149-192.

高島浩一. 2002. 米国保険会社の銀行業務進出状況. 生命保険経営, 第 70 巻第 3 号: 66-81.

高崎康雄. 2002. 英国金融サービス市場法下の募集規制. 生命保険経営, 第 70 巻第 4 号: 3-24.

高尾厚. 1999. 第一部 保険市場とミクロ経済学. 保険とオプション. 千倉書房: 3-43.

高尾厚. 2007. 地震リスクと経済的保障の可能性. 保険学雑誌, 第 597 号: 87-101.

根本篤司. 2005. 収益性と安全性をめぐる生命保険企業の行動. 保険研究, 第 57 集: 285-302.

溝渕彰. 2006. 米国における生命保険の買取に関する法規制の概要. 生命保険論集, 第 154 号: 93-114.

古瀬政敏. 2002. 英国金融サービス・市場法下の保険会社に対する「慎重性規制」の動向. 生命保険論集, 第 141 号: 33-110.

古瀬政敏. 2007. 保険業法上の保険業と保険デリバティブ. 生命保険論集, 第 160 号: 1-53.

古澤優子. 2005. アメリカで拡がる生命保険買取事業とわが国における展望. Business & Economic Review, 8 月号: 92-106.

後藤牧人. 2006. Life Settlements 生命保険証券の売買. 日本保険医学会誌, 第 104 巻第 4 号: 324-330.

後藤尚久, 福重元嗣. 1996. 貯蓄動機と生命保険需要 ―個票データによる実証分析―. ファイナンス研究, 第 21 号: 85-102.

環境と金融に関する懇談会. 2006. 環境等に配慮した「お金」の流れの拡大に向けて: 1-21.

環境庁. 2007. 土壌汚染をめぐるブラウンフィールド問題の実態等について. 土壌汚染をめぐるブラウンフィールド対策検討調査会報告書: 1-35.

環境庁. 2009. 平成十九年 土壌汚染対策法の施行状況及び土壌汚染調査・対策事例等に関する調査結果: 1-63.

吉川栄一. 2002. 環境と保険. 保険学セミナー講演録: 1-23.

吉井一洋. 2005. バーゼルⅡのポイント. 大和総研制度調査部情報: 1-9.

吉野直行，郭賢泰，沖田剛一．1994．損害保険市場の特徴と規模の経済性に関する実証分析．三田学会雑誌，87 巻 3 号：26-48.

金谷信，平田英明，西崎健司．2003．デフォルト確率モデル再訪．日本銀行ワーキングペーパーシリーズ，No.03-J-2：1-39.

金融・保険の融合に関する研究会．2008．金融と保険の融合の進展．金融コングロマリットと ART（代替的リスク移転）に関する調査研究報告』損保ジャパン総合研究所：1-129.

金澤厳．2005．確率的保険料算出方法に関する一考察．アクチャリージャーナル，第 55 号第 1 分冊：73-90.

経済産業省．2006.「リスクファイナンスの具体的手法の紹介．リスクファイナンス研究会報告書：1-54.

経済産業省．2008．リスクとリターンと資本コスト．

井口富夫．1985．生命保険会社の規模と経済的合理性．保険学雑誌，510 号：17-23.

井口富夫．1993．損害保険産業における費用関数の推定と規制緩和へのインプリケーション．損害保険学研究，第 55 巻第 1 号：159-193.

久保英也．2005．生命保険業の新潮流と将来像．千倉書房．平成 17 年 10 月第 3 章：19-117.

久保英也．2006．収益力評価による生命保険会社の経営破綻リスクの早期把握．日本保険学会『保険学雑誌』第 593 号：1-30.

酒井重人．2006．資本政策とリスク・マネジメントへの統合アプローチ．アクチュアリージャーナル，NO.59 号：76-100.

駒宮勉．2000．規制緩和下の販売チャネルについて．生命保険経営，第 68 巻第 5 号：37-51.

橘木俊詔，中馬宏之．1991．生命保険の経済分析．第 2 章生命保険の需要分析、第三章　生命保険需要のミクロ分析，11 月：35-84.

豊田泰士，大野高裕．2005．信用リスクの誘導型モデルを用いることでデフォルト相関を考慮したローン・ポートフォリオのリスク指標の提案．日本経営システム学会全国研究発表大会報告資料：1-2.

蓮見亮，平田英明．2008．クレジット・スコアリングと金融機関経営 −第 1 世代の中小企業信用リスク計測モデルを用いた検証−．日本経済研究センター Discussion Paper，（6）：1-26.

柳瀬典由，浅井義裕，冨村圭．2007．規制緩和後の我が国損害保険業の再編と効率性・生産性への影響．損害保険研究，第 69 巻第 3 号：99-125.

柳瀬典由，石坂元一．2004．保険産業における販売チャネル構造に関する一考察．保険学セミナー報告書：1-44.

柳瀬典由，石坂元一．2005．わが国の損害保険産業における募集チャネルの費用効率性—パネルデータを用いた実証分析—．損害保険研究，第 67 巻第 1 号：99-128.

馬場直彦，竹田憲史，清水季子．2006．市場リスク・モニタリングに関する新たな試み．日銀レビュー，4 月号：1-6.

毎日新聞社．2004 年．2004 米国経済白書.『エコノミスト』臨時増刊号，5 月：303-362.

米山高生，宮下洋．1995．パネルデータ分析による生命保険業の効率性の測定 1975〜1989 年．保険学雑誌，第 550 号：42-62.

内閣府経済社会総合研究所．2009．景気基準日付について：1-8.

青木保繁．2006．最近の欧州におけるエンベディッド・バリュー手法に関する一考察．社団法

人アクチャリー会　会報，第 59 号（第二分冊）：69-85.

清家克哉，田村慶三. 1987. 当社標準下体契約の死亡・疾病入院発生状況について. 日本保険医学会誌，第 85 巻：264-273.

萩原邦男. 2004. 保険の国際会計基準を巡る動向. ニッセイ基礎研 REPORT，1 月：10-17.

日本政策投資銀行ニューヨーク駐在員事務所. 2002. 米国スーパーファンド・プログラムの概要. 調査レポート：1-39.

桑名謹三. 2007. 環境保険の経済効率性について：―環境税（ピグー税）との比較―. 保険学雑誌，第 599 号：1-30.

森本祐司. 1999. 金融と保険の融合について. IMES Discussion Paper Series，No.99-J-13：87-101.

森平爽一郎. 1996. 倒産確率推定のファクターモデルと融資配分. MTEC ジャーナル，（9）：3-23.

山根靖弘. 2003. 米国生保における事務体制. 生命保険経営，第 70 巻第 4 号：33-53.

杉本裕司. 2002. 外資系生保のマーケティング行動. 生命保険経営，第 70 巻第 4 号：25-44.

上山道生. 1998. 金融ビッグバンと保険業―損害保険の保険料率の自由化について. 保険学雑誌，第 563 号：50-76.

社団法人　土壌環境センター. 2007. 「土壌汚染状況調査・対策」に関する実態調査結果. 平成 19 年度報告書：1-21.

深尾光洋. 2000. 金融研究. 第 2 章生命保険会社の財務分析. 日本経済研究中心，10 月：55-120.

生命保険協会. 2002. 生命保険事業における各国の監督規制＜アメリカ＞，5 章：1-21.

生命保険協会. 2003a. 生命保険事業における各国の監督規制＜ＥＵ＞，5 章：1-25.

生命保険協会. 2003b. 生命保険事業における各国の監督規制＜イギリス＞，5 章：1-16.

生命保険協会. 2003c. 生命保険事業における各国の監督規制＜ドイツ＞，5 章：1-17.

生命保険協会. 2007. 生命保険買取に関する一考察. 調査部レポート，（32）：1-97.

生命保険協会調査部. 2007. 生命保険買取に関する一考察. 調査部レポート，（32）：1-97.

室町幸雄. 1999. 信用リスクを織り込む社債・金融債市場. ニッセイ基礎研 REPORT，第 24 号：2-8.

室町幸雄. 2003. 信用リスク移転の現状と問題点. ニッセイ基礎研 REPORT，第 73 号：1-6.

手島宏晃. 2006. 米国における生命保険買取規制. 生命保険経営，第 74 巻第 3 号：138-158.

水島一也. 2006. 第三部　保険市場. 現代保険経済. 第 8 版. 千倉書房：79-125.

松岡博司. 2003. ドイツにおける生命保険会社の破綻. ニッセイ基礎研 REPORT，第 80 号：14-19.

松浦克己. 1997. 証券業の生産関数と効率性. 郵政総合研究所　ディスカッションペーパー 97-3：1-8.

損保ジャパン総合研究所. 2008. 金融と保険の融合の進展：1-146.

損保ジャパン総合研究所. 2009. ザ　ファクトブック 2007 アメリカ損害保険事情：1-203.

太田三郎. 1994. 経済環境の変化と企業倒産. 国府台経済研究，第 6 号（2）：1-30.

藤野次雄. 2004. 地方銀行の効率性分析. 信金中金月報，3 月号：1-19.

田村祐一郎. 2002. 保険の産業分水嶺. 第 6 章保険規制の変革、第 7 章市場原理の中の保険規制と保険市場，9 月：123-210.

田畑康人. 2002. 第 7 章　市場原理の中の保険規制と保険市場. 田村祐一郎//保険の産業分水嶺：177-210.

田中邦和. 1994. 生命保険買取会社の管理規制. 生命保険経営, 第 62 巻第 3 号: 48-65.

田中周二, 松山直樹. 2004. 統計学とアクチュアリーの現代的課題. 日本統計学会誌, 第 34 巻第 1 号: 41-55.

樋口大輔. 2002. 消費者金融業の産業組織論的分析―規模の経済性の観点から―. 早稲田大学消費者金融サービス研究所ワーキングペーパー, 02-002: 1-23.

筒井善郎, 関口昌彦, 茶野努. 1992. 生命保険業の規模と範囲の経済性. ファイナンス研究, (15): 1-15.

筒井義郎, 佐竹光彦, 内田浩史. 2005. 都市銀行における効率性仮説. RIETI Discussion Paper Series, 05-j027: 1-31.

土方薫. 2001. 総解説 保険デリバティブ. 日本経済新聞社: 1-197.

丸茂幸平, 家田明. 2001. 信用リスクのある金融商品のコックス過程を用いたプライシング方法. 金融研究, 4 月: 19-47.

下和田功. 2001. 生保マーケティングの特質とその現代的課題―情報技術(IT)との関連を中心に―. 文研論集, 第 134 号: 25-65.

相川裕志, 鹿島紳一郎. 2003. 米国生保販売チャネルの沿革と現状. 生命保険経営, 第 71 巻 3 号: 71-86.

小島茂. 2005. 生命保険の証券化とその証券化商品の価格付け. リスクと保険, 第 1 号: 41-64.

小林孝雄. 2003. 信用リスク・モデル化のアプローチ. CIRJE ディスカッションペーパー, CIRJE-J100: 1-30.

小藤康夫. 2001. なぜソルベンシー・マージン比率は有効な手段となりえなかったのか. 共済と保険, 4 月: 30-43.

小西修. 2003. 英米における適合性原則規制の動向. 生命保険経営, 第 71 巻第 3 号: 33-51.

須田一幸, 竹原均. 2003. フリーキャッシュフローモデルと残余利益モデルの比較. 筑波大学社会工学系データベース(2003 年度): 1-21.

岩本康志, 古家潤子. 1996. 生命保険業の産業組織の再検討. 郵政研究所ディスカッションペーパー・シリーズ, No.1996-6: 1-26.

永田貴洋, 前多康雄, 今東宏明. 2003. 金融コングロマリットと範囲の経済: 収益面の分析. 金融庁金融研究研修センター ディスカッションペーパーシリーズ, Vol.9: 1-31.

原浩一. 2003. 米国個人生命保険市場の動向と大手生保の対応. 生命保険経営, 第 71 巻第 2 号: 37-55.

増井正幸. 2002. 金融商品ネット取引利用者の分析. 生命保険経営, 第 70 巻第 5 号 2: 30-41.

志茂謙. 2007. 米国における生命保険買取市場の現状. 生命保険経営, 第 75 巻第 5 号: 3-27.

中馬宏之, 橘木俊詔, 高田聖治. 1993. 生命保険会社の効率性の計測. 生命保険の経済分析. 日本評論社: 197-230.

中馬宏之, 伊藤潔. 1991. 我が国における生命保険需要の決定要因. 郵政研究レビュー, 第 2 号: 47-67.

中杉修身. 2006. 土壌中有害化学物質のリスク評価における課題. 日本リスク研究学会第 19 回研究発表会講演論文集: 369-373.

総務省統計局. 2006. 世界の統計 2006. 第 3 章 国民経済計算, 第 12 章 労働・賃金.

Duffie D. 2004. リスク中立デフォルト確率と実際のデフォルト確率. 証券アナリストジャー

ナル，第 42 巻 3 号：91-104.

Masters N. 2003. 国際会計基準とソルベンシーレギュレーション. アクチュアリージャーナ
　　ル，14：83-99.

Allgemeiner Fachverlag dr.rolf Mathern, Hamburg. 2005. Zeitschrift Fur Versicherungswesen：
　　179-184.

American Council of Life Insurers. 2005. Life Insurers Fact Book 2005：1-104.

Association of British Insurers. 2005. Long-term Business Insurance Trends, all pages.

Banasik J, Crook. 2004. Does reject inference really improve the performance of application scoring
　　models?. Journal of Banking & Finance, 28：857-874.

Battese G E, Coelli T. 1988. Prediction of firm-level technical efficiencies with a generalized frontier
　　production and panel data. Journal of Econometrics, 38：387-399.

Booth P, Morrison A D. 2007. Regulatory competition and life insurance solvency regulation in the
　　European Union and United States. North American Actuarial Journal, 11：23-41.

Canadian Life and Health Insurance Association Inc. 2005. Canadian Life and Health Insurance
　　Facts：4-11.

Chen R, Wong K A. 2004. The determinants of financial health of Asian insurance companies. Journal
　　of Risk and Insurance, 71（3）：469-499.

Chiu B P. 2006. Life Settlement Investing. BookSurge, LLC,：1-110.

Credit Risk Derivatives. Journal of Derivatives：97-108.

Deloitte. 2005. The Life Settlements Market an Actuarial Perspective on Consumer Economic Value.
　　Acord Loma Insurance Systems Forum：1-17.

Dietsch M, Petey J. 2002. The credit risk in SME loans portfolios：modeling issues, pricing, and
　　capitalrequirements. Journal of Banking & Finance, 26：303-322.

Donald W. 1982. A stationary point for the stochastic frontier likelihood. Journal of Econometrics,
　　18：275-279.

Duffie D, Lando D. 2001. Term Structures of credit spreads with incomplete accounting information1.
　　Econometrica, 69（3）：633-664.

Fédération Française des sociétés d'assurances. 2004. Marches de l'assurance, No.9, all pages.

Ferguson W L. 2006. Solvency：models, assessment and regulation. Journal of Risk and Insurance,
　　76：1-296.

Financial Services Authority. 2002. A new regulatory approach to insurance firms' use of financial
　　engineering- proposed changes to the regulatory returns for life insurers' Policy Statement.

GDV. 2003. 2003 Yearbook The German Insurance Industry：2-83.

GDV. 2005. Statistical Yearbook of German Insurance 2005：1-38.

Greene W H. 1993. The econometric approach to efficiency analysis//Lovell H, Schmidt. The Measurement
　　of Productive Efficiency. Oxford：Oxford University Press.

Kamath S, Sledge T. 2005. Life insurance long view-life settlements need not be unsettling. Bernstein
　　Research Call：1-14.

Keneley M. 2008. The curious case of the occidental and regal：the evolution of solvency and
　　disclosure standards in the Australian life insurance industry. Accounting History, 13：313-332.

Kijima, M, Komoribayashi K. 1998. A Markov chain model for valuing

Kumbhakar S C, Lovell C A. 2000. Stochastic Frontier Analysis. Cambridge: Cambridge University Press.

Kumbhakar S C, Vivas A L, Lovell C K, et al. 2001. The effects of deregulation on the performance of financial institutions: the case of Spanish saving banks. Journal of Money, Credit and Banking, 33 (1): 101-120.

LIMRA International. 2005a. Market Trends LIMRA's Fact book 2005 Trends in United States': 6-43.

LIMRA International. 2005b. Market Trends LIMRA's Fact book 2005 Trends in Canada: 5-10.

Monetary Authority of Singapore. 2004. Life Insurance Data Table AL1: AG19. http://www.mas.gov. sg/data_room/insurance_stat/Insurance_Statistics.html.

OECD Statistical Annex. 2005. OECD Employment Outlook: 237-275.

Regan L. 1999. Expense Ratio across Insurance Distribution Systems: An Analysis by Line of Business. Risk Management and Insurance Review, 2: all pages.

Regan L, Tennyson S. 1996. Agent Discretion and the Choice of Insurance Distribution system. Journal of Law and Economics, 39: 637-666.

Regan L, Tennyson S. 2000. Insurance Distribution Systems. Handbook of Insurance, Kluwer Academic Publishers: 709-748.

Ruhil A V S, Teske P. 2003. Institutions, Bureaucratic Decisions, and Policy Outcomes: State Insurance Solvency Regulation. Policy Studies Journal, 31 (3): 353-372.

Sachin K. 2006. Pricing death: analyzing the secondary market for life insurance policies and its regulatory environment. Buffalo Law Review, 54: 101-142.

Salje P. 2004. Umwelthaftungsgesetz (UmweltHG), Kommentar 2., überarb. Aufl. 2005. XLIV、Beck Juristischerverlag: 5-347.

Swiss Reinsurance. 2009. Natural catastrophes and man-made disasters in 2008. Sigma, (2): all pages.

Thomas W. 1997. Portfolio credit risk (1). Risk, 10 (9): 111-116.

Thorbun C C. 2004. On the measurement of solvency of insurance companies: recent developments that will alter methods adopted in emerging markets. World Bank Policy Research Working Paper, No 3199: 1-44.

Tillinghast. 2004. Insurance Poket Book 2004: 66-69.

Wilson T. 1997. Portfolio credit risk (1). Risk, 10 (9): 111-116.

Won-Joong K, Mayers D, Smith C. 1996. On the choice of insurance distribution systems. Journal of Risk and Insurance, 63: 207-227.

Zhou C S. 2001. The term structure of credit spreads with jump risk. Journal of Banking & Finance, 25: 2015-2040.